勇攀巅峰

国家最高科学技术奖获得者的故事

主　编　王建蒙
副主编　马京生　王洪鹏

人民出版社

责任编辑：侯　春
封面设计：汪　莹
版式设计：严淑芬
责任校对：黎　冉

图书在版编目（CIP）数据

勇攀巅峰——国家最高科学技术奖获得者的故事 / 主编王建蒙
副主编马京生 王洪鹏 . — 北京：人民出版社，2022.1
ISBN 978 – 7 – 01 – 022617 – 0

I. ①勇…　II. ①王…②马…③王…　III. ①科学工作者 – 列传 – 中国 – 现代
IV. ① K820.5

中国版本图书馆 CIP 数据核字（2020）第 214076 号

勇攀巅峰

YONGPAN DIANFENG

——国家最高科学技术奖获得者的故事

主编　王建蒙

副主编　马京生　王洪鹏

人民出版社 出版发行
（100706　北京市东城区隆福寺街 99 号）

北京中科印刷有限公司印刷　新华书店经销

2022 年 1 月第 1 版　2022 年 1 月北京第 1 次印刷
开本：710 毫米 ×1000 毫米 1/16　印张：26
字数：350 千字

ISBN 978 – 7 – 01 – 022617 – 0　定价：90.00 元

邮购地址 100706　北京市东城区隆福寺街 99 号
人民东方图书销售中心　电话（010）65250042　65289539

目　录

前　言

科技兴则国家兴，创新强则民族强。新中国成立 70 多年来，我国科技发展波澜壮阔、成就辉煌。一代又一代科技工作者怀爱国情、秉报国志，艰苦奋斗、开拓创新，取得一项又一项重大科研成果。

1955 年，中华人民共和国国务院发布《中国科学院科学奖金暂行条例》，这是新中国对自然科学和社会科学研究成果给予奖励的第一个条例。1978 年，党中央召开全国科学大会，会上表彰了 1192 名先进科技工作者、奖励了 7657 项科技成果，标志着国家科技奖励制度的恢复。21 世纪到来时，中国开始设立国家最高科学技术奖。根据 1999 年颁布的《国家科学技术奖励条例》，国家最高科学技术奖每年评审一次，每次授予不超过两名科技成就卓著、社会贡献巨大的个人。该奖项经科技部审核，报国务院批准，最终由国家主席签署证书、颁发奖金。

自 2000 年至 2021 年，共有 35 位科学家获得国家最高科学技术奖。其中，2004 年和 2015 年空缺，2002 年、2006 年、2014 年仅评出一位获奖者，而“空缺”并不意味着没有，当年的“空缺”仅是客观的评选结果，足以表明国家最高科学技术奖极为严格的评选流程。

国家最高科学技术奖获得者是中国最杰出的科学技术专家，这些科学大师瞄准国际科学前沿，在各自的研究领域里作出了重大贡献。他们的创新性思维、勇闯学术禁区和实现技术跨越取得的科研成果是人类智慧的结晶，不仅满足了国家战略和人民生活的需求，而且是对社会进步的有力推动。他们为祖国作出的卓越贡献，代表着中国科技的最高水平，他们是当之无愧登上科技巅峰的人。本书对获奖科学家的排序均按照获奖年度顺序依次排列，并以故事的形式讲述他们的崇高精神境界，以及为国家、为科学技术、为人类作出的巨大贡献。

我们编写这本荣获国家最高科学技术奖的科学家的故事，旨在展现他们攀登科技巅峰的创新之路和独特的人生历程。

“胸怀祖国、服务人民的爱国精神，勇攀高峰、敢为人先的创新精神，追求真理、严谨治学的求实精神，淡泊名利、潜心研究的奉献精神，集智攻关、团结协作的协同精神，甘为人梯、奖掖后学的育人精神”构成了科学家精神的主要内涵，也是本书力求以故事形式大力弘扬的崇高精神。

本书中的35位科学家虽然研究领域不同，但有一些共同的特点：他们自幼聪颖好学，家庭出身不论贫富，都从小就刻苦勤奋；他们具有强烈的爱国心、正义感；他们有骨气、有志气，把科学技术作为一生锲而不舍的追求，几十年如一日，一生只做一件事，而这件事必将成为中国乃至全世界该领域的科技巅峰；他们谦虚谨慎、团结协作，桃李满天下，为祖国培育了一代接一代顶尖的高科技人才队伍。

我们编写本书的时候，对这些科学大师的远见卓识、创新思维和无私奉献精神非常敬佩，在创作过程中还发现了一些有趣的、鲜为人知的数字奥秘：这35位科学家中，于敏、孙家栋、程开甲3人获得“两弹一星功勋奖章”，于敏、孙家栋、袁隆平、黄旭华、屠呦呦5人获得“共和国勋章”，有7位中国科学院、中国工程院双院士，有10位中国工程院院士，有17位中国科学院院士。更令人羡慕称奇的是，这些科学大师都具有独特的个性和人格魅力，不仅在学术上勇攀巅峰，他们还有长寿之道，这35人的平均年龄为89岁，年龄最大的程开甲100岁时还在工作；35位科学家获奖时的平均年龄为86岁，其中，90岁以上的21人，95岁以上的9人；目前健在的18人，平均年龄88.5岁，90岁以上的9人，99岁的吴良镛这位泰斗依然思维敏捷、头脑清晰。这些健在的科学家，耄耋之年仍然在科研第一线带领团队拼搏工作不停歇；并且，好几位科学家青年时期身患重病，竟然在繁重的科学研究中忘我工作、身体自愈。闵恩泽40岁时罹患肺癌，被无情地夺去了两叶肺和一根肋骨，但在此后的科学研究生涯中，又乐观、高质量、奇迹般地工作了52年。吴良镛86岁时在工作岗位上突发脑梗。当时，医生判断他以后不可能正常行走，但他以坚强的意志不仅创造了康复医学领域的奇迹，而且在不停歇的科学研究中顽强拼搏，直到如今99岁高龄。王小谟在68岁时突遭车祸，腿骨骨折，住院期间又被诊断出身患淋巴癌。他坦然面对，躺在病床上一边输液，一边与科研人员探讨交流，病情稍有好转，就投入试验现场。半年后，他身上的癌细胞竟奇迹般消失了。至今已83岁的王小谟仍然以饱满的工作热情，推进着祖国的预警机事业。这些科学家倾其一生获取的科学技术成果为国家、为人类创造了巅峰，他们是名副其实的科技巅峰攀登者。

2020年9月11日，习近平在科学家座谈会上强调："凡是取得突出成就的科学家都是凭借执着的好奇心、事业心，终身探索成就事业的。"国家最高科学技术奖获得者有一个共同的心声："科学没有国界，但科学家是有祖国的，祖国更需要科技工作者努力去改变她的面貌。"对于祖国，他们是巨大的财富；对于科学技术，他们是创新、创造的开拓者；国家最高科学技术奖，则是他们一生拼搏与奋斗的结晶。

学习这些科学大师的事迹，弘扬他们的科学精神，不仅有助于更多的科技工作者开拓思路，"站在巨人的肩膀上"创新发展，推动我国科技事业不断进步；而且，对于中华民族提倡科学、热爱科学、传播科学正能量、提高科学素养，都将产生深远的影响；特别是对广大青少年从小爱学习、爱科学，具有重要的启迪作用。形成全社会尊重知识、尊重人才、尊重科学、尊重创造、尊重劳动的良好氛围，营造“大众创业、万众创新”的大好局面，促进我国的科技进步蓬勃发展，就是我们编写本书的初衷。

在本书的编撰过程中，我们常常被这35位科学家的奋斗精神感动，被他们的顽强毅力震撼，更激发了把他们励志、拼搏、奋斗、鲜为人知的感人故事呈现给读者的愿望。他们勇攀科技巅峰的故事，一定能够使广大读者获得感悟、从中受益。

吴文俊

数学王国尽徜徉

吴文俊（1919 年 5 月 12 日—2017 年 5 月 7 日），“人民科学家”国家荣誉称号获得者，中国科学院院士，著名数学家，中国数学机械化研究创始人之一。

他对数学的主要领域拓扑学作出了重大贡献，提出用计算机证明几何定理的“吴方法”，开创了近代数学史上第一个由中国人原创的研究领域——数学机械化。

吴文俊说：“你不应该问一个人为什么回国，而应该问他为什么不回国。回国是不需要理由的。学有所成之后，回来是自然而然的事。”

▲ 著名数学家吴文俊

少年爱读书

吴文俊出生于江苏省青浦

县（今上海市青浦区）朱家角镇。吴文俊的父亲在上海的书局和报馆从事翻译工作，所以，家里藏书很多。孩提时代的吴文俊，印象最深的便是与父亲在一起读书的时光。吴文俊从识文断字起，就养成了阅读的习惯。

吴文俊 10 岁就完成了小学学业，升入初中。1932 年，初中三年级寒假期间，一·二八淞沪抗战爆发，全家人逃避战乱，回到朱家角。待返回上海城里后，吴文俊的功课落下一大截，数学课根本听不懂。倔强而随性的吴文俊干脆拒绝上数学课，结果，期末数学考试得了大零蛋。但吴文俊并没有气馁，他带着那股不甘示弱的气盛劲儿进入高中后，突然开窍，在数学和英语方面脑洞大开，尤其对几何学情有独钟。吴文俊的“潜质”被高中物理老师发现了，他高兴地向校长作了描述。校长暗中观察后，立即喜欢上了吴文俊这个聪颖的小伙子，高中毕业时提议他报考交通大学数学系；为了鼓励吴文俊，还承诺若被交大录取，将发给 100 大洋的奖学金。吴文俊没有让他的老师和校长失望，如愿以偿地以交大理学院第二名的成绩被录取。

立志搞数学

1937 年，吴文俊即将升入大学二年级时，全民族抗战爆发，上海沦陷。交通大学的主体部分迁到了“陪都”重庆，吴文俊仍留在上海。在战乱中读到大学三年级时，他遇到了“贵人”武崇林副教授。武崇林认为吴文俊具有非常明显的数学天赋，给他找来一本英文版《代数几何》。武崇林循循善诱的开导和吴文俊的勤学及理解力，使他在数学王国大开眼界。大概从那时起，吴文俊真正喜欢上了数学。“热爱是成功的一半。”此后，他又研读了集合论、点集拓扑和代数拓扑等经典著作，有些还是德文原版。这些知识使吴文俊对数学的自信心大增，也对数学的爱好有了明确的方向。

吴文俊的学习方法是“读”“学”“懂”。“读”是读课本、读原著，“学”是指完整理解和独立推导课本上的定理，而“懂”是指要明白所有概念和定理之间的相互关系。运用这种学习方法，他的题为《用力学方法证明帕斯卡尔定理》的毕业论文，深得数学老师的赞誉。多年以后，吴文俊在这篇大学毕业论文基础上延展写出的《力学在几何中的一些应用》，传到数学大师华罗庚手中，华罗庚赞叹道：“这本书比 10 篇论文都好。”这本书后来与华罗庚、段学复和姜伯驹等数学大家的科普著作组成“青年数学小丛书”，获得国家科学技术进步奖二等奖。这套“青年数学小丛书”可谓我国数学普及读物中的精品，曾激发了一代青少年学习数学的兴趣。书中蕴含的深刻而富有启发性的思维，给无数青少年学生带来对数学的无限兴趣。

▲ 青年时期的吴文俊

抗日战争胜利后，吴文俊得到大学同窗好友赵孟养的帮助。赵孟养先是慷慨地把自己在母校交通大学取得的助教职位给了吴文俊，时隔不久，又把刚刚得到招考赴法留学生的消息告诉吴文俊，接着还介绍陈省身教授向吴文俊面授机宜。

陈省身是著名数学家，正在筹建中央研究院数学研究所。有了陈省身的引荐，吴文俊顺利进入数学研究所。吴文俊的办公桌就在图书馆，他近水楼台，延续了儿时的阅读习惯，只要得闲，就如饥似渴地阅读，尤其是数学方面的书籍。有一天，陈省身来到图书馆，见吴文俊正抱着一本厚厚的数学原著聚精会神地读着，便拍拍他的肩膀说："你的书已经看得够多了，现在应该'还债'了。"陈省身说的"还债"是指写论文。吴文俊被"逼出"的第一篇论文，就被陈省身推荐到法国科学院的刊物发表了。

功成法兰西

吴文俊到数学研究所工作后，又获得留学法国考试数学组第一名的成绩。陈省身推荐他去位于法德边境的斯特拉斯堡大学师从亨利·嘉当，因为亨利·嘉当的父亲埃利·嘉当是闻名的大数学家，而陈省身正是埃利·嘉当的学生。

吴文俊来到斯特拉斯堡大学时，恰巧亨利·嘉当受聘去了巴黎高等师范学院，他就把吴文俊托付给埃利·嘉当的另一位学生埃瑞斯曼。在斯特拉斯堡大学，吴文俊继续他的拓扑学研究。他自己摸索了一段时间，定下了博士学位论文的题目。1949 年夏，吴文俊以题为《论球丛空间结构的示性类》的论文，顺利通过了法国国家科学博士学位的答辩。同年秋，吴文俊来到巴黎，跟随亨利·嘉当学习和工作了两年，取得很重要的研究成果，被称为"吴方法"。

在巴黎，吴文俊一边参加亨利·嘉当的讨论班，一边开展研究工作。他与波莱尔，还有亨利·嘉当的另外两个学生——塞尔和托姆，被誉为拓扑学界"四大天王"。他们的科研工作，引起国际数学界的"拓扑地震"。亨利·嘉当给予高度评价，称赞吴文俊的工作像"变魔术"。

报效新中国

1951年，吴文俊带着在国外获得的累累硕果回到祖国，后在华罗庚任所长的中国科学院数学研究所任研究员，继续进行拓扑学研究。1957年年初，吴文俊的示性类和示嵌类研究成果获得首届中国科学院科学奖金一等奖。同年，他被增选为中国科学院学部委员，在数学领域继续着循序渐进的研究。数学是科学技术发展的基础，他的研究成果被广泛应用于科学范畴。

1957年12月，吴文俊利用到民主德国讲学的机会，在巴黎见到了阔别6年的导师埃瑞斯曼。埃瑞斯曼热情地邀请吴文俊到斯特拉斯堡大学讲学，于是，吴文俊的访问时间从原定的两个月延长到半年。在这期间，他有机会参加了4年一度在英国爱丁堡召开的国际数学家大会，组委会特邀他在会上作45分钟的报告。别看只有区区45分钟，那既是科学界的

▲ 1955年，吴文俊在中国科学院数学研究所作关于拓扑学的学术报告

一种荣誉，也是数学界的一种成就。吴文俊成为新中国继 1954 年华罗庚之后，第二个被邀请在国际数学家大会上作 45 分钟报告的数学家。

1958 年，中国科学院在北京创办了中国科学技术大学。华罗庚作为数学系主任，提出了“一条龙”教学法，即由一位教授领衔主讲并带一届学生，负责从一年级到五年级的数学课。于是，分别由华罗庚、关肇直和吴文俊领衔开始了“三条龙”教学，后来形成以“华龙”“关龙”和“吴龙”著称的成功的教学示范。

“吴龙”班的学生李文林回忆，吴文俊讲课很严谨，首先讲明要点，然后按照课程的主要概念、内容、定理和序列，耐心而有条不紊地在黑板上进行推导和演绎。学生们坐在下面一边听一边记，这么多年过去了，那种和谐的课堂气氛仍令他们记忆犹新。

吴文俊对数学研究几近痴迷，在政治运动不断的那些年里，为了最大限度减少对数学研究的影响，他巧妙地多次更换研究方向。比如 1964 年，数学研究所人员下乡搞社会主义教育运动。他不仅大脑不停歇，而且得空就演算，旁人根本不知道他的脑子里在转什么。实际上，他对数学的研究根本就没有停歇。1966 年爆发的“文化大革命”持续了 10 年，吴文俊的数学研究其实并没有中断。在数学所的一次批判会上，坐在阅览室后面一个角落里的吴文俊“身在曹营心在汉”，随手翻看书架上的一本杂志时，无意间发现了其中一篇关于集成电路的文章。他仔细研读后，来了灵感，批判会一结束，立即采用他的示嵌类理论对集成电路的“布线”难题对症下药，进行研究。这一应用不仅破解了当时的技术困惑，而且为他避开政治运动、开展课题研究提供了便利。

“淘金”古算法

人们说，吴文俊对数学有一种特殊的爱好。其实，那是他对科学的执着和追求。英国著名生物学家、进化论奠基人查尔斯·罗伯特·达尔文曾经说过："在科学方面作出的任何成绩，都只是由于长期思索、忍耐和勤奋而获得的。"时任数学研究所副所长关肇直找到吴文俊，提出以研究中国古代数学的发展进行数学研究的想法。当年，吴文俊对中国古代数学并没有多大兴趣，但关肇直从当时的政治环境考虑，认为进行中国古代数学研究，不仅可以规避政治运动，而且可以开展一定范围的学术研究。吴文俊接受了关肇直的提议，从图书馆借了几本中国古代数学书，先是《九章算术》，之后又读了数学史家李俨和钱宝琮的著作。在一次逛旧书店时，他竟然淘到了元代数学家朱世杰的《四元玉鉴》。"无心插柳柳成荫"，中国古代数学与他的研究方向相结合，使吴文俊来了灵感，进一步深入研究后，搞出了新"名堂"。吴文俊先是复原了一些古代数学问题的证明，提出研究古代数学，应该按照古人当时的知识、辅助工具、惯用思维方式和推理过程。继续对《九章算术》、宋代秦九韶的《数书九章》进行研究，取得关于秦九韶"中国剩余定理"和"增乘开方术"的重要成果。吴文俊在研究中发现，秦九韶的数学特点在于构造性和可机械化。他用袖珍计算器就能按照秦九韶的方法求出高次代数方程数值解，从而验证了自己"大衍求一术"算法的有效性。

吴文俊对数学研究兴趣无限。他认为，代数是中国古代数学中最为发达的部分；《九章算术》是世界上最早的几何学、最古老的方程组和矩阵，是一部算法大全；《九章算术》解方程的消元法类似于当今高等代数中的高斯消元法，而《九章算术》的消元法早于高斯消元法，并且在那时就已经确定了正、负数的概念，证明了中国古代数学与解决实际问题的关系，通过数据与数据之间必有联系，得出了方程式的结论。

吴文俊正是从对于中国古代数学的探究中获得启示，继续他的数学机械化研究。他还依据钱宝琮的观点，提炼出一幅数学发展简图。吴文俊认为，西方数学有两个根源：一是从中国经由印度，二是从希腊经由阿拉伯。而中国古代数学最伟大的发明是位值制，早在商朝便有了正式的十进制，就像汉字是从商朝的甲骨文开始一样。1986 年，吴文俊应邀在美国伯克利举行的国际数学家大会上作题为《中国数学史的新研究》报告，将中国历史悠久的数学研究公布于众。

2002 年，国际数学家大会在北京召开，吴文俊担任大会主席。开幕式上，他引用了拿破仑的一句话："数学的发展与国家的繁荣密切相关。"吴文俊在大会上作题为《中国古代数学的实数系统》的演讲，引起与会人员的热烈掌声和广泛关注。

几何新证法

1971 年，吴文俊在北京无线电一厂下放时，看到操作人员向机器内输入数字，按几个键，一个微分方程的解和曲线一下子就出来了。这是吴文俊第一次看到计算机，他对眼前的数学机器大为震惊。其实，早在 1948 年计算机诞生不久，波兰数学家塔斯基就提出用机器求证的想法，并且证明了在初等代数和几何范围内，任意命题都可以用机械方法来判定。然而，想法成为现实可不是一件容易的事情。

吴文俊受法国数学家笛卡儿思想的启发，通过引入坐标，把几何问题转化为代数问题，从而实现机械化。在交通大学读书时，武崇林曾借给吴文俊一本《代数几何》，这本书竟然被吴文俊研究了数十年。20 世纪 60 年代中期，吴文俊在中国科学技术大学开设了这门课程，边学边教边研究。一直到了 1977 年春，在没有计算机的情况下，吴文俊用手算的方法验证了机器初等几何定理。一年后，他又用这一方法把机器推广到微分几何，也得到了证明。

要证明更多的几何定理，自然需要计算机。吴文俊用的第一台计算机是意大利的手摇计算机；随后，有了一台他工作过的北京无线电一厂生产的计算机；后来，是一位访问中科院数学所的外国友人赠送的袖珍计算器；再后来，吴文俊在美国花 2.5 万美元，买了一台像样的计算机。

虽然有了计算机，但计算机需要编程序。年近花甲的吴文俊从学做"程序员"，开始了计算机语言的编程工作。20 世纪 80 年代，数学研究所拥有计算机房后，吴文俊是那几年上机时间最长的人。计算机汉字激光照排技术发明人王选院士曾回忆说："有一年农历除夕晚上 8 点多，我在数学楼外散步，发现吴文俊还在机房上机。他真是没日没夜、废寝忘食呀！"

吴文俊研究的代数机械化、提出的"吴方法"非常成功，许多定理一下子就得到了证明。吴文俊给中国科大的博士生讲课时，既讲希尔伯特的《几何基础》，也讲机器证明的原理。专攻计算机专业的旁听生周咸青，后来在美国得克萨斯大学奥斯汀分校读书，那里的研究人员进行机器证明研究时几乎陷入绝境。周咸青把"吴方法"介绍给他们后，果

▲ 吴文俊在工作

然灵验，问题迎刃而解，“吴方法”顿时传遍美国。1990 年，在国家科委和中国科学院支持下，成立了数学机械化研究中心，吴文俊出任主任。他在机器证明的研究领域大显身手，更上一层楼。

淡泊名与利

吴文俊对数学与计算机的科学研究影响深远，他的自动推理工作在国际自动推理界也发挥了很重要的影响力。吴文俊的示性类和示嵌类研究分别被称为“吴示性类”和“吴示嵌类”，他导出的示性类之间的关系式被称为“吴公式”。吴文俊在 20 世纪 90 年代，先后荣获第三世界科学院奖、陈嘉庚奖、首届香港求是基金会杰出科学家奖和法国厄布朗自动推理杰出成就奖。2001 年，吴文俊获首届国家最高科学技术奖。

▲ 2001 年 2 月 19 日，中共中央、国务院在北京隆重举行国家科学技术奖励大会，吴文俊与袁隆平荣获首届国家最高科学技术奖

2006年，吴文俊又获得邵逸夫数学奖。尽管如此，晚年吴文俊回顾自己一生的成就时，把拓扑学的工作只排在第三位，而把中国古代数学的研究排在第二位。吴文俊最引以为豪的是他晚年的数学机械化研究，这方面的成就在他心目中排在第一位。

吴文俊不仅拥有数学大智慧，而且在日常生活中有着一颗童心。1997年，78岁的吴文俊在澳大利亚看到街头有蟒蛇表演，即兴将一条大蛇缠绕在自己身上，引得同行人员既紧张又好笑。2002年，83岁的吴文俊在泰国，竟然骑在一头大象的鼻子上，对同事们微笑着招手致意。

吴文俊读高中时就对话剧产生了浓厚兴趣，他曾在《雷雨》中饰演过角色，得到曹禺的赞叹；还曾在《秋海棠》中饰演名优，得到梅兰芳的赞赏。吴文俊说："除了数学，其实，我也很喜欢看小说、看历史书、看电影。电影《唐山大地震》上映后，我自己打车去华星电影院看的。"中国古典小说《官场现形记》《儒林外史》，一直陪伴了他几十年。吴文俊年过90岁后，有一次趁家人不注意，独自一人溜出门，到附近的商场过电影瘾；电影散场后，还自由自在地在咖啡店要了一杯咖啡，坐在那里有滋有味地品尝。还有一次，因为急着去看电影，在大门口等不到出租车，吴文俊竟然招手拦下数学所一个年轻人的车子，请求能够顺路把他带到电影院。吴文俊把看电影和看闲书作为休息方式，这种休息方式实际上是他做人、做事、做研究、做学问的人生境界。正是这种境界，成为他热爱数学、热爱生活的成功秘诀和长寿之道。

（作者：杨　艳、白　欣）

袁隆平

当代神农的水稻奇迹

袁隆平（1929 年 8 月 13 日—2021 年 5 月 22 日），“共和国勋章”获得者，中国工程院院士，誉满全球的杂交水稻研究开创者。

他发明的水稻，被西方专家称为“东方魔稻”，从根本上解决了中国人吃饭难的问题。2020 年，袁隆平团队的长江中游双季稻产量再创新高，全年亩产已经超过 1500 公斤。

▲“杂交水稻之父”袁隆平

袁隆平说："我有两个梦：一个是禾下乘凉梦，另一个是杂交水稻覆盖全球梦。"

不凡家世，颠沛求学

袁隆平祖籍江西省德安县，出生于北平协和医院，出生证上的名字是"袁小孩"。而为他接生的医生，是后来在医学界享有盛名、中国最早的妇产科先驱林巧稚。成立于 1921 年的协和医院，是当时中国的顶级医院。因为生在北平（今北京），父亲袁兴烈为其取名"隆平"。袁兴烈从南京的国立中央大学毕业后，曾担任过德安县高等小学的校长和督学，后来在平汉铁路局工作。在袁隆平的记忆中，袁兴烈是一位典型的中国知识分子，为人正直，在那战火纷飞的年代，对 6 个子女的教育从未有过丝毫放松，不管辗转到哪里，都要求他们入学读书。袁隆平的母亲华静，早年在江苏镇江教会学校读高中，毕业后在安徽芜湖教书。与袁兴烈结婚之后，温文尔雅、知书达理的华静辞去工作，将她平生学得的知识和积累的经验完全放在了教育孩子上。华静非常注重孩子的品德教育，因材施教，开发他们的智商，尤其是英语，对幼年袁隆平的启蒙教育影响颇深。1937 年，全民族抗战爆发后，全家人为避战乱，跟着袁兴烈开始了逃难之旅。在颠沛流离中，袁隆平先后进过 3 个小学，先是汉口的扶轮小学，然后是湖南澧县的弘毅小学，后来是重庆的龙门浩中心小学。

少年袁隆平顽皮而贪玩，曾经因逃学去游泳被袁兴烈惩罚；而且，对华静酷爱的种花植草产生了浓厚的兴致。读小学一年级一次郊游时，被田园景色所吸引的美好印象一直留存心间，这对他最终选择学农、与水稻研究相伴一生有很大影响。

袁隆平引以为傲的光荣史，算是在汉口市游泳预选赛中获 100 米、

400 米自由泳双第一，以及在湖北省运动会上摘取两块游泳银牌。那是在 1947 年 6 月，湖北举办全省体育运动会，袁隆平因为个子矮未被选中参赛。但比赛那天一大早，袁隆平跳上一名同学的自行车后架偷偷跟去，却出乎人们意料地大获全胜。

立志农业，初见成效

袁隆平高中毕业面临考大学选择专业时，袁兴烈劝他报考名牌大学，将来出人头地。而袁隆平却立志学农，如愿以偿地入学位于重庆夏坝的私立相辉学院农艺系，后来合并到西南农学院。从那时起，袁隆平就立志帮助农民提高粮食产量。

1953 年 7 月，袁隆平完成在重庆西南农学院的学业，被分配到湖南省农业厅，随后被下派到湘西的安江农校任教。在这里，袁隆平开始了长达 18 年的教书生涯；其间，在专业课程教研室教授遗传学，还担任过农学班的班主任。当时，教育部门尚未颁发统一的教科书。袁隆平经常带领学生去农田和山上采集实物与标本，自制图解、自编教程，使学生们亲身实践、亲手操作，加深他们对所学知识的记忆和理解。而且，他还在班上成立了一个科研小组，带着他们搞试验、组织课外活动，把课堂知识的学习与实践结合起来。

新中国成立初期，全盘学习苏联。苏联生物学家米丘林、李森科的无性杂交学说，在中国相当盛行。他们的理论认为，无性杂交是可以成功地改良品种或创造新的品种的。这种论断当时影响着中国农业科学发展的方向。无性杂交，就是通过嫁接和胚接等手段，将两个遗传性不同的品种的可塑性物质进行交流，从而创造新的品种。袁隆平也尝试进行无性杂交、营养培植、环境影响等试验，这些稀奇的试验在当年确实结出了一些奇花异果。比如，用月光花嫁接红薯，地下长出的红薯很大，最大的一个重 17.5 斤，号称“红薯王”。但他很清楚，试验成功与否要看收获到的种子来年的生长情况，如果它能把头一年呈现出的优异性状稳定地遗传给下一代，那才算成功，否则，这个试验在生产上毫无意义。

第二年，袁隆平把培植这些奇花异果获得的种子种下去，发现地上照样开月光花，地下却不再结红薯了；番茄下面不再结马铃薯，马铃薯上面也根本不结番茄。获得的优良变异没有遗传。正如他担心的那样，嫁接出来的种子不能把上一代的优良性状遗传给下一代，试验以失败告终。

袁隆平查阅文献，了解到西方发达国家的遗传学研究已经进步到分子水平。世界上，水稻、小麦、玉米、棉花、油菜五大作物中，只有水稻在培育优质、高产品种方面停滞不前。按照当时农业育种研究工作中流行的最简单也最有效的方法，一是系统选育，二是从国外引进的材料中去选。系统选育就是从一个群体中选择表型良好的变异单株加以培育，特别是在农民的田里面去选优良的单株，再优中选优。于是，他按照系统选育的方法，在水稻抽穗到成熟期间，到田里挑选优良的品种。

1961 年 7 月的一天，袁隆平和往常一样，来到安江农校的试验田选种。突然，在一丘早稻田里，发现一株形态特优的稻株，“鹤立鸡群”，长得特别好，穗大粒多，挑一穗数一数，粒籽竟有 230 粒！他如获至宝，推想这样的品种每亩产量可以达上千斤。发现了好品种，他感到非常兴奋！

稻株成熟时，他收了种，准备在第二年春天种上 1000 多株，检验奇迹的诞生。但是，稻株抽穗后竟让他大失所望，抽穗早的早、迟的迟，高的高、矮的矮，参差不齐，没得一株有它“老子”那个模样。这让袁隆平很失望，坐在田埂上呆望这些高矮不齐的稻株。突然，他在失望之余来了灵感：水稻是自花授粉植物，纯系品种是不会分离的，它为什么会分离呢？这种性状参差不齐的表现，是不是就是孟德尔、摩尔根遗传学所说的分离现象呢？因为只有杂种的后代才可能出现分离。

他进而分析，前一年选到的那株优良水稻现在出现了分离，其本身是不是就可能是一株杂交稻呢？杂种优势不仅在异花授粉作物中存在，在自花授粉作物中是不是同样也存在？对于灵感的昭示，他迅速反应，进行反复统计：高矮不齐的分离比例正好是 3∶1，完全符合孟德尔阐释的分离规律！这可以断定，袁隆平在头年选到的那株鹤立鸡群的水稻是一株天然的杂交稻！

受天然杂交稻启发，袁隆平认为水稻具有杂种优势！尽管当时的学术界认为水稻作为自花授粉植物，是没有杂种优势的，但这 0.1%—0.2%的天然杂交率被他幸运地碰上了！ 1963 年，袁隆平通过人工杂交试验，发现的确有一些杂交组合存在优势现象。他推断，自然界既然存在天然杂交稻，那么，水稻这种自花授粉作物存在杂种优势就是

▲ 袁隆平率先在我国开始研究杂交水稻

确实的。既然天然的杂交稻有优势，人工培育的杂交稻也一样必定是有优势的！应该可以通过人工的方法利用这一优势。他从此认定，利用这一优势是提高水稻产量的一个途径，从而率先在我国开始研究杂交水稻。

袁隆平决心冲破经典遗传学有关“水稻为自花授粉作物，没有杂种优势”的理论束缚，挑战这道世界级的科研难题。他思考分析的结果是，作物杂交有无优势，决定性的因素不在于自花授粉或异花授粉的繁殖方式，而在于杂交双亲的遗传性有无差异。只要有差异，就会构成杂种内在的生物学矛盾。这种矛盾能够促使杂种的生活力增强，就会产生杂种优势。那么，只要能探索出其中的规律，就一定能够遵循这一规律培育出人工杂交稻来。将这种杂种优势应用到生产上，就可以大幅度提高水稻的产量。他设想采取三系法技术路线，通过培育雄性不育系、保持系、恢复系，实现三系配套，达到利用水稻杂种优势的目的。具体讲，就是培育出水稻雄性不育系，并用保持系使这种不育系能不断繁殖；再育成恢复系，使不育系的育性得到恢复并产生杂种优势，实现应用于生产的目的。

1970 年，袁隆平已进行杂交水稻研究 6 年了。他带领助手李必湖、尹华奇先后用 1000 多个品种，做了 3000 多个杂交组合的试验，却没有能够获得一个不育株率和不育度都达到 100%的雄性不育系。为什么结果不令人满意？他打开思维的大门，在遗传学关于杂交亲本亲缘关系远近对杂交后代影响的有关理论中找寻，联想到国外通过南非高粱和北非高粱的远缘杂交才获得成功的范例，终于认识到几千个试验所用杂交材料的亲缘关系太近是问题的本质。折腾了这么些年，一直都没有育成理想的不育系，问题的症结在于：这些年来试验的材料，都是国内各地的水稻栽培品种，亲缘太近，所以突破不了。为此，袁隆平思考怎样进行下一步的工作。

他决定调整研究方案，提出用远缘的野生稻与栽培稻进行杂交的新设想。要迈出新的一步，决定了袁隆平他们必须去寻找野生稻，从亲缘关系较远的野生稻身上寻找突破口。这就是进行远缘杂交，乃至后来寻找“野败”作为重要研究材料的动因。

根据用远缘的野生稻与栽培稻进行杂交的思路，1970 年 11 月 23 日，海南南红农场技术员冯克珊带着李必湖，到南红农场与现今三亚机场公路之间铁路涵洞的水坑沼泽地段去寻觅野生稻，意外发现了天然雄性不育野生稻，袁隆平把它命名为“野败”。

“野败”的发现，使通过培育三系、利用水稻杂种优势增加粮食产量的研究取得突破性进展。为加快杂交水稻研究步伐，全国迅速形成大协作的态势。为了利用野生稻与栽培稻杂交获得的雄性不育系，尽快实现杂交水稻的三系配套，袁隆平毫无保留地把他们耗尽 7

▲ 20 世纪 70 年代，袁隆平指导杂交水稻育种

年心血换来的 200 多粒“野败”杂交一代种子和“野败”的再生分蘖苗，亲手奉送给全国 18 家有关单位的同行们，开展协作攻关，使我国第一批“野败”细胞质骨干不育系和相应的保持系宣告育成。1973 年 10 月，在江苏省苏州市召开了第二次全国杂交水稻科研协作会议。袁隆平代表湖南省水稻雄性不育系研究协作组作题为《利用“野败”育成水稻三系的情况汇报》的发言，正式宣布籼型杂交水稻三系配套成功。

杂交水稻研究取得成功以后，以世界良种推广史上前所未有的发展态势在中国大地上迅速推开。1975 年，南方各省区的杂交水稻种植面积是 5550 多亩；1976 年则一下子跃升到 208 万亩，仅湖南的杂交水稻种植面积就有 126 万多亩，平均亩产量达 306.5 公斤；继而，于 1977 年迅猛扩大到 3150 万亩；到 1991 年，已达 2.64 亿亩。我国杂交水稻的种植面积占到全国水稻种植面积的 50%以上，而收获的产量更是创造了中国，不，是创造了世界的奇迹！截至 2016 年，杂交水稻在我国已累计推广 90 多亿亩，共增产稻谷 8000 多亿公斤。

2001 年，袁隆平荣获首届国家最高科学技术奖。

坚定目标，毫不动摇

杂交水稻成为一条增产粮食、造福百姓、确保国家粮食安全的科学途径。为了推动杂交水稻的发展，1984 年，湖南杂交水稻研究中心成立，成为我国专门从事杂交水稻技术研发的唯一专门机构。

在 20 世纪七八十年代，我国杂交水稻的研究和利用虽然成绩巨大，但从育种方面分析，杂交水稻研发只是处于发展的初级阶段。根据国内外对水稻杂种优势利用研究的新进展、新动向和发展趋势，以及 20 世纪 80 年代以来水稻光温敏核雄性不育基因与广亲和基因等新材料的发现，再加上现代生物技术的不断进步，袁隆平认为，产量或优势利用等方面要取得新突破，育种上必须采用新材料和新方法，冲破三系法品种间杂交的框框。1986 年，袁隆平提出了杂交水稻育种的战略设想。从育种方法上说，由三系法向两系法发展，再经两系法过渡到一系法，也就是在程序上朝着由繁到简，但效率越来越高的方向发展。从提高杂种优势水平上说，是由品种间杂种优势利用到亚种间杂种优势利用，再到水稻与其他物种之间远缘杂种优势利用，也就是朝着杂种优势越来越强的方向发展，即由三系法杂交水稻到两系法杂交水稻，再到一系法杂交水稻发展。

20 世纪 80 年代中期以前，不少研究单位对湖北省石明松发现的育性可转换的水稻进行了研究，初步认为，该不育系的育性受日照长短控制，而与温度无关，即在长日照下表现为不育，在短日照下则转为可育，并将其命名为光敏核不育水稻。由于一年四季日照长短的变化十分有规律，人们只要按照这个规律，在夏季长日照下制种，在春、秋短日照下繁殖不育系种子，两系杂交稻的种子生产就不存在风险。然而 1989 年，长江流域盛夏，气候异常，出现了持续 4—5 天的低温，用来制种的光敏不育系在长日照下恢复可育，导致制种失败。这使两系法研究遭受严重挫折，许多人为两系法研究的前途担忧，不少研究者丧失了信心，两系杂交水稻研究受到严峻考验。

在此关键时刻，袁隆平和协作组的重要成员没有动摇，而是组织有关人员对这种育性变化现象作进一步的深入研究。袁隆平经过冷静分析，作出了选育实用的水稻光温敏不育系，首先要考虑育性对温度的反应的判断；同时指出，关键要揭示水稻光温敏不育性转换与光照、温度关系的基本规律。他观察并考核了已经选育出的核不育系，更加认定选育实用的两用不育系，首先要考虑的是育性对温度高低的反应，而不仅是光照的长短；而且，最关键的标准是导致雄性不育的起点温度要低，不能超过23.5摄氏度，并重新提出了选育不育系的技术策略。这样的决策使专家们增强了信心，扫除了思想疑虑。在这一设计思想的指导下，湖南杂交水稻研究中心研究员、袁隆平的助手罗孝和没有辜负袁隆平的期望，率先在1991年育成起点温度为23.3摄氏度的低温敏核不育系——“培矮64S”，随后配制出“两优培特”组合，成为全国第一个通过省级鉴定的两用不育系和两系先锋组合。按照这一技术策略，一批实用的光温敏不育系和两系杂交组合陆续育成，使两系杂交水稻由试验研究转为生产应用成为可能。罗孝和还在实践中发明了冷水串灌降温的办法，从而攻克了在高温下自繁的技术难关，使自交繁殖水稻的亩产达到200多公斤，实现了“高温制种，冷串自繁”的双重效用。这一重大突破，为两系杂交稻研究画上了一个较为圆满的句号。

袁隆平曾做过一个梦：杂交稻长得像高粱一样高，稻穗像扫把一

▲ 袁隆平作学术报告，展现超级杂交稻蔚为壮观的“水稻瀑布”图景

样长，稻粒像花生米一样大。他们能在杂交稻下面乘凉、散步。正所谓日思夜想，袁隆平达到了梦寐以求的境界。他始终心怀一个“高产梦”，称“追求高产更高产是永恒的主题”。这不仅是一种科学的探求精神，而且，袁隆平认为，提高水稻产量，对于国家保证粮食安全意义重大。

水稻超高产育种，是30多年来不少国家和研究单位的重点项目。日本率先于1981年开展水稻超高产育种研究，计划在15年内把水稻的产量提高50%，即亩产从420—540公斤提高到630—810公斤。国际水稻研究所于1989年启动了超级稻育种计划，后改称新株型育种计划，要求到2000年育成产量潜力比当时产量最高的品种高20%—25%的超级稻，即亩产从670公斤提高到800—830公斤。

而袁隆平近20年间带领他的超级杂交稻攻关团队，从亩产700公斤、800公斤、900公斤、1000公斤一路飙升，使我国杂交水稻研发始终处于世界领先地位，更自2015年以来，屡屡创造新的大面积种植水稻产量最高世界新纪录。云南个旧超级杂交稻示范基地近年来连续实现每公顷生产稻谷16吨、17吨，目前正在向每公顷18吨以上的产量指标攻关。

袁隆平专注科研、汗洒农田，解决人类的饥饿问题，取得了巨大成功。在谈及成功秘诀时，袁隆平说：“可以用知识、汗水、灵感、机遇8个字来概括。知识就是力量，也是创新的基础，要打好基础，开阔视野，掌握最新发展动态；汗水就是要能吃苦，任何一项科研成果都来自于深入细致的实干和苦干；灵感就是思想火花，是知识、经验、思索和追求综合在一起升华的产物；机遇就是要做一个有心人，学会用哲学的思维看问题，透过偶然性的表面现象，找出隐藏在背后的必然性。坚持做到这几点，才能突破障碍、实现梦想。”

走向世界，造福全球

袁隆平把“发展杂交水稻，造福世界人民”作为毕生追求和最大心愿。为了实现这一宏愿，他致力于促进杂交水稻走向世界。

1979 年 5 月，我国农业部将 1.5 公斤杂交水稻种子赠送给美国西方石油公司下属的圆环种子公司，这标志着中国杂交水稻跨出国门、走向国际的第一步，从此开启了中国杂交水稻走向世界的大门。1980 年 1 月，中美双方正式签订合同。这是一项对于两国和两国农业科学技术都很有意义的合作，也是中国农业第一个对外技术转让合同。

根据这项对外技术转让合同，从 1980 年开始，袁隆平 5 次应邀赴美传授杂交水稻技术，开展富有成效的工作，帮助圆环种子公司克服了育种、繁殖和制种过程中的种种难题。

▲ 袁隆平与种植杂交水稻的菲律宾农民合影

20 世纪 90 年代，袁隆平受聘担任联合国粮农组织首席顾问，选择 15 个国家，提供经费支持，以推广杂交水稻作为解决粮食短缺问题的战略项目。袁隆平 30 余次赴国际水稻所开展合作研究和技术交流，并多次赴印度、孟加拉国、越南、菲律宾、缅甸等国家传授杂交水稻技术。目前，印度、孟加拉国、印度尼西亚、越南、菲律宾、缅甸、美国、巴西等国家已大面积种植杂交水稻。

袁隆平对 80 多个国家的上万名政府官员和农技专家进行了技术培训，先后举办了 400 多期杂交水稻国际培训班，培训了 1.4 万多名杂交水稻的技术人员。他们回国后都成为当地研究和推广杂交水稻的技术骨干，将杂交水稻技术带到各自国家的土地上生根开花。

袁隆平说："我愿意帮助发展中国家发展杂交水稻，以解决它们的粮食短缺问题。"他怀揣着将杂交水稻推广到全世界的梦想，每年增产的粮食有望让全球消除饥饿。这就是袁隆平的"杂交水稻覆盖全球梦"！

（作者：辛业芸）

王　选

让汉字焕发新生

王选（1937 年 2 月 5 日—2006 年 2 月 13 日），中国科学院院士、中国工程院院士，汉字激光照排系统创始人。

他开创性研制当时国外尚无成品的第四代激光照排系统。他让出版印刷“告别铅与火，迎来光与电”，推动了我国报业和印刷业的发展。

王选说：“能为人类作出贡献，人生才有价值。”

▲“当代毕昇”王选

树立爱国、奉献的价值观

王选出生于上海一个知识分子家庭，父亲正直爱国、严谨认真，母亲慈爱宽厚、善良开明。王选出生后不久，全民族抗战爆发，上海沦陷。在他的记忆里，印象最深的是父亲强烈的民族气节和爱国情操。上海苏州河上的外白渡桥是贯穿南北的交通要道，当时被日本宪兵把守，桥上挂起了日本国旗，中国人必须对着旗子鞠躬才能过桥。王选的父亲不愿受这份屈辱，几年间宁愿绕远，从其他桥过河，使王选从小就树立了爱国主义的价值观。良好的家庭教育，还形成了王选正直善良、诚实宽厚的“好人观”。读小学五年级时，王选因品学兼优、与同学相处融洽，被评为班上“品德好、最受欢迎”的学生。晚年，他在获得国家最高科学技术奖后总结说：“这一荣誉与我后来的成就有很大关系。青少年时代应该努力按好人标准培养，只有先成为好人，才能做有益于国家和人民的好事。”对于“好人”的标准，王选的定义是：“考虑别人与考虑自己一样多就是好人。”“好人观”是王选后来成为凝聚团队、顾全大局的带头人的重要因素。

计算数学与软、硬件结合，打下牢固科研基础

1954 年，王选考入北京大学数学力学系。众多名师的引导教学、北大完整的数学课程，使王选掌握了扎实的理论与研究技能，具备了严密的思维推导和扎实的分析计算能力，为他日后进行计算机应用研究奠定了重要基础。

1956 年，王选遇到人生第一个重要抉择：选择专业。可选择的有数学、力学和计算数学。当时，我国计算机技术正处于起步阶段。计算数学在整个中国都是新兴学科，属于“冷门”，许多人不愿问津。王选看到

我国制定的“12 年科技发展远景规划”把计算技术列为“未来重点发展学科”，钱学森等科学家的文章描述计算机将发挥越来越大的作用，于是下决心选择了“冷门”的计算数学。他后来总结道：“一个人必须把自己的工作和国家的前途命运联系在一起，才有可能创造出更大的价值。”

1958 年，王选大学毕业后留校，参加北大研制的中型电子管“红旗”计算机的逻辑设计和整机调试工作，每天工作 14 小时以上，最紧张的时候，40 个小时都不曾合眼，被同事们称为“拼命三郎”。没日没夜的计算、设计、试验、调试，一次次的失败，使王选精疲力竭。功夫不负有心人，初步样机终于有了眉目，但他的身体被这旷日持久的透支累倒了。尽管这样，病中的王选也没有停止钟爱的科研。他发现，只掌握硬件设计，不懂得程序和应用，不从使用的角度来研究计算机，就产生不出创新的想法。因此，1963 年，大病未愈的王选决定：从事软、硬件相结合的研究，以探讨软件对未来计算机体系结构的影响。这是王

▲ 1958 年，王选（右一）与同学及协作单位的同事参加“北大一号”计算机的调试工作

选又一个闪烁着前瞻意识的洞察力，因为当年整个中国也鲜有人如此思考并付诸行动。王选决定从研制 ALGOL 60 高级语言编译系统入手。1965 年夏，他与同事一起，使这一系统在 DJS 21 计算机上研制成功，并在几十个用户中得到推广，被列入“中国计算机工业发展史大事记”。王选在软、硬件两方面的学术水平和实践能力，也有了一个质的飞跃。当时，我国同时具有软、硬件两方面知识和设计、试验经验的人很少。王选曾经回忆说：“从事软、硬件相结合的研究是我一生中最重要的选择，我找到了创造的源泉，这是我能够承担激光照排系统研制工作的决定性因素。”

激光照排突破汉字信息处理技术瓶颈

1975 年，王选与在北大数学系任教的妻子陈堃銶议论国家重点科技项目“汉字信息处理技术工程”时，其中的“汉字精密照排”子项目引起王选敏锐的科研判断。他认为，若能实现“汉字精密照排”，将可能引起汉字印刷术的一场“革命”。但若要颠覆千百年来的传统铅排印刷，要蹚过的水有多深难以预料。

当初，我国已有 5 家科研团队从事汉字照排系统的研究，在汉字信息存储方面采取的都是模拟存储方式，选择的输出方案则是国际流行的二代机或三代机。王选经过仔细调查研究，作出了异于常人的方向判断和跨越式大胆技术决策：模拟存储没有前途，应采用数字存储方式将汉字信息存储在计算机内；跨过当时流行的二代机和三代机，直接研制世界上尚无成品的第四代激光照排系统。

然而，与西文相比，汉字不但字数繁多，并且字体五花八门、形状各异，还有几十种大小不同的字号。如果全部用数字点阵方式存储进计算机，信息量将高达几百亿甚至上千亿字节。当时我国国产的 DJS 130

计算机，存储量不到 7 兆，要存入数千兆的海量汉字信息，简直是无法想象的事。

王选遇到的问题，也是几十年来横亘在中外科学家面前、难以逾越的高山。日本业界一些人士把汉字信息的计算机处理形容为“比登天还难”。

王选拿出字典，琢磨着每个汉字的笔画，他很快发现了规律：汉字虽然繁多，但每个汉字都可以细分成横、竖、折等规则笔画，以及撇、捺、点、勾等不规则笔画。他将数学和汉字这两种代表不同意义的学科与符号结合起来，研究出一个个神奇的发明：采用“轮廓加参数”的数学方法分别描述不同类型的汉字笔画，使汉字的存储量被总体压缩至原先的 1/500 至 1/1000，解决了计算机存储汉字的技术难题；接着，又设计出加速字形复原的超大规模专用芯片，使被压缩的汉字字形信息以 710 字 / 秒的速度高速复原，这种强大的汉字字形变化功能居世界首位。王选用数学方法和软、硬件方法双管齐下，实现了汉字信息处理核心技术的突破。

1976 年，国家将汉字精密照排系统的研制任务正式下达给北大。王选和同事们摩拳擦掌，开始了研制原理性样机的攻坚战。由于技术太过超前，王选的方案遭到很多质疑。不久后，高校开始流行写论文、评职称、出国进修，而激光照排项目从事的是繁重的软、硬件工程任务，开发条件很差，导致科研队伍受到很大冲击。与此同时，英国蒙纳公司已研制成功西文激光照排系统，准备打入中国巨大的印刷、出版市场。

面临严峻的内忧外患，王选带领同事们一天三段、不辞劳苦地工作，画逻辑图、布板、调试机器。由国产元器件组成的样机体积庞大，有好几个像冰箱一样的大机柜，而且很不稳定，每次关机、开机都会损坏一些芯片。为了保证进度，只好不关机，大家轮流值班、昼夜工作。王选和同事们经过无数次试验，1979 年 7 月 27 日，终于在北京大学未名湖畔，输出了我国第一张汉字激光照排报纸样张《汉字信息处理》，1980 年又排印出第一本样书《伍豪之剑》。1981 年，汉字激光照排系统原理性样机通过了部级鉴定。

“告别铅与火”的印刷技术革命

原理性样机尽管研制成功，但极不稳定，无法真正投入实用。王选带领团队紧锣密鼓地开始了Ⅱ型系统的研制。正在这时，美、英、日等国家的照排机厂商大举进军中国，许多人认为“北大设计的系统即使搞出来也是落后的”。是临阵退缩，还是决战市场？王选深知，如果到此为止，将来必然是进口设备的天下，前面的努力就等于零。他对大家说：“应用性科技的成果要经得起市场考验，才能对社会有实际贡献”，

▲ 1985 年，激光照排系统在新华社投入实用。图为王选与技术人员查看用激光照排系统排印出的新华社新闻稿。

“把科研成果变成商品占领市场，这比 10 个权威赞扬 100 次都要实际得多”。在夜以继日的不懈努力下，Ⅱ型系统终于在新华社正常运转，并于 1985 年 5 月通过了国家鉴定，这是我国第一个实用的激光照排系统。

Ⅱ型系统接连获得中国十大科技成就、日内瓦国际发明展览金牌和国家科学技术进步奖一等奖等重大奖励，然而，面对荣誉，王选却有一种“负债心理”，认为国家的投资没有得到回报，获再多奖也无济于事。要使激光照排系统达到最高水平，必须能顺利地排印大报、日报。于是，他和同事们不断创新，又研制成功Ⅲ型系统、IV 型系统，开始了与《经济日报》的合作。要抛掉铅字，很有点铤而走险的意思。日报对时效的要求是极其严格的，大家都感到如履薄冰，因此，采取了小心谨慎、循序渐进的方式，将版面一版一版逐步由铅排改为照排。1987 年 5 月 22 日，《经济日报》的 4 个版面全部用上了激光照排，世界上第一张用计算机屏幕组版、用激光照排系统整版输出的中文报纸诞生了！1988 年，经济日报社印刷厂卖掉了沉甸甸的铅字，成为我国报业第一家“告别铅与火、迈入光与电”的报社。

《经济日报》的巨大成功，消除了一些用户对国产系统“先进技术、落后效益”的担忧，国产激光照排系统开始在全国推广普及。1989 年年底，来华研制和销售照排系统的英国蒙纳，美国王安，日本写研、森泽等公司全部退出了中国市场。

1990 年 2 月，《文汇报》刊登人物报道，把王选称为“当代毕昇”。

1991 年 6 月，《解放军报》称王选为“汉字激光照排之父”。

随后，王选率团队乘胜追击，又先后研制出更为先进稳定、功能更强的中文电子出版系统，迅速占领市场。到 1993 年，国内 99%的报社及 90%以上的黑白书刊出版社和印刷厂采用了国产激光照排系统，延续了近千年的中国传统活字出版印刷行业得到彻底改造，被公认为毕昇发明活字印刷术后中国印刷技术的第二次革命。

实现技术与市场的完美结合

王选作为科技体制改革的实践探索者，既是有市场眼光的科学家，也是亲身参与成果转化和市场竞争的实践者。从“红旗”计算机、ALGOL 60 高级语言编译系统到激光照排系统，王选的研究目标始终定位于应用。他认准了，应用性研究的成果必须能用、好用、实用，才能对社会进步有实际价值。那个年代，王选就提出“顶天立地”的产学研结合之道：“顶天”即不断追求技术上的新突破；“立地”即把技术商品化，广泛推广、应用到实际中。

王选深知，要做到这一点，除研发外，还涉及生产、销售、维护等多个环节，仅靠一己之力绝无可能，必须依靠团队的力量。1993 年，在第五代 RIP 芯片设计过程中，他的学生刘志红用一个灵巧的办法否定了老师的设计，使王选进一步意识到，计算机是年轻人的事业，应该给

▲ 王选与年轻科技人员在一起

予他们更广阔的舞台。57 岁时，王选从科研一线退了下来，以提携后学为己任，培养了一批优秀青年科技人才。他带领团队充满激情地“冲锋陷阵”，在应用激光照排系统“告别铅与火”后，又实现了“告别纸与笔”“告别报纸传真机”“告别电子分色机”“告别胶片”等一次次新闻出版领域的技术跨越，形成了全新的电子出版产业，成为我国用自主创新技术改造传统行业的典范。

半生苦累，一生心安

从 1975 年到 1993 年的 18 年间，王选把全部精力都投入到了激光照排系统研制中，几乎放弃了所有的节假日，每天上午、下午、晚上分三段工作。他在系统设计过程中的手稿达 2200 多页，白天没有时间，就在晚上工作，有的设计是在出差时的飞机上甚至在公交车上想出的方案。正是靠这种自信、执着和严谨、痴迷，王选的激光照排系统不断迭代更新、日臻完善。

王选曾看到法国作家莫泊桑的一句话：“献身科学就没有权利再像普通人那样生活，必然会失掉常人所能享受的不少乐趣。”他在后面又加了一句：“但也会得到常人所享受不到的很多乐趣。”

王选平生有三大快事，一是攻克一个技术难关时冥思苦想，多日睡不好觉，忽然一天半夜灵机一动，想出绝招，使问题迎刃而解；二是苦苦开发出的产品大规模推广、应用；三是发现了年轻的帅才、将才并委以重任。这些快事给王选带来的愉快和享受难以形容。

王选常用《颜氏家训》中“上士忘名，中士立名，下士窃名”这句话来说明自己对名利的态度：“我做不到上士，但不会为了立名而去窃名。”王选也常用北大学生中曾流传的话来勉励年轻人：“不要急于满口袋，先要满脑袋，满脑袋的人最终也会满口袋，要善于延迟满足。”1979

年，在研制条件最艰难的时刻，王选谢绝了美国麻省理工学院教授的赴美讲学邀请，1982 年又婉拒了港商月薪 6 万港币的诱惑。支撑王选的是“汉字的信息化处理必须由中国人在自己的国家完成”这一信念，这也是他自幼就接受爱国主义教育作出的必然选择。

王选率领团队开拓创新，艰苦攻关，研制成功汉字激光照排系统，攻克了汉字在计算机中存储、处理和输出等难关，掀起了中国印刷业的一场技术革命，使拥有几千年悠久历史的汉字，迈入了光驰电掣的信息时代，为中华文化的传承和发扬插上了科技的翅膀。

习近平曾经指出：“汉字是中华文明的重要标志，也是传承中华文明的重要载体……上个世纪 80 年代汉字激光照排系统问世，使汉字焕发出新的生机和活力。”汉字是中国文化传承的重要载体，是智慧和想象力的宝库。在人文、历史、社会、政治、经济日新月异发展的时代，焕发汉字新的生机和活力更为迫切、重要。但由于汉字的特殊性和复杂性，汉字信息如何进入计算机一度成为世界难题。某些专家甚至预言：“计算机是汉字的掘墓人”，“汉字必须走拼音化道路，才能解决信息化问题”。汉字激光照排系统的发明，将这些预言击得粉碎。

汉字激光照排技术两次获国家科学技术进步奖一等奖、两次被评为中国十大科技成就，王选也因此荣获 2001 年度国家最高科学技术奖；2009 年，被评选为“100 位新中国成立以来感动中国人物”；2018 年，作为“科技体制改革的实践探索者”，获得“改革先锋”荣誉称号；2019 年，作为新中国成立以来作出重要贡献的模范人物，被国家授予“最美奋斗者”称号。

功成名就后，王选把获得的上千万元奖金捐献出来设立了奖励基金，用以激励青年人才，自己却一直非常俭朴、节约。他的手稿大多是正反两面，甚至写在废纸的背面；手表修了多次也不肯买新的；眼镜更是一直戴到去世。他虽然是两院院士，担任过全国政协副主席、九三学社中央副主席、中国科协副主席等重要职务，但名片上只写“北京大学计算机研究所教授”这一个头衔。

2000 年，王选积劳成疾，身患肺癌。他在遗嘱中深情地写道：“我最幸运的是与陈堃銶的结合，没有她就没有激光照排。”陈堃銶比王选高一届，学软件出身，也是由北大数学力学系计算数学专业毕业的。他们既是最早合作的同事，也是几十年的恩爱夫妻。不论王选在政治运动中受打击，还是身体每况愈下，陈堃銶都与之相濡以沫、不离不弃。在研制激光照排系统的 10 多年间，王选负责总体设计和硬件设计，陈堃銶则是早期大型软件的总设计师。她和王选一样，10 多年不休息，献身激光照排事业，甚至没有时间生儿育女。她同样看淡名利，始终隐身幕后，专心科研和培养学生。两人风雨携手，创造了一段感人至深的科研佳话。

2006 年 2 月 13 日，王选不幸离世。临终前，他用停止输血，践行崇尚一生的“好人观”，奏响了一曲超越生命的感人乐章。陈堃銶写下挽联“半生苦累，一生心安”，这是对王选一生的贴切总结和评价。

▲ 王选、陈堃銶夫妇手持排版胶片

2006 年 5 月 12 日，中共中央宣传部、中共中央统战部、教育部联合发出通知，在广大知识分子和统一战线各界人士中开展向王选学习活动。三部门与九三学社联合组织了王选先进事迹报告会，赴全国各地进行巡回宣讲。所到之处，人们无不为王选的动人事迹和崇高精神所感动。有网友这样写道："只要你读过书、看过报，你就要感谢他，就像你每天用电灯时要感谢爱迪生一样。"

2007 年，中国科学院紫金山天文台在 1965 年发现的一颗国际编号为 4913 号的小行星，经国际小行星中心和国际小行星命名委员会批准，被命名为"王选星"。从此，王选的名字连同他的精神一起，永远闪耀在宇宙星空。

2019 年 10 月，王选生前创建的北京大学计算机科学技术研究所，正式更名为北京大学王选计算机研究所，激励年轻一代铭记使命、承志前行，让王选精神代代相传。

（作者：丛中笑）

黄　昆

探求当代半导体的真谛

黄昆（1919 年 9 月 2 日—2005 年 7 月 6 日），中国科学院院士，著名物理学家，中国固体物理学和半导体物理学奠基人之一。

从“黄散射”到“黄方程”，从“黄—李斯因子”到“玻恩和黄”，以至“黄—朱模型”，他在固体物理学发展史上树起了一块块丰碑。

黄昆说：“建立我国自己的课程教学体系、培养人才，远远比个人取得学术上的成就更有意义。”

儿时启蒙，砥砺前行

▲ 著名物理学家黄昆

黄昆在 1919 年 9 月出生于北京，祖籍浙江嘉兴。当时，他的父亲和母亲都在银行工作。黄昆有姐弟 4 人，数他年龄最小，姐姐、弟弟们前后都相差一岁，感情非常好。身处文化素养较高的家庭，再加上母亲严肃认真的教导，这种成长环境对黄昆的少年时期有很大影响。通常，著名科学家青少年的生活、学习时期就能在某些方面表现出极高的天赋。然而，黄昆与大多数著名科学家不同，在童年时期并没有展现出出色的天赋，相反，他认为自己属于智力发育滞后的类型。黄昆在小学阶段，曾经辗转北京、上海多地，先后在北京的蒙养园、北师大附小，上海的光华小学上学。小学期间，他除去很早就开始识字，常读小说和学习加减乘除以外，似乎并没有学习额外的知识。在上海光学小学快读完五年级的时候，黄昆随家搬回北京。有大概半年的时间，他暂住在伯父家中，他的伯父黄子通当时是燕京大学哲学系教授。黄子通偶尔看到黄昆课后很空闲，便对他进行学习上的引导，鼓励他多看习题，多进行学习拓展，主动多学、多思、多做。黄昆就把数学课本上的习题全都做了。坚持下来后，数学学得越来越好，他慢慢地对

▲ 北京通州潞河中学校园中的黄昆雕塑

数学产生了浓厚兴趣。这短短半年时间，对黄昆以后的发展有着极其深刻的影响。之后，黄昆转入潞河中学，并且将自己的这个习惯延续下去，还应用到其他各门课程的学习中。黄昆治学中的一个重要特点——“从第一原理出发”，就是从中学时期培养出来的。但让黄昆感到比较遗憾的是，他的学生生涯中，语文一直学得不太好。由于两次跳级，语文学习没有跟上，这给后来的黄昆带来了不少障碍。1937 年，黄昆在潞河中学通过保送考试，直接进入燕京大学物理系学习。

至交契友，群贤毕至

黄昆在燕京大学学习期间，量子力学还处于萌芽起步阶段，他就对量子力学有了浓厚的兴趣，在刻苦学习中完成了一篇量子力学论文。1941 年秋，黄昆获得了燕京大学的学士学位。经葛庭燧推荐和介绍，带着对物理学的兴趣、对量子物理的痴迷，他留在昆明的西南联合大学物理系任助教。在辛勤工作的同时，他始终带着对物理世界的渴望，继续学习。黄昆于 1942 年考取了西南联合大学的理论物理研究生，跟随物理学家吴大猷学习。吴大猷让每周只上一次普通物理实验课的黄昆半做研究生、半做助教。

在西南联合大学，通过同学张守廉，黄昆结识了和张守廉同班的杨振宁。他们三人的学习、思考风格迥然不同，但都是天赋极高、绝顶聪明的人。他们一起上吴大猷和其他先生的课，每天一起交流、讨论物理和数学问题，同时也加深了对彼此人品和学问的了解。由于他们三人在一段时间里形影不离、辩论不止，又都是学习尖子，同学们称他们为“西南联大三剑客”。

1989 年，黄昆七十大寿时，诺贝尔物理学奖获得者杨振宁在题为《现代物理和热情的友谊》的文章中写道：“那些辩论当中，我记得黄昆

▲ 当年的“西南联大三剑客”黄昆、张守廉、杨振宁（左起）

是一位公平的辩论者。他没有坑陷对手的习惯。我还记得他有一个趋向，那就是往往把他的见解推向极端。很多年后，回想起那时的情景，我发现他的这种趋向在他的物理研究中是完全不存在的。我们无休止地辩论着物理里面的种种题目。记得有一次，我们所争论的题目是关于量子力学中‘测量’的准确意义。这是哥本哈根学派的一个重大而微妙的贡献。那天，从开始喝茶辩论到晚上回到昆华中学；关了电灯，上了床以后，辩论仍然没有停止。我现在已经记不得那天晚上争论的细节了，也不记得谁持什么观点，但我清楚地记得我们三人最后都从床上爬起来点亮了蜡烛，翻着海森堡的《量子理论的物理原理》来调解我们的辩论。”

这段秉烛夜谈的经历使他们结下了60多年的深厚友谊，也成为这三位老先生一生中最为重要的一段回忆。“西南联大三剑客”自从1945年分手后，在将近60年的时光里，两两见面的机会很多，但三人聚会在一起，只有1992年共同出席庆祝周培源九十大寿的学术报告会那一次而已。

留学欧洲，砥志研思

20 世纪是物理学蓬勃发展的时代，越来越多的物理学家投身于相对论和量子力学这两大现代物理的深层次探索中，其中不乏我们中国的物理学家，黄昆就是他们当中的佼佼者。这也是他在 6 年英国留学生涯中攀登的第一座高峰。

1944 年，“西南联大三剑客”黄昆、杨振宁、张守廉在西南联大研究生毕业，黄昆被“庚子赔款”留英公费生录取。1945 年至 1948 年，黄昆在英国布里斯托大学师从著名的理论物理学家、后来荣获诺贝尔物理学奖的莫特教授，并把自己的研究方向选定为固体物理学。在去留学之前，黄昆就对名叫莫特的英国科学家和他的研究有所了解。当时，有位英国教授向西南联大捐赠了一批科学书籍。黄昆翻阅了莫特的三本科学专著，对他在三个不同领域开创的研究方向感到非常敬佩。莫特的研究领域对黄昆也有着很强的吸引力，他便跟随莫特进入了固体物理学的研究领域。攻读博士学位期间，黄昆在扎实的物理基础上完成了三篇论文，其中最有分量的是“黄—漫散射”，开始在理论物理方程上写上了中国人的名字。

完成博士学位论文后，黄昆并没有清闲下来，他来到爱丁堡大学的当代物理学大师、诺贝尔物理学奖获得者马克斯·玻恩教授处做访问学者。玻恩发现黄昆对晶体原子运动理论非常熟悉，便把自己的《晶格动力学》手稿给黄昆看，并邀请黄昆修改完成这部学术专著。当时，玻恩作为黄昆的老师，在地位与名气上要比黄昆高很多，但黄昆丝毫不因玻恩的地位而轻易妥协自己的理解和主张。他把自己研究上的最新进展和独到见解融会其中，甚至在一些内容的编写上与玻恩发生激烈的争执，并且，这种争执是有理有据的学术上的争执。在黄昆的据理力争下，玻恩反而让步了，而且让步得很开心。

玻恩在给爱因斯坦的信中写道："书稿内容已完全超越了我的理论。我能懂得年轻的黄昆以我们两人名义所写的东西，就很高兴了。"看来，黄昆不仅成功地说服了玻恩，还获得了老师的赞誉和肯定，这是他在创造知识过程中的一次伟大胜利。经过几年的努力，黄昆用严谨的科学态度进行了系统的分析和总结，最终完成了《晶格动力学》这本影响整个世界的学术著作。在序言中，玻恩提到"本书之最终形式和撰写应基本上归功于黄昆博士"。这本著作被国际上公认为经典的权威著作，也使得全世界认识了黄昆这个还是在读博士的青年物理学家。除此之外，在《晶格动力学》第三版封底，我们还能看到这样一段话："玻恩和黄昆关于晶格动力学的主要著作已出版 30 年了。当年，本书代表了该主题的最终总结；现在，在许多方面，该书仍是该主题的最终总结。"这足以说明玻恩与黄昆在晶格动力学方面的贡献之大，并且让中国人的名字在世界物理学领域变得越来越响亮，越来越多的人认识到物理学中"中国力量"的崛起。

黄昆的这一经历，让人们想起"是故弟子不必不如师，师不必贤于弟子，闻道有先后，术业有专攻，如是而已"，这正是很好的佐证。假如黄昆当日迫于师威妥协了，就没有《晶格动力学》的完善，不会在出版 30 年以后在许多方面仍是"最终总结"。同样，如果他不是在学习有关知识的基础上思考并创造知识，那么，有关晶格动力学的理论也就不会发展。创造在物理学发展中是十分重要的，这是我们在学习物理时必须谨记的原则，黄昆用他的言行很好地诠释了这一点。

在撰写《晶格动力学》的同时，黄昆还完成了两项开创性的学术工作，提出了著名的"黄方程"和"黄—里斯理论"，再次把中国人的名字写进了理论物理的方程中。黄昆曾经总结过自己的科研经历：一是要学习知识，二是要创造知识。他说："我喜欢与众不同，不喜欢随大流。如果跟着大家做，就没有什么意思。"这在他与量子力学创始人，同时也是他的老师玻恩的交流中，都有体现。

归国执教，严谨治学

然而，自我学术研究上的丰硕成果并没有使黄昆以此自满。他心系祖国，对于祖国科学事业的发展，心怀远大的目标与志向。当时，黄昆给杨振宁写了一封信，探讨了他们那批海外留学的知识分子最关心的一个问题：回国，还是暂不回国。一方面，“看国内如今糟乱的情形，回去研究自然受影响，一介书生又显然不足有挽于政局”；另一方面，“如果在国外拖延目的只在逃避，就似乎有违良心”。黄昆写道：“我们衷心还是觉得，中国有我们和没有我们 make a difference（还是有区别、有影响的）。”这代表了当年中国知识分子的心声：虽然身在国外，但心系祖国。

1951 年，新中国百废待兴，发展过程中更是急需科学技术的支持。这时，黄昆中断了多年的游学生涯，义无反顾地放弃了优裕的生活和美好的发展空间，毅然选择回国在北京大学物理系任教，投身于普通物理课程的教学工作，与其他老师一起建立了具有中国特色的培养物理人才的普通物理教学体系，奋斗在祖国的教育一线。这是老一辈中国知识分子的历史使命感和爱国主义传统的写照，真正地将个人发展与国家兴亡紧密结合在了一起。

1956 年，为了推动国家半导体科技事业的发展，黄昆响应国家号召，参与创建了五校联合的中国第一个半导体专门化专业，并担任教研室主任，培养、造就了一批中国半导体技术的栋梁之材，他也成为中国半导体物理学科的开创者之一。要知道，当时，中国的“两弹一星”以及核潜艇等研制工程已全面展开，半导体成功应用于这些国家重大项目急需的电子配套设备，有力保障了上述工程的顺利进行。与此同时，在半导体科技事业的蓬勃发展中，逐步形成了中国自己的半导体人才体系。

在教学工作中，黄昆除了完成正常的授课任务外，还对理论体系进行了总结，为固体物理和半导体物理的教学奠定了重要基础，先后编写了《半导体物理学》《固体物理学》等多部教材，给后人留下了宝贵的资料。这些教材被称为中国高校最经典的畅销教材，被理工专业的学生和研究人员沿用至今。同时，这个新兴的半导体物理专业为中国科技发展培养了第一批人才。黄昆曾说过：“近些年来，新闻界的人士多次问我，你没把研究工作长期搞下来，是不是一个很大的损失？我一直不同意这种看法。因为回国后全力以赴搞教学工作，是客观形势发展的需要，是一个服从国家大局的问题。这也并非我事业上的牺牲，因为搞教学工作并没影响我发挥聪明才智，而是从另一方面增长了才干，实现了自身价值。”这是他对教学与科研工作的态度。黄昆很好地做到了平衡，不仅在学术领域收获累累硕果，也为国家科技事业发展贡献了自己的力量。他不辞辛苦地发光发热，

▲ 黄昆给研究生上课

并且，这种光和热一直持续到了今天，还会持续到未来，影响更多的物理学子。

丰功懿德，桃李天下

黄昆不仅完成了物理学界两项开拓性的学术成果，还创建并发展了中国的半导体科研和教育事业，为祖国的科技发展呕心沥血、启迪众生。“他一生都在科学的世界里探求真谛，一生都在默默地传递着知识的薪火。面对名利的起落，他处之淡然。他不仅以自己严谨和勤奋的科学态度在科学的领域里为人类的进步作出卓越的贡献，更以淡泊名利和率真的人生态度诠释了一个科学家的人格本质。”这是《感动中国》2002 年度人物颁奖盛典上对黄昆的颁奖词。

1977 年，对于已年近 60 岁的黄昆来说，又是一个重大的转折。根据国家发展半导体研究的战略要求，黄昆调任中国科学院半导体研究所所长，重新回到了科学研究的岗位上。凭着深厚的理论功底，他在短短几年时间里就取得了重大的理论突破，建立了绝热近似和静态耦合理论和黄—朱模型，将中国半导体物理理论研究推向了一个新的高峰。

沉寂近 30 年后，年已 60 岁的黄昆作为国际著名物理学家，走回了国际学术界的视野中，吸引了世界物理学界的关注，正如德国固体物理学家卡多纳所描述的那样：“他好比现代的凤凰涅槃，从灰烬中飞起，又成为世界领头的固体物理学家。”就这样，黄昆战斗在国家和人民最需要他的地方，一腔热血，无私奉献。

2002 年 2 月 1 日，黄昆荣获 2001 年度国家最高科学技术奖。

2005 年 7 月 6 日，黄昆在北京与世长辞，人们又送别了一位人民共和国的科学巨匠。黄昆虽已驾鹤西去，但他开创的半导体事业正蓬勃发展。黄昆在他几十年的学术和教育生涯中，早已桃李满天下，培养了许许多多优秀的科研人才。“落红不是无情物，化作春泥更护花。”他在科研上的严谨态度以及创新思维引导着一代又一代学子，而求真务实、实事求是的精神感染了无数学生。无论是在学术上，还是在品德上，黄昆都会给学生带来正确的引导，他就是这样一位老师。

“渡重洋，迎朝晖，心系祖国，傲视功名富贵如草芥；攀高峰，历磨难，志兴华夏，欣闻徒子徒孙尽栋梁”，这是北京大学物理系师生在黄昆七十华诞时赠送的对联。这又何尝不是他一生的真实写照？半个多世纪以来，黄昆作为一名科学家、教育家，将自己的一生奉献给了我国的科技和教育事业，兢兢业业，任劳任怨，为我国的半导体事业作出了巨大贡献。但是，他对后世的影响远不止于此。2013 年 10 月 19 日，北京大学物理学科迎来了百年庆典。人们在赞叹中国物理科学 100 年的坎坷发展历程时，也不禁感慨：饶毓泰、叶企孙、周培源、吴大猷、王竹溪、黄昆等北大百年物理六宗师，追求真理，风雨兼程，奋斗探索，为民族崛起、国家强盛，秉承传统，薪火相传，生生不息！

（作者：邵明辉、王洪鹏）

金怡濂

巨型超算铸“神威”

金怡濂（1929 年 9 月 5 日—　），中国工程院院士，中国巨型计算机事业开拓者之一。

20 世纪 90 年代，他担任“神威”巨型计算机系统总设计师，使我国高性能计算机峰值运算速度从每秒 10 亿次跨越到每秒 3000 亿次以上，实现了我国高性能计算机的历史性突破。

金怡濂说：“我的要求，哪怕是一个焊点、一枚螺丝钉也要体现世界水平。”

▲ 中国巨型计算机事业开拓者之一金怡濂

从耀华到清华，立志报国

金怡濂出生在天津一个知识分子家庭，他的父亲金奎是曾留学美国的工程师。金怡濂生长在动荡的时代。金奎常常以詹天佑和茅以升等人的事迹教育子女：虽然中国暂时穷困，但中国人只要下功夫、肯努力、开动脑筋，外国人能办到的事情，中国人也一定能做到。金奎的话对金怡濂一生的学习和工作产生了长久影响。他记得，有一次，金奎带他去电话局的机房。满屋子嘀嗒作响的机器让他觉得，这些机器既复杂又神奇。自那时起，他就逐渐产生了一个想法，长大后要像父亲一样当一名工程师。

1935 年，金怡濂进入天津耀华学校开始接受启蒙教育。耀华是当时天津的一流学校。金怡濂的启蒙老师善于调动孩子们的兴趣，讲课循循善诱。让金怡濂最难忘的是校长赵君达，他是一位知名教育家，爱国敬业，一身正气。1938 年 6 月，赵君达被日本人杀害。这使金怡濂和同学们悲愤万分，也激发了他们为中华富强而努力学习的斗志。

在中学阶段学习时，尽管课程的难度大了许多，金怡濂却更加刻苦。他暗下决心，要努力学习，将来建设国家，使中华民族不再被列强欺侮。金怡濂偏爱理科，而耀华中学的课程设置，对学生人文素质的培养也是有益的。学生不仅学习《论语》《孟子》《诗经》和《左传》等中国古代经典著作，也学习《滕王阁序》和《岳阳楼记》等名篇，这些都为金怡濂日后的发展打下了良好基础。

1947 年，金怡濂考大学时，同时被清华大学和燕京大学等 4 所大学录取。金怡濂一心想上清华大学，但家里人希望他上燕京大学，因为当时他已经在燕京大学申请到了公费生的名额，能为生活拮据的家省下一大笔钱。可金奎觉得，清华大学电机系开设的是尖端科学课程，学这个专业，不仅将来可以谋到一个可靠的饭碗，更重要的是，还可以实现科学救国的理想。从这个意义上讲，花点儿钱值得。于是，金奎全力支持金怡濂进入清华大学，并“子承父业”地选择了电机系。

1947 年 9 月，金怡濂从天津坐火车来到北京前往清华大学报到，出前门火车站，先步行到前门外骑河楼的清华同学会，再乘坐学校的班车到清华园办手续，大学生活就此开始。首先印入金怡濂大脑的，是清华园优美宜人的人文环境，洋气的圆形铜顶礼堂，始建于1909年，造型气派的清华学堂，典雅幽静的图书馆，以及水木清华“中西融汇，古今贯通，文理渗透”的办学风格、“自强不息，厚德载物”的校训和“行胜于言”的校风。金怡濂内心顿生要珍惜来之不易的读书机会。在上大学一年级的时候，金怡濂住8人一间的大宿舍，晚饭后匆匆来到图书馆占位学习；图书馆的闭馆铃声响起，他急忙还了借阅的资料，常常转移到晚上不熄灯的大餐厅，在这里可以自习到更晚。清华大学老师讲的课深入浅出、逻辑严密，更是激发了金怡濂无限的求知欲望。他刻苦好学的习惯和毅力以及理论基础、思维方法、创新能力不断积累，为日后研究巨型计算机奠定了坚实基础。

搞计算机要志存高远

金怡濂大学毕业后，被分配到位于上海的中国电话公司工作。20世纪50年代初，世界计算机研制进程刚刚起步不久。1956年，电子计算机也被列入我国12年科学技术发展远景规划中的重点发展学科，并成为“四项紧急措施”之一。为此，国家选派20个年轻人赴苏联学习计算机专业。时年27岁的金怡濂，由于工作中的优异表现和相应的专业背景在入选之列。从此，金怡濂与计算机结下了不解之缘。

1956年年底，金怡濂抵达莫斯科，被分配到苏联科学院精密机械与计算技术研究所进修。刚到苏联时，因为语言上的障碍，金怡濂经常听不懂课，他就拿上会话手册对照着，边听讲，边分析、理解。

金怡濂和同学们都十分珍惜时间。他们回宿舍时也要借些资料带着，尽管每天学习很紧张，感到非常劳累，但仍要学到深夜。由于只专心于学习，在莫斯科的一年半，金怡濂竟然没注意过《莫斯科郊外的晚上》和《红莓花儿开》之类的名曲。

从苏联回国后，金怡濂就奔赴中国科学院数学研究所，参加我国大型计算机“104 机”的研制工作，几乎所有时间都待在机房里。1958 年 9 月，“104 机”进入安装阶段，金怡濂时任机房值班长。由于每个插件都有数量可观的焊点，需要排查虚焊的焊点，他想了很多点子。除了目视观察，还要用榔头敲、用木片划过，以保证“104 机”的质量。金怡濂还体会到，计算机的工艺质量和设计方案都至关重要。经过多轮调试，在 1959 年国庆节期间，完成“104 机”研制工作。这样，中国有了第一台平均浮点运算速度达到每秒 1 万次的大型计算机。我国第一颗原子弹的相关计算工作，大部分就是由“104 机”承担的。

实现周恩来对搞计算机的嘱托

1963 年 4 月，金怡濂所在的研究所转移到大西南的三线地区，这一去就是 20 年。山区生活艰苦，但金怡濂觉得没有什么；比较差的研究条件，并没有影响金怡濂和他的同事为国家研制新型计算机的决心。这里地处偏僻，参考资料极其匮乏。金怡濂经常要跑到上海和北京等地去查资料，再匆匆背上一大包同事们让他捎带的肥皂、牙膏、糖果等回到大山里，继续研制工作。大型计算机要全靠我国自主设计和生产，金怡濂主要负责硬件部分的设计把关，要自己搞设计方案并绘制图纸。一台计算机所需图纸不下数万张，摞起来像座小山。金怡濂他们研制成功了高速加法器，还把并行技术应用于计算机，实现了由单机向并行机的转化，研制的计算机居全国先进水平。

1969 年 5 月 24 日，周恩来总理在“905 乙机”的研制计划上批示：“照办，如可能，争取更快一点。”这台计算机要采用集成电路，但要靠中小规模集成电路的单机提高运行速度和可靠性是非常困难的。金怡濂反复构思，寻找到了一种新的思路，就是采用双处理器系统。这大大提高了机器运行的速度和可靠性，双机也可以独立运行，进而还提高了可维护性。他是我国第一个提出并且主持双机并行的科学家，对以后我国巨型计算机的发展产生了一定影响。

1973 年年初，从双机并行到群机并行，为大型计算机确立了一条并行之路。金怡濂他们花了半年时间，完成了双处理器体系结构的“905 乙机”的具体方案设计。在研制过程中，金怡濂抓重点不放松，保证了不出差错。同时，他还注意培养年轻同事，带出了一批研发计算机的骨干。

1976 年 12 月，“905 乙机”完成，速度达到每秒 350 万次，实现了我国计算机研制技术的一次重大突破。金怡濂他们打造出深山中的奇迹，并因此获得全国科学大会奖和全军先进科技成果奖，金怡濂荣立二等功。解放军八一电影制片厂为他们拍摄了专题纪录片。1986 年 5 月，由于“905 乙机”的研制工作，金怡濂等人获得了国家科学技术进步奖特等奖。

1978 年 3 月，金怡濂参加全国科学大会，切身感受到了“科学春天”的氛围。5 月，金怡濂与几名同行赴美国和日本进行考察，这使他对先进的计算机技术有了一些认识，并且意识到与世界先进水平之间的差距。

自主研发，再显“神威”

20 世纪 70 年代，美国科学家首创巨型计算机，在当时以运算速度最高、系统规模最大、具有较强处理能力而享誉世界。巨型计算机也叫高性能计算机，是一种超级计算机（简称“超算”）。超级计算机运算速度快，处理数据和图像能力强，在科研和国民经济领域发挥着重要的作用。拥有高性能计算机技术及其产品，不仅是衡量一个国家计算机研制水平的重要标志，也是一个国家综合国力的重要标志之一。因而，邓小平下定决心，中国要实现现代化，就不能没有巨型计算机。

在“905 乙机”研制成功之后，中国巨型计算机的运算速度达到每秒 1 亿次，但世界上运算速度最快的巨型计算机已达到每秒 200 亿次。此外，中国计算机的兼容性大都比较差，研制工作和生产的效率也很低。在进行 10 亿次巨型计算机研制工作之前，金怡濂和他的同事开始瞄准世界最先进的软、硬件技术，并针对中国计算机发展中的问题确定，新的机型要使用国际通用的 32 位处理器芯片，并要向大规模并行计算机发展。最终在 1991 年年底，我国第一台 10 亿次巨型计算机研制成功。

20 世纪 90 年代，巨型计算机得到快速发展，美国和日本新机型的运算速度都超过了每秒千亿次，新技术不断得到开发和应用。1992 年，中国国家并行计算机工程技术研究中心成立，金怡濂担任该中心的主任，并对巨型计算机进行战略性研究与开发。这时，国家开始了研制“神威”高性能计算机的工作，要研制百亿次巨型计算机。

在“神威”计算机研制方案论证会上，金怡濂和预研小组提出了不同的技术设想，并且对“神威”计算机研制方案大胆地定在了千亿次水平。应该说，中国的巨型计算机跨越百亿次，直接攀升至千亿次是可能的。金怡濂认为，中国研发人员要下定决心，挺立“潮头”。了解到有关千亿次巨型计算机的争论后，金怡濂的夫人陈敬劝他不用太较真儿，但金怡濂立场坚定：“现在是我国巨型计算机发展的关键当口，提一点有价值的参考意见，也是应该的。”他常常在书房中查找资料，论证研制千亿次巨型计算机的可行性。金怡濂认为：“我们完全有能力造一台千亿次巨型计算机！而且必须跨越，否则就被世界越甩越远！”

在研制千亿次巨型计算机的方案确定下来之后，金怡濂被指定为“神威”的总设计师。对于已过花甲之年的金怡濂，历史给了他再创辉煌的机遇，他要担当“保证‘神威’出机时进入世界先进行列”的责任。

金怡濂在“神威”计算机上尝试了新的方案，也就是在每个处理器旁设一个存储器，使用频率高的数据就近存取，缩短了访存时间。这使分布和共享两种存储方式的优点结合起来，保证了“神威”的计算速度达到每秒千亿次水平。这种结构几年后也在国际上流行。此外，“神威”还采用了一些关键技术，当时都处于国际领先水平。

作为总设计师，金怡濂始终关注研制工作的细节。为了达到自己提出的“零缺陷”要求，他就坚守在噪声震耳、化学气味刺鼻的车间里，全程跟踪并观察工艺过程，还一起用砂纸打磨模具、用卡尺量尺寸。大家都夸赞道，金总师不像一个大院士，更像一个经验丰富的老师傅。

从 1993 年起，美国劳伦斯·伯克利国家实验室、田纳西大学和德国曼海姆大学每年进行两次全球超级计算机 500 强评比（即“Top500”）。这个排行榜迅速成为行业内的“风向标”。金怡濂要求“神威”出机时能够进入世界先进行列，要能在“Top500”榜上有名。为了实现这个目标，他参照这个“风向标”，不断适时调整“神威”的方案，以提高其关键的技术指标。甚至在“神威”进入整机调试阶段后，金怡濂还决定再次扩大规模。1996 年 9 月下旬，“神威”正式出机。测试结果显示，“神威”的峰值运算速度达到了每秒 3120 亿次。

1999 年 9 月，中国向全世界郑重宣布：由中国国家并行计算机工程技术研究中心主导研制的“神威”高性能计算机系统研制成功，并投入商业运行。此后，金怡濂又主持了“神威Ⅱ”的研发。他用“神威Ⅰ”建立模拟环境，以检测新的构想，对新机型展开 20 天的监测，开创了用上一代巨型计算机模拟新一代巨型计算机的先河。

巧合的是，在 1999 年国庆节前夕，要对庆典当天北京的天气进行预报，用“神威”进行计算。结果，“神威”计算出：清晨 5 时，雨会停；3 个小时过后，将云开雾散。果然，在北京天安门广场的国庆庆典

▲ 金怡濂在北京天安门城楼上出席国庆观礼活动

现场，太阳如期露脸。“神威”不负众望，这算是“神威”的牛刀小试，也算是一段传奇吧！

2001年年底，“神威Ⅱ”问世，运行速度达到每秒13.1万亿次；系统效率为75%，超过了当时世界上排名第一的计算机58.8%的效率指标；机器体积和能耗等指标也处于国际先进水平。江泽民视察“神威Ⅱ”时题词：“与时俱进，再攀高峰”。从“神威”系列开始，中国制造的超级计算机正式在“Top500”上有了立足之地。

后继有人，续攀高峰

金怡濂先后主持我国第一台大型通用电子计算机研制、国内首台双处理器结构大型计算机研制；组织领导我国首台亿次巨型计算机的研制，从工程上实现了多处理器并行的体系结构；领导开展我国第一台10

亿次巨型计算机的研制，确定了采用国际通用处理器、向大规模并行计算机发展的研制路线；在“神威”超级计算机上创造性融合国际上多种先进设计思想，成功研制出两代具有世界领先水平的超级计算机，始终活跃在计算机工程技术研究的前沿。在他的努力和主持下，我国计算机事业实现了历史性的跨越。

计算机是年轻人的事业。不过，金怡濂除了为提高我国计算机技术水平而不懈努力，他的眼光看得更远。他把培养年轻人看成计算机研制的重中之重，培养了一批计算机工程技术的青年专家，并提出了研制一代机器、造就一批人才的设想。作为总工程师，他不仅授业解惑，同时还要教之以德。他的研究团队，平均年龄才 28 岁。

50 多年来，金怡濂和他的研究集体在发展民族计算机事业的道路上取得很多重大的创新成果。为了表彰金怡濂为中国计算机事业创建、开拓和发展作出的卓越贡献，2013 年 1 月 26 日，中国计算机学会（CCF）

▲ 2010 年，金怡濂参观河南博物院

将“CCF终身成就奖”授予他。2003年2月，金怡濂在第三届国家科学技术奖励大会上获得2002年度国家最高科学技术奖后，仍不满足。作为技术顾问，他又开始积极参与国产CPU芯片的研制和开发，并要满足“神威·蓝光”高性能计算机使用“中国芯”的要求。

金怡濂的一生脚踏实地，从电机、电信，走到计算机，工程设计不论大小，总是精益求精、确保质量。早在20世纪70年代，他就主持研制了国内首台双处理器结构的大型计算机，参与组织领导了我国首台亿次巨型计算机的研制工作；80年代中期至90年代初，他领导研制我国第一台10亿次巨型计算机，采用国际通用处理器，向大规模并行计算机发展，使该机达到了世界先进水平。

2016年，我国凭借运行于“神威·太湖之光”超级计算机的气象应用——有关大气动力学的模拟，首次获得全球超级计算大会的戈登·贝尔奖。“神威·太湖之光”也凭借其12.5亿亿次/秒的峰值性能，摘得了“世界最快超算”的桂冠！并且在2016年6月至2017年12月，“神威·太湖之光”连续4次蝉联全球超级计算机500强冠军。2018年11月，中国超算“神威·太湖之光”仍然位列全球第三名。超级计算机是国之重器。2018年，世界超级计算机500强榜单显示，中国国内超级计算机安装数量为227

▲ 金怡濂、陈敬夫妇

台，是美国的两倍多!

回忆往昔，金怡濂说:“我们这代人，生活比较坎坷……社会正面和负面的好坏对比，在我们的头脑里比较清晰。我们选择个人道路的余地不是很大，但是，读了点书，学了点东西，总希望能干点对国家有帮助的事，就会觉得很高兴。”金怡濂是一位具有很强事业心、责任感和严谨求实作风的科学家。为表彰金怡濂对我国超级计算机领域的贡献，2010 年 5 月，天上又“多”了一颗星——金怡濂星，国际永久编号为“100434”。

（作者: 娄可华、刘树勇）

刘东生

中国黄土的万卷书

刘东生（1917 年 11 月 22 日—2008 年 3 月 6 日），中国科学院院士，著名地球环境学家、地质学家。

他在古脊椎动物学、第四纪地质学等领域，尤其在黄土研究方面，取得大量成果，使中国第四纪地质学与环境地质学居国际地球科学前沿，在古全球变化研究领域跻身世界前列。

▲ 著名地球环境学家、地质学家刘东生

刘东生说："我不需要外国人来承认我，我们为祖国的建设作出了贡献就好。"

生于危难之时，立下报国之志

刘东生出生在辽宁沈阳一户寻常百姓家中。他的父亲刘福瑞、母亲赵柏直都生长在老家天津卫，后来闯关东，先到大连，随后到了沈阳。刘福瑞进入京奉铁路皇姑屯站工作，最后担任副站长；赵柏直待人和善、性格温和。刘家虽然不是显赫人家，但是对孩子的学习、教育十分重视。

1922 年，刘东生进入奉天省立第二小学读书。那时，在刘东生就读的小学旁边有一所日本人开设的学校。一次上学途中，刘东生路过这所日本学校的操场，看到日本军人正在操场上进行一种“杀人训练”。日军口中发出的凶残的嚎叫声让刘东生不寒而栗，这个恐怖的景象给他幼小的心灵留下了阴影。他不禁联想到中国同胞躺在日寇刺刀下的血淋淋的场景，渐渐地，他开始仇恨日本侵略者。奉天省立第二小学很重视对学生的爱国主义教育，学校每年都要举行一次相关的教育活动。除了教学生们读书、写字，老师们还会给大家讲述亲身经历的日俄战争。刘东生读五年级的时候，他看到班主任把校训“勤学笃行”贴在教室的墙面上。在这个校训下，岳飞的名言“文臣不爱钱，武臣不惜死，天下太平矣”赫然醒目。此时的刘东生逐渐意识到，一个民族的生死存亡与每个成员都息息相关。

1928 年 6 月 4 日，皇姑屯事件爆发，奉系军阀首领张作霖被炸死在皇姑屯车站附近。刘东生的父亲刘福瑞是皇姑屯车站的副站长，当夜正好值守。那天晚上巨大的爆炸声将熟睡的刘东生一家惊醒，随后便辗转反侧、难以入眠。次日，爆炸后的残骸四处散落，刘东生见此惨状不由得汗毛竖立。那一年，他才 11 岁。

尽管刘东生的童年充满了血腥和战乱的恐怖场景，但他也拥有一段恬静、美好的记忆。那时候，家里老人总给他讲“蛮子挖金蟾”的故事，讲的是早期来华的外国传教士在中国进行野外考古挖掘和地质调查的经历。生动有趣的故事，激发了刘东生对大自然的向往。正好在那个时候，刘福瑞带着他参加了基督教青年会，在一个小院子里，刘东生欣赏了人生中的第一部电影。电影讲述了探险家到当时的西康省旅行的故事，于是，年幼的刘东生憧憬着有一天可以去西部世界探险。

1929年，刘东生小学毕业，开始考虑升学的问题。刘东生年纪虽小，爱国之志却十分高昂，他坚决放弃就读南满医科大学附属南满中学，只因为这所中学是日本人开办的。1930年，刘东生回到祖籍地天津，随即考入著名的南开中学。

1931年，震惊世界的九一八事变爆发，全国各地掀起了轰轰烈烈的抗日救亡运动。刘东生无法与远在沈阳的家人取得联系，但是，他没有一丝犹豫，毅然投身于抗日救亡的学生运动。1937年，刘东生毕业于南开中学。那一年，卢沟桥事变爆发，战事愈演愈烈。为了躲避战乱，北京大学、清华大学等大学纷纷往南迁移。为了逃离日军的魔爪，刘东生带着母亲赵柏直和弟弟、妹妹乘坐火车抵达天津。此时，他的父亲刘福瑞只身一人在上海。8月，刘东生一家人借住到同学童遐龄位于天津法租界的家中。童遐龄的父母创办了江西小学。借住的一年时间里，刘东生在这所小学教书。

▲ 1937年7月，刘东生在南开中学的毕业照

幼时和青年时期的波折经历与所见所闻使刘东生对日本侵略者深恶痛绝，他深感被侵略的耻辱。一种使命感开始在心中萌芽，他立志要报效祖国。此时此刻，这个羽翼未丰的年轻人已经开始思考如何拯救祖国了。

笃定以地质学报效祖国

此时的中华民族已经到了生死存亡的关键时刻。为了将中国从日本帝国主义的铁蹄下拯救出来，年轻的刘东生不断摸索着，渴望寻求一条为祖国奉献的途径。终于，他踏上了科研和抗战的道路。

1938 年 7 月，刘东生与刘福瑞在香港会合。刘福瑞鼓励刘东生到美国追求学业，并且已经帮他准备好护照。但面对处于水深火热的祖国，刘东生不忍离去。他坚决表示要留下来为抗战出力，刘福瑞理解并支持他的选择。随后，刘东生从香港辗转多个城市后抵达昆明。因为他高中时就读于南开中学，刘东生获得了免试机会，顺利进入国立西南联合大学学习。

高等学府西南联大一直传承“学术自由，民主办学”的传统，保持和传扬五四运动时期的民主与科学精神。优良的学风和学习环境逐渐培养了刘东生对于科学研究的兴趣，他随即迈上了学术救国之路。

刘福瑞希望刘东生学习应用广泛的机械专业，于是，刘东生选择了机械系。随后的一次经历，改变了他的人生轨迹。当时，谭锡畴教授凭借丰富的经验和一些地质现象，判定云南的易门有大量铁矿。在这个猜测被证实以后，昆明易门的铁矿“宝藏”得以勘探开采。这件事让刘东生感受到了地质学的魅力，他意识到地质学也能报效国家。再加上他从小就对大自然十分感兴趣，刘东生更加坚定了要以地质学报效祖国的念头。为了转专业，他先咨询了清华大学的老师，老师不同意。他又找到叶公超，叶公超负责管理北京大学一年级的学生。叶公超了解刘东生的基本情况后，爽快地签了字。刘东生转入地质地理气象系，开始学习地质学专业。在学习期间，刘东生尤其喜欢听谭锡畴的普通地质课。除了学习课本知识，他还参加野外考察。

1938 年 9 月 28 日，昆明遭遇日军空袭。刘东生不得已，去昆明西山暂时躲避。此时，他目睹了中国空军与日本空军开战。空战结束后，大家随即返回学校，谁知学校的宿舍早已变成一片废墟。这一幕深深地印入刘东生的脑海，他愤懑不已，深感抗日救国的迫切。

1941 年暑假期间，刘东生与两位同学共同完成了对昆明西北方向武定和禄劝两个县大比例尺地质图的绘制。在绘制地质图的过程中，三人还采集到大量泥盆纪鱼类化石。1942 年，刘东生大学毕业。按照原来的设想，刘东生要与同学们一块儿接着报考经济部的中央地质调查所。但是当时，刘东生因患胃病失去报考的机会。经过 1 年多时间的休养，1944 年，刘东生大病初愈就投身抗战，参加了成都战地服务团。直至 1945 年抗战胜利，刘东生先后在成都的彭家场军用机场招待所和西安的盟军空军招待所工作。

▲ 刘东生在西南联大学习期间，于云南禄劝进行野外考察

登高望远，著述等身

抗日战争结束后，刘东生如愿以偿地考入中央地质调查所。他的老师是著名的古脊椎动物研究专家杨钟健。凭借聪慧的资质和勤奋努力的精神，刘东生很快便脱颖而出，成为杨钟健最优秀的学生，深得器重。新中国成立初期，刘东生已经小有成就，在地质学界崭露头角。1953年，刘东生来到中国科学院地质研究所工作。次年年初，刘东生加入了三门峡第四纪地质考察队。

新中国刚成立不久，国家百废待兴。当时，黄土高原的水土流失和黄河下游的旱涝不均已经严重影响北方地区的经济发展。治理黄河迫在眉睫，于是在1955年，政府成立了黄河中游水土保持综合考察队。刘东生接受了这个艰巨的任务，被指定负责考察队的地质组。自那以后，他就与中国的黄土研究结下了不解之缘。

同年夏天，刘东生带队在山西考察。考察队的成员们齐心协力，将这次考察活动的研究成果编写成《黄河中游水土考察报告》。在此期间，刘东生与朱显谟发现黄土中有“红色土”。通过细致入微的观察、思维严谨的推敲，他渐渐意识到“红色土”中的红色带状分层是黄土里的古土壤层。刘东生、朱显谟二人就这样辨识出了黄土中的“古土壤”，这一发现开启了世界研究黄土的新征程。

考察活动结束后，参与的学者都回到了自己的研究工作中。面对考察中获取的大量第一手资料，刘东生觉得就这样放弃实属可惜。他仔细地整理了所有资料，然后进行更深入的研究。刘东生将带回的黄土样品进行试验，提出假设并小心求证，逐渐对黄土地层的划分、空间的变化、物质成分和成因等方面有了全新认识。他把黄河中游黄土区划分成三个带，根据这个划分可以清晰地追踪黄河下游泥沙的来源，这为专家们治理黄河提供了理论依据。依据研究得出的成果，刘东生编写了3本著作，分别是《中国的黄土堆积》《黄河中游黄土》以及《黄土的物质成分和结构》，这 3 本书是从事黄土研究的必读书。与此同时，他还编制了《中国黄土分布图》和《黄河中游黄土分布图》。凭借着锲而不舍、刻苦钻研的那股劲儿，刘东生成为中国黄土研究的专家，他研究的部分领域一度赶超外国学者的先进水平。

“文化大革命”期间，中国的许多科研工作停滞，包括刘东生的黄土研究。在严峻的大环境下，刘东生的身心受到严重摧残，但他矢志不渝，利用一切机会进行科研工作。这个时期，他带头开展了环境地学研究，建立了相应的研究队伍。他还开始研究地学与地方病的关系。他有时一连好几天都泡在图书馆，时刻关注国外的研究动向，争取做到与时俱进。据刘东生了解，以前国际上第四纪研究的理论体系是经典的“四次冰期”理论，但现在转变为气候变化多旋回理论。他想到，中国的黄土—古土壤叠覆正好佐证了这个理论。但是，要想找出关键证据，必须以国际通用的指标，将黄土形成的确切时间、古土壤反映的环境变化用曲线展示出来。

1981 年，刘东生动身前往位于苏黎世的瑞士联邦高等理工大学，将陕西洛川的黄土样品展示给科学家海勒。二人通过合作，利用超导磁力仪得出了黄土底界的年龄，即 250 万年前，中国的黄土已涵盖了整个第四纪。通过黄土剖面磁化率曲线与深海氧同位素曲线的对比，刘东生团队从古土壤记录的气候变化特征中推测出了第四纪的环境变化。中国的黄土—古土壤最终得到了世界地质学界的认可，为第四纪气候变化多旋回理论提供了最佳证据。神秘的中国黄土在刘东生的解读下，登上了世界舞台。

刘东生提出了黄土的“新风成学说”。这一理论利用黄土原始物质的形成、黄土原始物质的搬运营力、细粒粉尘物质扬起的动力学条件、粉尘搬运和沉降的天气过程与条件、粉尘沉降地的环境、粉尘堆积后转化成黄土的变化、黄土上发育古土壤的环境条件和过程等一系列证据，最后形成了完整的证据链。刘东生的称谓——“黄土之父、地学泰斗”也由此而来。

刘东生的研究兴趣广泛，不但着迷黄土，也迷恋青藏高原。1963 年 5 月，刘东生开始对希夏邦马峰进行科学考察。有一次，探险队来到博野康加勒冰川附近考察。这里海拔 5900 多米，团队发现了一个叶脉清晰的植物化石。刘东生刚一接过化石，就被它吸引了。他预感到，解开这块化石的谜底就可以获得一个新知。最后，这块化石中的植物被鉴定为高山栎。这块化石的发现，掀起了一场旷日持久的大规模科研活动，对于青藏高原的科学研究揭开了序幕。1966 年，刘东生率领考察队在珠穆朗玛峰地区考察。1977 年，他又带队登上托木尔峰。在这次考察活动中，他掉落水中，险些被湍急的河水冲走。

1978 年，刘东生将几年间在青藏高原进行考察得出的成果整理成

▲ 2005 年 5 月，刘东生在甘肃省秦安县考察黄土剖面时做素描

册，出版了“青藏高原科学考察丛书”、《珠穆朗玛峰地区科学考察报告》等。这一系列考察报告丰富并发展了中国地质学和生物学的研究理论，有利于推进青藏高原地区的经济开发和建设。

刘东生特别注重人与自然和谐发展。在对托木尔峰的科学考察和对珠穆朗玛峰地区的科学考察过程中，他都把自然界和人类活动之间的关系、人类活动对自然的影响作为重点考察课题，并进行研究。他希望通过研究，可以让人们知道合理开发、保护自然资源的重要性。

2004 年 2 月，刘东生获得 2003 年度国家最高科学技术奖。

杏坛讲学，大师情怀

刘东生创立了黄土学，在地球环境科学、环境变化等领域作出了开创性的贡献。而且，他还是一位探险家，白发苍苍，探险南极、北极和南海等地。他堪比教育家，不但著述等身，还桃李满天下。他的一生是勤奋的一生，即使晚年疾病缠身，在住院期间仍然为了地质学事业呕心沥血。他的一生更是传奇的一生，他极富人格魅力，充满乐观主义精神。刘东生注重言传身教，不断激励同事、学生、科研工作者为科学事业而努力奋斗。

自从 1982 年踏上讲台，直到 2006 年 9 月因病住院，刘东生的课堂教学活动从未间断过。在学校任职期间，不管社会活动多繁忙、科研任务多繁重，他总是按时出现在教室里，为学生们带来一场场视听盛宴。

2006 年 2 月，尽管已经立春，但北京依然寒风凛冽。教室外冰天雪地，但地质研究院的教室里暖意融融，时不时传来阵阵欢声笑语。讲台上，89 岁的耄耋老人刘东生精神矍铄，正在兴致勃勃地给学生们讲授近代第四纪地质学与环境学。讲台下的研究生们听得津津有味。在学生眼中，刘东生教学思路开阔，教育思想新颖独特，尤其是他的授课内

▲ 刘东生晚年，经常在家里的饭桌上工作到深夜

容及授课方式会随着研究内容的发展更新，深受大家的尊敬和喜爱。

刘东生懂得国家之间的竞争就是科技之争，本质上是人才之争。他的研究队伍来自各国优秀的学者，被称为“多国部队”。他知道科学研究要不断开拓新的研究领域，为此，研究者需要开阔眼界、拓宽知识面。爱之深，则为之计深远。为了把学生们培养成中国的人才，刘东生尝试把他们派到国内各领域的知名专家学者那里当“学徒”。通过与各位专家的学生一起研究、学习，刘东生的学生们可以及时掌握新设备、了解科学前沿知识。这也深刻体现了刘东生一直以来倡导的“与时俱进，与时偕行”的教学原则。

刘东生阐述了他对科学的唯物史观。他认为，科学家之所以能够取得成就，源于他们大量的社会实践。认识来源于实践，科学家要学会在实践中去检验真理。为了让学生们获得正确的唯物史观，他一直鼓励学生认真学习自然辩证法和科学社会主义理论与实践这两门课。他认为，整个世界就是一个普遍联系的整体，人与自然是相互联系、相互依存的。在讲授近代第四纪地质学与环境学这门课的时候，他告诉学生们，人与自然的关系是相互的，人的生存和发展依赖环境又反作用于环境。第四纪研究对于人类的发展而言具有重大意义，对第四纪来说，急需解决的难题就是怎样使人与自然和谐共生。

身教重于言教。作为一位地质工作者，刘东生注重亲自实践，亲自到大自然中去观察、去探索。他在 70 岁之后，曾经 7 次赴青藏高原和新疆考察；74 岁时，奔赴南极考察；76 岁时，去北极探险。哪怕是到了 82 岁的高龄，刘东生也要坐船去南海追梦。

除了严格要求自己投身实践，刘东生还用心培养学生在野外考察的能力。他主张，对于地质学这个实践性极强的专业，要想成为一名合格的地质工作者，就必须走出去探索，获取第一手资料。他多次组织研究生外出考察，教他们如何采集样品、如何观察地质环境。采集到的样品会被送到实验室，供学生们自己动手做实验，从而提高学生们的理论研究和实践能力。

刘东生将深厚的爱国情注入科学梦，为中国黄土写下万卷书。他探索未知，在环境艰险的野外进行考察。他刻苦钻研，将地质研究的事业视为生命。他言传身教，学养与品德受到国内外学术界的广泛称誉。他的大师风范、传奇经历就是一本厚重的典籍，值得我们细细品读。

（作者：王润秋、刘　强）

王永志

放飞神舟上太空

王永志（1932 年 11 月 17 日— ），中国工程院院士，我国载人航天工程开创者之一。

他参与了我国第一代、第二代战略火箭的研制工作，主持完成长征二号 E 大推力捆绑式运载火箭研制任务，为我国首次载人航天飞行圆满成功、实现载人航天历史性突破，作出巨大贡献。

王永志说：“我们做火箭的，最后一定要把人送上天。”

▲ 中国载人航天工程开创者之一王永志

研制中国第一枚大推力捆绑式火箭，首飞冲天

1986 年，被称作世界航天史上的“黑色灾难年”。一系列航天事故让世界火箭发射市场几乎瘫痪。人造地球卫星的制造商们想起了曾遭他

们冷遇的中国火箭。一家美国卫星公司意欲同中国合作，发射该公司为澳大利亚制造的通信卫星。

王永志等人以此为契机，向航天工业部提出，以长征二号火箭为基础，研制大推力捆绑式火箭，使火箭近地轨道的运载能力由原来的 2.5 吨提高到 9.2 吨，能承揽用航天飞机发射的大型卫星，从而将中国的运载火箭推向国际市场。

1988 年 12 月，国务院召开会议，支持大推力捆绑式火箭上马。用“长二捆”火箭发射“澳星”的方案最终得到了“准生证”。

那时离美国卫星公司要求的“长二捆”成功试验飞行期限仅剩短短的 18 个月。合同书上白纸黑字明明白白地写着：1990 年 6 月 30 日前，捆绑式火箭必须竖立在发射平台上。否则，取消合同，并罚款 100 万美金。

王永志就是在那时当上了研制大推力捆绑式火箭的总指挥。按照常规，这样大推力捆绑式火箭的研制任务怎么也得四五年时间才能完成。这是一副空前沉重的担子，一头是研制火箭需要的几亿元贷款，另一头是全新的技术加紧迫的研制周期。

“机遇和风险并存，困难与希望同在。”王永志身挑两副重担：作为当时航空航天工业部第一研究院的一院之长，院里还有诸多型号的火箭研制任务和其他任务，一个也不能少；作为研制大推力捆绑式火箭的总指挥，当务之急是让新型捆绑式火箭精彩亮相在发射平台上。

王永志与总设计师一起制定切实可行的技术方案和研制方法，带领全体研制人员闯过重重难关。18 个月里，王永志同每一个参试人员都处于高度紧张和兴奋的状态，仅为捆绑式火箭设计出来的图纸就有 44 万张，设计人员平均一人一天要画 17 张图。每一个工作现场都是昼夜不停地连轴转。

18 个月后，捆绑式火箭巍然竖立在西昌航天城的发射平台上。可王永志却吃不下、睡不着，走进饭堂一闻到肉味儿就反胃，顿顿只能吃清一色的主食和咸菜，只好把饭端回宿舍吃，不到一个月，体重就下降了五六公斤。他承受着巨大的压力，夜以继日围着捆绑式火箭转，处理各种技术难题。

当时，捆绑式火箭在发射场出现了推进剂泄露、有人中毒的紧急情况。王永志果断采取用氮气置换推进剂蒸汽、卸压和强力通风三项措施，排除了危险。

1990 年 7 月 16 日，大推力捆绑式火箭直刺云霄，首发告捷，运载能力达到 9.2 吨，比长征二号火箭的运载能力几乎翻了两番。

▲ 1990 年，王永志在“长二捆”首次发射前留影

王永志的心里好像甩掉了几百吨的负重，顿时轻松、愉快起来。几个小时后，他迈着矫健的步伐走进了饭堂。红烧牛肉的香味儿扑鼻而来，他端起大碗狼吞虎咽，好像这辈子第一次品尝到美味的牛肉。

18 个月就研制出新型号的大推力捆绑式火箭，美国人开始不相信地摇头，中国航天人以事实让美国人信服了。

王永志带领运载火箭研究院的科技人员历尽艰难，终于使中国火箭改变了“一根棍”

的形象。捆绑式火箭研制成功使中国火箭技术跨上了一个新的台阶，因为运载能力的提高，不仅为发射澳大利亚通信卫星奠定了技术基础，也为以后载人航天运载火箭的研制打下了坚实基础。

王永志由于为成功研制捆绑式火箭作出了突出贡献，他获得了国家科学技术进步奖一等奖，并被任命为航空航天工业部运载火箭系列总设计师。

上任中国载人航天工程总设计师，把中国航天员送上太空

载人航天工程是迄今为止我国航天史上规模最大、系统最复杂、技术难度最高的工程项目。

1992 年 9 月 21 日，中共中央政治局常委会在听取论证组关于载人航天工程技术、经济可行性论证汇报后，作出决定，要像当年抓“两弹一星”一样抓载人航天工程，坚持不懈、锲而不舍地把载人航天搞上去。

于是，起源于“863”计划的中国载人航天工程，决策于 1992 年 9 月 21 日那一天，因此得名“921”工程。

1992 年 11 月，王永志正好 60 岁，他被中央专委任命为中国载人航天工程总设计师。最让王永志感到振奋的是，在花甲之年，他将带领航天大军去实现中华民族的飞天梦想。

中国飞船就要有中国特色

中国载人航天工程的总体设计工作开始起步。王永志遇到的第一个问题是，怎样给中国飞船定位？是按照苏联人及美国人走过的路从头走起，还是瞄准当时的国际先进水平跨越、赶超？面对比美俄晚 40 多年

的载人航天现实，他作为技术负责人，与其他航天专家们一道，提出了通过技术创新实现跨越式发展的设计思想。他强调，要不畏艰难，力争让中国的飞船一上天，就与国外搞了40多年的飞船比翼齐飞、不相上下。

王永志力主直接采用由轨道舱、返回舱和推进舱组成的三舱方案，把赶超目标瞄准当时在用的俄罗斯“联盟—TM”号飞船，这是当时世界上最好的、经过两次改型的第三代飞船。王永志说：“我们的载人飞船一起步，就比美俄晚了三四十年，但我们要横空出世，一起步就赶超到位。”

中国的载人飞船首创了轨道舱（生活舱）留轨利用，边研制、边应用，获得最大的空间应用效益。当飞船完成在轨运行任务后，轨道舱继续留在轨道上运行。这样，在无人飞行试验阶段，就可以利用轨道舱开展大量的空间科学实验。也就是说，我们在发射一艘飞船的同时，还捎

▲ 王永志、王丹阳夫妇看望钱学森、蒋英夫妇

带着发射了一颗应用卫星，使国家的空间科学实验获得了额外的空间应用效益；并且，随着飞船发射次数的增加，进行综合利用，效益将会更加显著。

中国特色载人飞船不做动物实验

中国的载人航天工程还设计了更先进、更完善的逃逸和救生系统。即便发生意外，也能让航天员安全地回来。

确保航天员的生命安全，是载人航天与其他航天活动的根本区别。王永志曾对中国载人航天工程七大系统的总设计师们说：中国第一艘飞船的乘员，应该是我们这些总设计师。我们什么时候敢坐飞船了，才能让航天员去坐。

在飞船研制方法上，王永志认为，国外的大量载人航天飞行已经证明，人类是可以适应超重和失重环境的。只要我们的火箭和飞船符合设计要求，航天员的生命安全就是有保障的。

中国发射了4艘无人飞船，没有上过一只猴子，也没有进行大动物实验。到2002年8月，世界各国的航天员已经有906人次上过天了，其中有男有女，他们从太空返回后照样生儿育女。上天次数最多的一位航天员上天7次。上天时岁数最大的航天员有77岁。航天员在太空停留时间最长的，达到2年17天零15小时。这说明，人能适应飞船升空和返回阶段的过载，也能适应飞船在轨运行时的失重状态。中国人没有必要跟在外国人后面，经历“猴子变人”的漫长试验过程了。

自从1957年10月苏联人将世界上第一颗人造地球卫星送入地球轨道之后，人类似乎已经找到了运载火箭这个“天梯”去登天，但载人航天和发射卫星完全是两回事情。

人类要进入太空，必须解决两个方面的问题：一是如何克服地球强大引力的束缚，这一问题在人造地球卫星发射成功后变得相对容易一些了；二是如何保证人的生命安全问题。

对于太空环境，人类一无所知。人在太空环境中会受到哪些危害？人能否在太空中存活？更急需知道的是，运载火箭发射时产生的巨大振动和噪声，特别是火箭加速上升和飞船减速返回时产生的巨大超重，以及飞船进入太空轨道后出现的失重状态，人是否能够承受得了？这些要命的问题都是实现载人航天无法回避的难题。

于是，人们首先选择一些动物作为航天的先驱者。1951 年 4 月 18 日，美国空军用空蜂号探空火箭将一只猴子送入高空。

苏联自发射了世界上第一颗人造地球卫星后，立即转入让卫星搭载试飞狗进入太空轨道的实验。1957 年 11 月 3 日清晨，苏联用运载火箭把卫星二号人造地球卫星和小狗莱卡准确地送入预定地球轨道，每 102 分钟就绕地球一圈。由于根本没有考虑将卫星回收，小狗莱卡在上天的那一刻就注定回不了地球。

面对美国人的探空猴子和苏联人的小狗，中国怎么办？

王永志决定在飞船的无人飞行试验中，不做大动物实验，而是研制比动物实验更能真实模拟人类代谢规律的拟人代谢装置，考核飞船的载人环境。这样做，使中国飞船跨越了大动物实验阶段，从无人飞行试验直接跨入载人航天飞行。

2002 年 3 月，中国发射了第 3 艘无人飞船，里面有一个能像人一样吸入氧气、排出二氧化碳的拟人装置，这个假人会和真人一样呼吸。经过太空旅行后，假人上的数据显示，中国飞船完全可以达到 3 人在太空飞行 7 天的供氧要求；另外，还提供了其他生理数据。

有人曾担心地问王永志：“美国和苏联的载人飞船都是先载动物上天做试验，你怎么一下子就要把人弄上去呀？”

王永志说：“我们对上猴子的办法也进行过分析。中国最聪明、最好训练的是云南的猴子。训练猴子就要建动物饲养房、动物训练室。一算账，建一个猕猴饲养房就得花3000万元。其实，猴子也不是很好训练的。飞船升空时有过载、有噪声，猴子会受惊、害怕，它不吃不喝怎么办？我们的飞船按照设计方案，可以在太空自主飞行七昼夜。猴子如果在太空七天七夜不吃不喝，下来就死了。这究竟是飞船的问题，还是猴子自身的问题，很难说得清楚，反倒会给航天员增加思想负担，有顾虑不敢上天了。

另外，用猴子也不能完全模拟出人的生存状态，因为猴子的最大代谢能力只有人的六分之一，它对氧气的消耗很慢。我们设计的飞船返回舱有三名乘员，如果要模拟出三个人的生存条件，那就得用18只猴子，返回舱装不下。其实，我们现在的办法更科学，不会有风险。如果不创造性地前进，中国什么时候才能赶上40年的差距？”

▲ 神舟飞船发射前，王永志在发射场留影

2001 年 4 月，王永志应邀到莫斯科参加了世界上第一位航天员加加林太空飞行 40 周年纪念活动，并被母校莫斯科航空学院授予荣誉博士称号和杰出毕业生金质奖章。在随后作的学术报告中，他用俄文介绍了中国载人航天工程的特色和技术特点。王永志刚讲完，他当年的老师米申院士就控制不住自己的感情，坐在主席台上情不自禁地大声对台下的听众说："你们都听到了吧？中国的飞船不是俄罗斯的联盟号，中国飞船就是中国飞船！"米申当年是联盟号飞船的总设计师，他的声明掷地有声。

历经艰险率队选择飞船主着陆场，定在四子王旗

航天员的返回阶段是载人航天飞行的关键环节，也是航天员罹难最多的环节。美国哥伦比亚号航天飞机就是在返回时失事的。"太空第一人"、苏联航天员加加林第一次飞天，从太空返回时也遭遇过险情。

为此，航天大国对航天员返回的着陆场都极为重视。王永志考虑最多的，也是让中国航天员平安降落在祖国的怀抱。

现在，中国的神舟号飞船都降落在内蒙古中部的四子王旗阿木古朗草原。这里地势平坦、视野开阔、居民点稀少，是一个天造地设的飞船着陆场！着陆场的飞船回收部队驻扎在红格尔苏木。这里的生活条件极其艰苦，然而，回收部队百分之百完成了回收飞船任务。

回收载人飞船对于着陆场的条件有着严格要求。首先，着陆场必须位于飞船的运行轨道内。在此基础上，着陆场必须人烟稀少，甚至树木的比例都不能超过千分之一，以免飞船着陆时造成人员伤害。其次，着陆场的地势必须平坦。如果有坡，坡长不能超过返回舱周长的 5 倍，也就是说，不能让飞船在地面打 5 个以上的滚。这个方圆数十公里的区域，还必须满足一系列苛刻的条件：不能有高压电线，不能有铁路，不

能有 3 层以上的房子，不能有河流，等等。

为了给中国飞船选好主、副着陆场，从 1993 年 2 月到 1996 年 10 月，在河南、四川、辽宁、内蒙古、甘肃等所有理论上适宜做着陆场的地区，共先后组织了 7 次大规模实地勘察，历时 101 天，包括空中直升机勘察 17 架次，陆地勘察的车辆行程达 2.35 万公里，勘察面积为 18 万多平方公里，相当于两个浙江省的面积。16 名勘察队员都是专业技术人员，从摄影资料上能看到他们风餐露宿地选择着陆场。

为了保证航天员安全着陆，中国载人航天工程立项之初，经空中勘测，将飞船的着陆场选在了河南驻马店地区。为了确保万无一失，1993 年 2 月初，王永志和国防科工委副参谋长赵起增少将率队，开始对该地区进行地面详细勘察。

在勘察过程中，王永志从车上看到窗外人多、树多、房子多，他的浓眉紧皱到一起。后来，仔细一了解，那片地区的人口密度很大，平均每平方公里有 600 人。王永志认为，试验初期，飞船决不能降落在那里，一是不安全，二是太扰民。载人航天工程既然是生命工程，就要以保证人民的生命安全为前提；再说，对航天员来讲也不安全。于是，王永志提出："河南这地方不行。要考虑重新设计飞船轨道倾角，到北边的内蒙古大草原去。"经过实地勘察，王永志心里有数了。

1993 年 4 月 21 日，中国载人航天工程首任副总指挥沈荣骏中将听取了汇报。他赞同王永志的意见，飞船主着陆场要千方百计降低风险，先选好场区再来定飞船轨道倾角。要考虑两个方案：轨道倾角在 42 度左右的陆上场区方案，以及在近海回收的方案。

最终，飞船主着陆场选在内蒙古四子王旗阿木古郎草原。这里的地势平坦开阔，人烟稀少，平均每平方公里只有 7.9 人。其他条件也符合主着陆场的要求，对保障航天员安全返回较为有利。

其实，王永志提出飞船主着陆场改址方案时，原方案已得到中央批准。这个“马后炮”要不要放？当时，他考虑再三。为了对国家负责、对载人航天工程负责，王永志专门向中央专委汇报了更改飞船着陆场的建议。

实践证明，王永志建议飞船主着陆场改址是正确的。

1999 年 7 月，西安卫星测控中心着陆场站所属部队首次进驻内蒙古四子王旗。从那时起，他们在这个人烟稀少的地方，已出色完成了 11 次神舟飞船回收任务，被中央军委命名为“功勋着陆场站”。

王永志是辽宁省昌图县人，1952 年考入清华大学航空系学习飞机设计专业，1955 年前往莫斯科航空学院留学，攻读飞机设计和导弹设计专业，1961 年毕业后回国。他还是俄罗斯宇航科学院外籍院士、国际宇航科学院院士，曾担任中国运载火箭技术研究院院长，领导和主持过 6 种新型火箭的研制工作。1985 年，王永志获国家科学技术进步奖特等奖。1992 年，他担任中国载人航天工程首任总设计师。2004 年 2 月，王永志获得 2003 年度国家最高科学技术奖；同时，中国载人航天

▲ 王永志与中国首飞航天员杨利伟合影

工程获国家科学技术进步奖特等奖，他排名第一。2005 年 1 月，中央军委授予王永志“载人航天功勋科学家”荣誉称号；同年 3 月 3 日，中央军委向王永志颁发一级英模奖章和证书。

王永志深情地回忆：“其实，我这辈子只干了三件事——研制导弹、送卫星上天、送中国人进入太空。这三件事都是国家利益的需要、强国富民的需要。是党的事业为我提供了难得的机遇和施展才干的广阔舞台。”从“两弹一星”到载人航天，王永志只想说一句话：“能参与为国家和民族做几件大事，是我的荣幸。”

（作者：马京生）

叶笃正

让中国气象与世界同步

叶笃正（1916年2月21日—2013年10月16日），中国科学院院士，著名气象学家，中国现代气象学的主要奠基人之一。

他开创了青藏高原气象学，提出了大气能量频散理论、东亚大气环流和季节突变理论，创立了大气运动的适应尺度理论，为我国现代气象

▲ 著名气象学家叶笃正

事业发展作出了卓越贡献。

叶笃正说："我们的科研要更加贴近老百姓所关心的东西，真正做到为国家排忧解难。"

耳濡目染，根植爱国心

1916 年，叶笃正出生在天津市一个大户人家。具有巧合意味的是，同年，恰逢中国出现第一份现代意义上记载风云变幻的气象记录，这似乎在冥冥中注定了叶笃正的一生要与气象事业联系在一起。出身官宦世家又转营实业的叶父，并不太认可新式学堂，而是请私塾老师到家里给孩子们讲授四书五经，因此，叶笃正从小就接受了良好的传统教育，尤其是其中蕴含的家国思想。叶父尽管整日忙于生意，但在子女教育问题上毫不含糊。每天无论多忙，他都要抽出时间来对孩子们的学习亲自督查。在父亲的严格要求下，叶笃正刻苦学习，毫不懈怠。私塾教育的积淀加之严厉的父爱，都让叶笃正完完全全地沐浴在中国传统教育之中。也正是这种传统文化的熏陶，使得叶笃正在以后面临人生选择时，始终胸怀爱国之心。

1930 年，叶笃正就读南开中学。回头看，这是叶笃正确立人生志向、强化爱国情怀的重要阶段。南开校训"允公允能，日新月异"中，首要强调的就是允公，也就是爱国。允公，即根植爱国心；允能，就是凭能力和本事为中国做事；日新月异，指与时俱进地保持创新。这一理念扎根到叶笃正内心，潜移默化地影响着他的一生。值得一提的是，南开中学当年非常独特地设立了一门社会调查课。这不同于一般的传统课程，它提倡学生走出校园、走进社会，通过这种方式全面地接触、认识当时的中国。在社会调查课中，叶笃正跟随老师去了山东曲阜，并登上泰山，切身体会到祖国的秀美、中华文化的源远流长。时值 1934 年，坚决主张抗日的爱国将领冯玉祥正在泰山，老师还带领学生们拜访了冯玉祥。通过广泛的社会调查，叶笃正深切感受到旧中国官场的黑暗、百姓的疾苦以及祖国的危难。看着内忧外患深重的中国，叶笃正深知科学对于一个国家的重要。落后就要挨打，这是历史的教训；科学救国，也是一直以来的训诫。也就是从那个时候开始，叶笃正科学救国的志向确定了下来。

▲ 就读南开中学时的叶笃正

考入清华大学后，叶笃正打算攻读自己热爱的物理学作为具体的科学救国路径。出于机缘巧合，叶笃正结识了钱三强。叶笃正朝这位同为物理学专业，也怀抱科学救国志向的学长道出自己的打算后，钱三强认真而坦诚地说："你不要念物理，还是搞点儿实用的学问吧！气象学对中国来说是一个空白的领域，我看，你还是学气象比较好，中国的气象科学太落后了。现在，中国需要的是实实在在的学问。"救国心迫切的叶笃正，认为钱三强的看法很有道理，于是毅然放弃了喜欢的物理，改学更为实用的气象学。从此，叶笃正确立了自己一生要走的路，并愈发坚定。

中国人必须为中国做事

从清华大学到浙江大学，再到赴美留学，叶笃正默默积蓄着力量。凭借自身的天分和勤奋，在留美期间，叶笃正很快崭露头角。他发表了多篇重要论文，博士学位论文更是被赞誉为动力气象学的经典之作。这篇论文的观点因为发展了导师——世界著名气象学家罗斯贝的理论，让叶笃正于气象界蜚声中外，也让叶笃正成为最年轻有为的芝加哥学派成员，备受器重。在这之后，叶笃正开始从事一些重要科研项目，在气象学领域逐步有了更多的参与权和话语权。1948 年，叶笃正顺利留校，成为芝加哥大学的研究员，当时的年薪就达 4300 美元，过上了衣食无忧且精神自由的学者生活。妻子冯慧在怀俄明大学生化系拿到硕士学位后与他团聚。这一切都表明，叶笃正即将迎来平静而美好的后半生。

平静表面的背后，是叶笃正从未改变的科学救国的初衷，是无时无刻等待这一时机到来的内心。因此，当新中国成立的喜讯传来，当叶笃正作为气象学人才被国家恳切地邀请回国建设一穷二白的祖国，他迫不及待地要回来。他知道，一直以来默默坚守的科学报国时机已经成熟。回国为祖国做事，正是他奔波多年、奋斗多年的意义所在，也是当时他刻不容缓、毫不犹豫要做的事情。

但是，回国并不如叶笃正所想那般简单。一方面，回国邀请发出之时，正值叶笃正个人的事业上升之际。那时，叶笃正的优秀才能受到广泛赏识，越来越多的科研机构高薪聘请这位年轻有为的“气象之星”。外在的客观诱惑必然是存在的。其中，美国国家气象局的工作人员非常真诚恳切地邀请叶笃正去华盛顿工作，并承诺可以给他提供世界最顶级的工作室、最优厚的待遇，还可以配备私人汽车与更好的公寓。对比百废待兴、刚刚成立的新中国，这确实难以拒绝，美国国家气象局的人员也不曾想到叶笃正会拒绝。而不管美方给出多么优越的条件，叶笃正只有一句话：“我要回国，祖国需要我，祖国在等我回去。”叶笃正当然知道，对于科研人员来讲，稳定的物质条件、优良的科研环境有多重要；叶笃正当然也知道，基于更大的平台，可以创造更为辉煌的个人成就。但对于从青年时期就立志科学救国并不曾改易的叶笃正而言，这点儿外在诱惑，根本不及祖国的召唤更令他心动，完全不足以动摇叶笃正回国报效的决心。然而，美国当时的规定：中国在美留学人员不允许返回本国，学习自然科学的更不行，回国成为一件不容易的事情。加之美国采取敌视中国的政策，中美关系处于极度紧张状态，这使得那一时期对中国留美学生回国的管控更加严苛。在为回国奔走的一次次努力中，叶笃正差点儿陷入绝望，但他总觉得不能就此放弃。最终，他不得已，想到寻求导师的帮助。面对导师的劝说，叶笃正诚恳道出自己想建设祖国的迫切愿望。导师被叶笃正坚定的爱国情怀所打动，答应帮他搞到去瑞士的签证，然后从瑞士迂回返国。不过，叶笃正并没有等到获得签证的那一天。回国心切的他，一听说有可以偷偷运载中国留学生回国并靠岸香港的船只，就私自提前回国了。

艰苦奋斗，硕果累累

面对几乎一穷二白的新中国，叶笃正回国后请求立即投入工作。其实，在回国之初，叶笃正想去清华大学教书，将学到的气象领域前沿知识传授给学生们，从而使他们系统地掌握最新气象科学。而中国科学院地球物理研究所所长赵九章从祖国气象事业的状况出发，认为当年气象事业处于非常薄弱的起步阶段，迫切需要叶笃正这样一群人来奠基、开拓。因而，搞基础科研可能是祖国更需要叶笃正去做的。叶笃正非常理解并当即表示："工作要符合国家需要。国家需要什么，我就研究什么。"与此同时，抗美援朝战争暴露了我国基础天气预报系统的缺失。前方出动空军打仗，需要天气预报支持；后方发展工农业生产，也需要天气预报支撑。于是，响应国家的紧急需要，叶笃正回国后的首要工作就是建立中国的天气预报系统。

没有世界顶级的工作室，只有北京西直门一处简陋破旧的办公用房。就是在这里，叶笃正开始了艰苦卓绝但斗志昂扬的奋斗时光。当时的气象事业薄弱到什么程度呢？除了地面图，国内整个研究组都没有一张天气预报系统必备的高空图，而这是天气预报系统所需最为基础的装备。可以说，新中国成立初期的气象事业就是一片空白，所有研究工作都是从零起步。叶笃正没被吓倒，也没有退缩。他是研究组唯一见过高空图的人，于是，凭借自己过硬的专业素养，开始手绘高空图。经过一番苦干，在叶笃正指导、研究组其他成员共同努力下，第一张 500 毫巴（相当于 5000 米高度）的手绘高空天气环流图终于完成了。叶笃正亲手把这幅巨大的高空图挂在墙上，看了一遍又一遍，激动地说："中国的天气预报要在物理学、数学的基础上建立起来。今后，天有不测风云的时代应该在中国结束了！"

为了不让这句话变成空话、大话，叶笃正不分昼夜、夜以继日地从多个方面展开工作。最简单的，是教大家看懂天气图；更进一步的，是筹备建立与天气预报相关的工作中心，例如带头沟通筹建联合天气预报中心和联合天气资料中心，从而开启了我国气象事业的分析、预报业务。另外，自 20 世纪 50 年代起，以叶笃正、顾震潮为代表的气象科研工作者，就积极关注数值天气预报的创建。这项工作从理论研究到政策推动再到积极建立、投入实践，经历了 20 年之久。现在手机里看似平常的天气预报软件，实则凝结了叶笃正 20 多年的心血。正是在他的不懈坚持和正确指导下，我们才可以如此准确地掌握天气实况，这为我们的日常生活带来了极大便利。

除此之外，同气象相关的基础理论研究工作也紧跟着展开，并取得丰硕成果。在这个过程中，叶笃正研究组进行了很多关键性甚至前沿性、开创性研究，为我国气象科学的发展奠定了坚实基础。大气环流是气象研究中一个非常重要的存在。1957 年至 1958 年，叶笃正、陶诗言、顾震潮等人合作完成了一篇题为《东亚大气环流》的英文论文，在瑞典地球物理杂志《大地》上分3期连载。这篇论文引起国际大气科学界的极大关注，文章内容后来经常被外国科学家引用。在大气运动变化方面，1957年，叶笃正于日本杂志《气象集志》上发表《论大气中准地转的形成》，提出大气运动的地转适应过程的尺度理论，并与李麦村一同提出大气运动适应理论，比西方的相关研究早了近10年；叶笃正对阻塞高压形成理论的诠释更是比国外科学家早了近20年，到1976年，国外气象专家才注意到阻塞高压与北美异常天气的联系；更具有开创性的是，叶笃正创立了青藏高原气象学，他的研究成果让国际上接受了大地形热力作用的概念，从而奠定了青藏高原气象学的科学基础。这些艰苦奋斗的岁月，同时也是叶笃正科研成果灿烂辉煌的岁月。

信仰坚定，矢志不渝

对叶笃正而言，天上的风云好测，人间的世事难料。一生笃行、满腔爱国的叶笃正也没能躲过“文化大革命”的摧残。在那个本该可以继续创造辉煌成就的年代，叶笃正遭受了长达数年的身体与心灵的双重残害。明明是因为爱国而奔走回国，却被扣上“在美国工作那么好、工资那么多，还非要回国，肯定有图谋、是特务”的无理罪名。隔离、审查、进“专政队”、下放“牛棚”，叶笃正经受了我们难以想象的苦难。但对这些，叶笃正并没有抱怨，他从未怀疑选择回国的正确性，回到祖国怀抱、为祖国做事是他从未动摇的信仰。而最令他难过的是，很多珍藏已久、非常关键的国内外气象资料、笔记以及重要的文本、书籍，都在抄家时被付诸一炬。这让叶笃正一连几天寝食不安。

研究受到影响甚至中断，但叶笃正对祖国的爱矢志不渝，他在那样的境况下仍关心祖国的发展。在我国第一颗人造地球卫星上天之前，从不请别人喝酒的他，却许诺在卫星上天那天请同事们来家里喝酒庆祝。

这表现出叶笃正无比坚贞的爱国情怀。

“文化大革命”结束后，叶笃正再次走到科研前台，又开始毫无怨言、一如往常地发光发热。此时正值改革开放，国家实行“引进来、走出去”的政策。叶笃正积极响应国家号召，重新确立了20世纪80年代的科研思路和方向。科研思路上坚持“一以国家需求为先，二要占领科学前沿”；科研活动方面，加强国内外学术交流合作，并多次出国访问，将中国气象科学推向世界。在这期间，叶笃正与来中国大陆访学的张捷迁教授达成合作意向，确立了双方感兴趣、国家有需要的建立大气环流物理模拟实验室的研究课题；同时，积极进行青藏高原热力影响实验及台风模拟实验，形成一系列卓越的科研成果。1979年，已63岁的叶笃正不辞辛苦，带领团队重返美国，在尽可能熟悉10年间气象学发展动态的同时，与马纳比教授合作，用数值模拟的方法研究农业灌溉对不同地区气候的影响，进行开拓性的陆面记忆研究。除此之外，叶笃正从不局限自己的视野。他在晚年，更加富有责任感地关注全球气候变化研究，率先提出要将全球气候变化与可持续发展联系起来的观点，还提出了“有序人类活动”和“有序适应”的概念，并不遗余力地推动相关研究深入开展。这一切，都让叶笃正所说“让世界与中国接轨”成为一句豪言而非妄语。中国气象科学不拘于跟随，而是走在前沿，起着引领作用。

在重返美国期间，叶笃正与之前的好友取得了联系。同窗好友们仍对叶笃正当年决定回国表示惋惜：“30年前，你放弃了优厚的待遇，放弃了条件那么好的实验室，义无反顾回到中国。听说你并不顺利，还吃了不少苦。如果在美国继续工作下去，你的成就会比在中国大得多。”对此，叶笃正还是异常坚定：“个人遇到的不平、不公之事，只不过是苍穹中的一点尘埃。如果不回去，我个人的生活会优裕得多，我个人取得的成就可能很大。可是，谁叫我是个中国人。我得回去为中国做事，

▲ 1981 年 5 月，叶笃正出席中国科学院第四次学部委员大会

为中国的老百姓做事，为自己的祖国贡献力量!”在气象事业中笃行爱国，是叶笃正最为基本的人生写照。

教书育人，桃李芬芳

叶笃正是中国大气物理学创始人、全球气候变化研究的开拓者。他一生勤恳耕耘，为我国的气象事业作出了重大贡献。2006 年 1 月 9 日，叶笃正荣获 2005 年度国家最高科学技术奖。“博学之，审问之，慎思之，明辨之，笃行之”，是父辈寄予他的厚望，也是他名字的由来。做诚笃之人、行诚笃之事，正是叶笃正一直以来信奉的处世行事标准。

叶笃正非常重视人才的培养。他深知，人才是保持学科长存、科研长新的关键力量。前一辈的人总会老去，气象科学的发展、创新与完善总要后一辈的人来继续推进。中国科学院院士曾庆存、周秀骥、巢纪

▲ 叶笃正荣获 2005 年度国家最高科学技术奖

平，中国工程院院士任阵海等人，就是当年在叶笃正研究组训练、成长起来的；黄荣辉、吴国雄、李崇银等院士，也都是叶笃正的学生。叶笃正培养了多名博士生，他曾说：“我回国后为我们中国的大气科学事业培养了一大批学生，这是我感到光荣和欣慰的。”

叶笃正非常注重学生的独立、求真、敢于质疑权威的精神。他在培养学生的科研能力方面，从不大包大揽，也不完全放手任由摸索，而是循序渐进地从巨细指导到只给出关键意见，再到让他们独立完成科研任务。正是通过这样的科学教育模式，叶笃正培养出了很多卓有成效的科学家。叶笃正曾经表示，他最不喜欢唯命是从、只会服从、说什么都是“好”的学生。只要是坚持求真求实的基本科研前提，他总是希望学生们有自己的独立思考，敢于说出不同意见，敢于创新，敢于对权威提出质疑。叶笃正始终认为，科研的重要精髓在于创造；学生的成就比他的大，才是他的成功。

叶笃正还突出表现了对学生的包容和支持，这让更多的人才得以被挖掘出来。比如，20 世纪 60 年代，年轻的科技人员魏鼎文指出，国内外普通接受的臭氧观测方法并不能保证得到唯一的结果。这自然没能得到权威专家的认可。叶笃正察觉到其中的创新性，支持发表魏鼎文的有关论文。后来，这篇差点儿被毙掉的文章不仅得到国内外认可，还被视为臭氧观测领域的一大重要贡献，当年年轻的魏鼎文，如今已成为著名的臭氧问题专家。当然，在叶笃正那里，类似这样的事情还有很多。

专业、包容，是叶笃正对自己教书育人的要求；独立、求真，是叶笃正对气象学子的希冀。师从叶笃正的吴国雄出国留学后毅然回到祖国，报效祖国，也是对师德的传承。叶笃正教书育人，育知也育德。对此，我们应当时刻铭记、时刻缅怀。

（作者：王家乾、柯遵科）

吴孟超

开创肝胆外科里程碑

吴孟超(1922 年 8 月 31 日—2021 年 5 月 22 日)，中国科学院院士，我国肝胆外科奠基人。

他创建了“五叶四段”肝脏解剖理论，奠定了我国肝脏外科的解剖和理论基础，开辟了肝癌基础与临床研究的新领域，创建了世界上规模

▲ 中国肝胆外科奠基人吴孟超

最大的肝脏疾病研究和诊治中心。

吴孟超说："中国'肝癌大国'的帽子还没有被扔到太平洋，我还要继续同肝癌斗争！"

师从裘法祖

吴孟超出生于福建省闽清县，5 岁时跟随母亲赴马来亚投奔父亲，并跟随父亲学会了在橡胶园里操刀割胶。1931 年，吴孟超进入华侨创办的光华学校读书。该校取"光耀中华"之意，由孙中山题写校名，孙中山还写下校训"求知求义最重实践，做人做事全凭真诚"。就是在这所学校里，吴孟超开始接受爱国主义教育。

1937 年，全民族抗战爆发的消息很快传到了马来亚，成为华侨们热议的话题，中国共产党的抗战主张获得了华侨们的支持。吴孟超初中毕业时，按照惯例，学校和家长要出资让毕业生们聚餐以示庆贺。身为班长的吴孟超建议，将这些钱捐给祖国抗日前线的将士，获得同学们的拥护。他们以"北婆罗洲萨拉瓦国第二省诗巫光华初级中学 39 届全体毕业生"的名义，通过爱国华侨陈嘉庚，将钱捐给延安，不久就收到了毛泽东、朱德以八路军总部名义发来的感谢电。

受到毛泽东、朱德来电的鼓舞，17 岁的吴孟超和 6 名同学一起，相约回国参加抗战。到达云南之后，因为路费紧张，一时去不了延安，他们只能选择留在昆明读书，先求学于昆明郊区的同济大学附属中学。1943 年，他与日后的妻子吴佩煜同时被同济大学医学院录取。

在同济大学医学院，吴孟超有机会师从裘法祖教授。裘法祖是公认的外科专家，擅长外科手术，但丝毫没有架子。裘法祖的言传身教，使吴孟超立志成为像他那样令人尊敬的外科大夫。在裘法祖的课上，吴孟超全神贯注地听讲，唯恐有一点儿遗漏。吴孟超的勤奋好学，给裘法祖留下了深刻印象。

1949 年，吴孟超大学毕业，成为一名光荣的外科军医，进入华东军医人民医学院第一附属医院（即后来的第二军医大学第一附属医院、海军军医大学第一附属医院、上海长海医院），并有幸再次拜裘法祖为师。如果说在同济医学院学习时，吴孟超主要是从理论上向裘法祖学习，这次则获得了更多实践的机会。吴孟超曾说："有缘直接看裘教授做手术，聆听他的教诲，真是我的福气。我如饥似渴地抓住一切机会向他求教，跟他学习，看他的手术方法，学习他的手术技巧。"裘法祖做手术时，吴孟超就跟着揣摩、实践，晚上还要把心得体会整理出来。有一次，裘法祖为了获得病人的第一手资料，在病房里住了两个月，好学的吴孟超也跟着住了两个月。功夫不负有心人，吴孟超终于得到了"裘氏刀法"的真传。

为理想去奋斗

裘法祖告诉吴孟超，普通外科是个古老的专业，但肝脏外科很薄弱，中国又是肝脏疾病的高发地区。如果有决心，他可以朝这个方向发展。吴孟超下定决心，要在这个领域作出一番成绩，但面对新的研究领域，取得突破又谈何容易！当时，中国还没有一本肝脏外科的教科书，也没有可以参考的解剖理论，一切都要从基础开始研究。

在困难面前，吴孟超选择了勇往直前。苦于没有资料，他就到图书馆把所有带有"肝脏"字样的资料都翻了一遍，犹如大海捞针，但只获得零零星星的碎片。这时，裘法祖开导他："肝脏外科就像是一片没有开垦出来的荒园，研究它的人，行走中很有可能会迷路。而一旦蹚出路径，由于你的认真、你的开拓、你的持之以恒，带给你的，也一定会是无穷的回报。"

恩师的话重新激起了吴孟超的斗志。1958 年 8 月，他向医院党委递交了题为《向肝脏外科进军》的报告，并立下“卧薪尝胆，走向世界”的誓言。院党委领导很快就批准了他的报告，同意成立吴孟超、张晓华、胡宏楷三人攻关小组，同时任命吴孟超为组长。

没有资料，他们就自己翻译外国文献，并在很短的时间内翻译出《肝脏外科入门》这本教材。然而，更大的困难摆在他们面前。当年，国内没有一个完整的肝脏模型标本，要摸清肝脏的结构和血管走向，绝非易事。他们决定自己动手做标本。制作标本首先需要填充材料，吴孟超带领团队先后试验了塑料、X 线胶片等多种材料，都以失败告终。

踏破铁鞋无觅处。1959 年，容国团获得第 25 届世界乒乓球锦标赛冠军，这是新中国运动员在国际比赛中获得的第一个冠军。受小小乒乓球启发，吴孟超突发奇想，能否以乒乓球作标本原料呢？他试着把乒乓球剪碎，然后放到丙酮溶液里，再把溶化后的胶状物注入肝脏血管，使得肝脏内部纵横交错的粗细血管全部充满。等胶状物凝固后，再把外部肌肉腐蚀掉，整个肝脏内部的血管结构就定型了，能够清晰地呈现出

▲ 吴孟超（右）与同事们制作肝脏标本

来，由粗到细，像珊瑚一样美丽。有了这次成功的经验，吴孟超他们先后在两年之内，制作了 200 多个各式肝脏标本。

在掌握了以乒乓球为原料制作标本的方法之后，吴孟超他们又尝试在溶液中加入不同的颜色，从而使标本有更好的区分度，同时也更加美观。有了高质量的肝脏标本，研究工作相对容易多了。吴孟超对照着各式肝脏标本仔细观察，认真对比分析，再根据文献资料研究血管走向与分布规律，从而对肝脏内部构造以及血管走向了如指掌，为他日常施行手术打下了坚实基础。经过大量的解剖、观察，吴孟超提出，人的肝脏可分为左外、左内、右前、右后和尾状共五个叶，其中的左外叶与右后叶又可以分为两段，共计四段，从而构建了“五叶四段”肝脏解剖理论。这个理论一提出，就迅速获得同行们的高度认可，并奠定了我国肝脏外科解剖学理论的基础。

游刃于肝胆之间

掌握了肝脏解剖基础理论，吴孟超开始尝试闯入肝脏手术的禁区，挑战各种疑难杂症。肝脏手术的难点在于控制出血，吴孟超就不断地琢磨，哪里动刀最安全、哪里结扎血管效果好。进行大量动物实验之后，1960 年，吴孟超在第二军医大学第一附属医院首次成功主刀实施肝癌切除手术，成为我国打破肝脏禁区的第一人。从手术后的效果来看，不但整个手术过程变得简单，缩短了手术时间；而且出血少了许多，减轻了病人的痛苦。

科学研究无止境，一个问题解决了，又会有新的问题摆在面前。肝癌切除手术取得成功之后，吴孟超又向下一个难题发起了挑战。肝癌切除手术中的出血问题，一直困扰着肝脏医学的发展。传统手术过程中，需要把病人放入冰水保持低温状态，这给术后恢复带来极大的麻烦，而常温下做手术必须想办法克服出血这个难题。一个偶然的机会，吴孟超看到水龙头里面流出的自来水，联想到血液在肝脏中也是流动的。肝脏里的血管，通过肝门总管输血。如果在肝门上安一个开关，就可以在手术开始时阻断血液流入，等手术结束时再恢复供血。这样，不但可以使手术在常温下进行，并且可以防止肝缺血坏死的发生，从而提高手术的成功率。

经过逐步积累经验，吴孟超将肝门阻断的方法，总结为“常温下间歇肝门阻断切肝法”“常温下无血切肝法”等易学易用的手术操作理论，成为中国肝脏外科手术的一大创举。而常温下肝脏手术的成功，又激励吴孟超闯入“禁区中的禁区”——中肝叶。中肝叶汇聚了肝脏中大量的重要血管，手术难度非常高，甚至令外国专家望而却步。吴孟超带领团队，在困难面前没有退缩，手术取得了成功。从而使中国的肝脏外科跻身世界前列。

1982 年的一天，医院里来了一对怀抱 4 个月大女婴的渔民夫妇。女婴身上有个肿块越来越大，经吴孟超诊断为肝母细胞瘤。对这类肿瘤，吴孟超已经手术过多次，但给 4 个月大的婴儿做手术有许多高危因素。这是因为，婴儿的器官很稚嫩，手术过程中很容易发生意想不到的事情，一旦放弃手术，就等于判了孩子死刑。经过激烈的思想斗争，吴孟超选择了为孩子做手术，并再次取得成功。这是当时世界上年龄最小的切除肝母细胞瘤的病例。

从医 70 余年间，吴孟超经过不懈努力，先后攻克了肝脏解剖、手术、止血以及术后并发症、中肝叶切除等一系列难题。晚年的吴孟超，带领团队针对中国肝癌高发问题和晚期肝癌治疗继续攻关，先后开展了肝癌普查、标记物研究、肝移植、肝癌复发再手术、二期手术等一系列实践与研究。与此同时，除了完善手术治疗手段，吴孟超团队又开始在细胞学、分子生物学甚至基因水平方面攻关，并进行肝癌的免疫、生

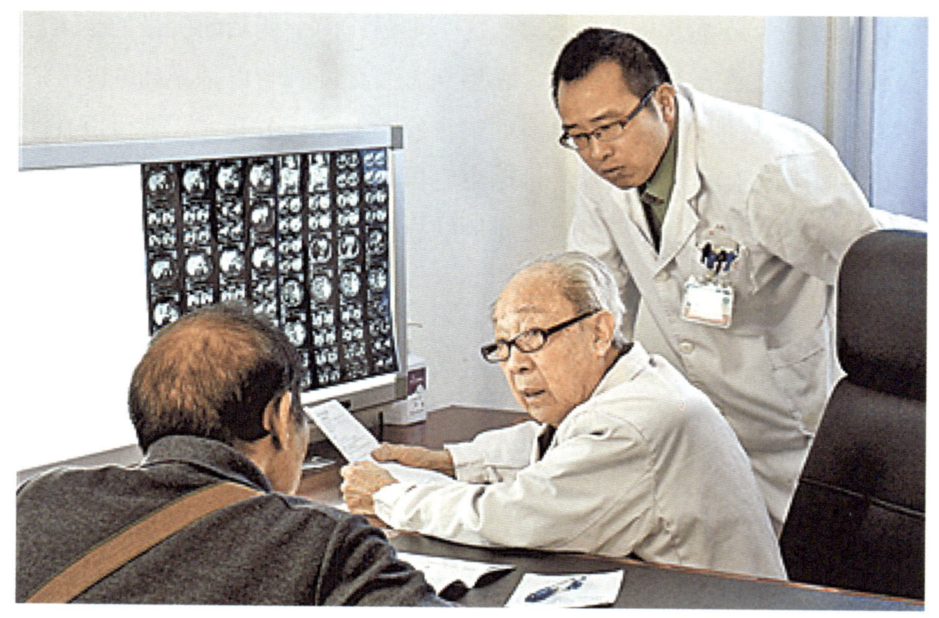

▲ 吴孟超在工作中

物、导向、基因治疗等基础和临床研究。

吴孟超的右手食指，因为经年累月拿手术刀发生变形，骨关节明显向外突出。就是这双变形的手，先后救治了1.6万多名病人，使我国肝脏疾病的诊断准确率、手术成功率和术后存活率均达世界领先水平，并先后创造了肝癌切除手术病人年龄最大、术后存活时间最长等众多医学奇迹。

与病人肝胆相照

裘法祖曾经教育吴孟超说："能否做个合格的医生，就要看这个医生在病人需要'蹚河'的时候，是不是千方百计地将这个病人背过河去。"一开始，吴孟超并不理解这句话背后的深意。直到有一次，医院里来了一位患有十二指肠瘘的病人。在当时，这是很严重的病，稍有不慎就可能危及生命，因此，很多医生不愿意为这名病人主刀。裘法祖主动提出担任主刀，吴孟超则作为助手。手术之后，裘法祖还主动趴到床边观察病人的小便流量，获得了第一手的数据。这次经历让吴孟超明白了老师所说“背病人过河”的道理：尽心尽责治疗病人是医生的天职，个人的荣辱得失并不重要。从那以后，吴孟超用一生的努力，践行着做一名让病人满意的医生的誓言。

1975 年，医院收治了一个病人，他的体内长有重达 18 公斤的肝海绵状血管瘤，之前已经被多家医院下了死亡判决书。从治疗的角度而言，将肿瘤切除无疑是最好的治疗手段，但切除过程中极有可能大出血，一旦出现意外，会造成病人死亡，这将影响吴孟超刚刚建立起来的声誉。怎么办？裘法祖关于“背病人过河”的教导，再次萦绕在他的耳畔。经反复权衡之后，吴孟超选择了“明知山有虎，偏向虎山行”。他说，个人的名誉算得了什么？医生首先要治病救人。经过 12 小时奋战，手术最终取得成功，这是至今为止国际文献报道的最大的被切掉的血管瘤病例。

吴孟超是病人心中的好医生，他每做一件事情，都是首先为病人着想。他要求其他医生，要用最简单、最便宜、最有效的方法为病人治病。他手术时用的麻醉药和消炎药，都是最普通的；缝合创面切口也不用器械，因为用器械缝合一次，费用要 1000 多元，而他用手缝合分文不收。

在吴孟超心中，没有什么能取代病人的位置。冬天查房时，他都要嘱咐学生们，把手在口袋里捂热，再给病人做触诊。每次为病人做完检查后，他都要帮他们把衣服拉好、把腰带系好，并弯腰把鞋子放到病人最容易穿的地方。

吴孟超常常教导学生：“对我们医生来说，这只是举手之劳，但病

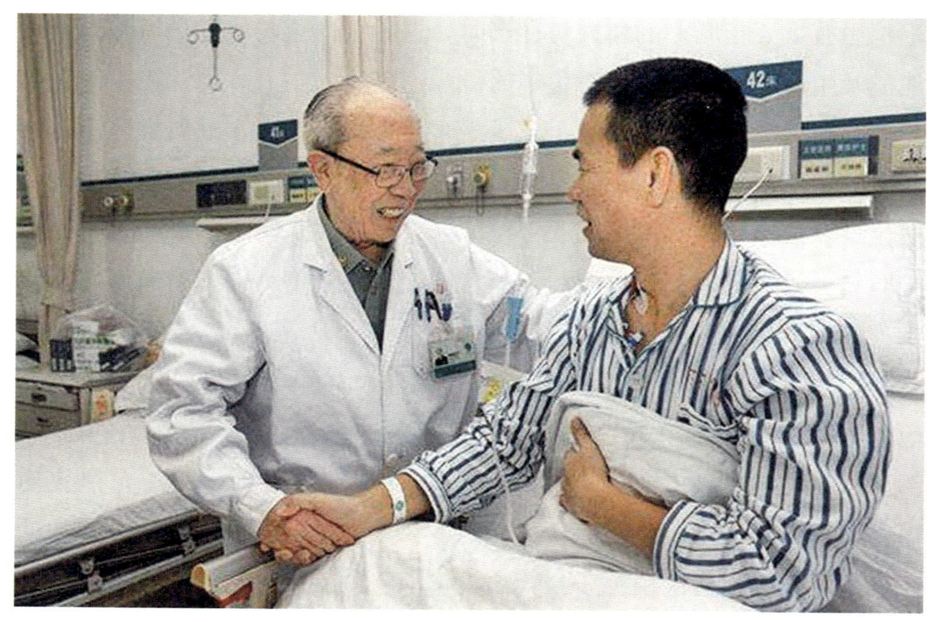

▲ 吴孟超在查房

人的感觉完全不一样。”“看病是人文医学，是人与人之间的沟通，一定要关心病人、爱护病人、热情接待病人。病人没有高低贵贱之分，医生对病人要有信心、耐心、爱心、细心。医生没有挑选病人的权利，只有为他们解除病痛的义务。”

医者仁心

目前，亚洲是肝病高发区。而中国是全球肝癌发病率最高的国家之一，每年有 10 余万人死于肝癌，肝癌在中国是仅次于胃癌、肺癌的第三大常见恶性肿瘤。吴孟超体会到，自己的本事再大，手术水平再高明，毕竟不是千手观音。即使每天都努力工作，也只能治疗有限的病人。整个中国的肝胆外科要发展，必须建立一支完整的人才梯队。所以，他决定把更多的时间和精力花在培养学生上面。

1978 年，全国科学大会召开后不久，吴孟超就向组织递交了招收研究生的报告。当时，实验室的条件还很差，但吴孟超想，总得有人先行一步，哪怕有困难，先干起来再说。在吴孟超的执着与努力之下，第二军医大学于 1979 年开始招收肝胆外科的硕士研究生。吴孟超选拔学生的门槛很高，培养的标准也很高。他要求学生的临床实践要精益求精，实验研究则要瞄准世界科技前沿。先由临床实践开始，再到实验研究，然后回到临床，经过一轮循环，迈上一个新台阶。现在中国肝脏学科的医生当中，有 80%是他的学生，或是学生的学生。

采用科学的方法，达到预防与治疗肝脏疾病的理想效果，还有很长的路要走。吴孟超带领团队，在这条道路上不懈努力、砥砺前行，使得肝脏外科从无到有、从有到精。吴孟超团队从最初的三人攻关小组，逐步发展成为专科、中心、研究所，又于 1993 年组建为专科医院，成为当时国内规模最大的肝胆外科疾病诊疗和研究中心；近年来，启动国家肝癌科学中心建设，提出要建立国际公认的，适应中国肝癌人群的肝癌预防体系、早诊体系和治疗体系。

吴孟超开创了这一领域无数个第一：成功翻译《肝脏外科入门》一书，是世界上第一本中文肝胆外科译著；与同事们一起，组成肝外科研究组，在我国首次成功主刀实施肝癌切除手术，成为我国打破肝脏禁区的第一人；带领团队成功攻克人体肝脏中的禁区——中肝叶，被公认为中国肝胆外科史上的里程碑……

“60 年前，他搭建了第一张手术台，到今天也没有离开。手中一把刀，游刃肝胆，依然精准；心中一团火，守着誓言，从未熄灭。他是不知疲倦的老马，要把病人一个一个驮过河。”这是 2011 年中央电视台《感动中国》栏目组给予吴孟超的颁奖词，寥寥数语，高度概括了他光荣的一生。

▲ 吴孟超参加义诊

在一系列成绩面前，吴孟超仍然奋斗不止。他在晚年仍然坚持坐诊和手术，直到 97 岁高龄才退休。多年与吴孟超搭档的护士长清晰地记着，有一次，吴孟超做完手术之后，累得背靠着椅子，掌心向上，微微颤抖着双手说：“我的力气越来越小了。如果有一天，我倒在手术室里，那将是我一生最大的幸福！你知道，我是爱干净的，记得给我擦干净，不要让别人看见我一脸汗的样子。”

正是救死扶伤的医学信仰，支撑着吴孟超充满奋斗的激情，不懈地向自我发起挑战，并不断登上新的高峰。

（作者：陈印政）

李振声

远缘杂交麦浪滚滚

李振声（1931 年 2 月 25 日—　），中国科学院院士，著名遗传学家、小麦育种学家。

他系统研究了小麦与偃麦草远缘杂交并育成“小偃”系列品种，开辟了小麦磷、氮营养高效利用的育种新方向。他是我国具有重要影响力的农业发展战略科学家。

李振声说：“社会培养了我，我应该向社会作出回报。”

▲ 著名遗传学家、小麦育种学家李振声

民以食为天，不解小麦缘

李振声出生在山东淄博一个农民家庭。他出生的这一年，中国大地灾难不断，是历史上罕见的灾难年。首先是水灾。1931 年，中国的长江、黄河、淮河、珠江等几条主要河流都发生了特大洪水，受灾范围东起江苏北部、西至四川盆地、北起长城关外、南至珠江流域，这一年的水灾被认为是中国有记录以来死亡人数最多的一次自然灾害；这一年秋天，中国东北地区北风凛冽，似乎比以往的寒意来得更早。日本关东军入侵我国东北，侵略者的魔影开始笼罩在中华民族的头顶，“九一八，九一八，从那个悲惨的时候”。

本来就家境贫寒，加上天灾人祸，李振声一家在水深火热中挣扎。尽管如此，李振声的父母坚持穷苦家庭的孩子也要接受知识文化教育的理念，家里节衣缩食供他上学。即使家中遭遇变故，父亲病逝，李振声仍依靠哥哥接济，一直坚持读到了高中二年级。家里实在供不起他继续读书，他只好辍学务工。天无绝人之路。务工也不放弃学习的李振声在济南务工时，偶然看到山东农学院的招生启事。他本来就对这个将来能够解决“民以食为天”难题的学校感兴趣；而且，既可以上学，又不用给家里增加负担，能够解决每天的食宿问题。他加紧准备，走入考场，终以优异成绩被山东农学院录取入学。李振声成为从老家走出来的第一名大学生，从此结缘农业、热爱农业，为人类一天都不可或缺的口粮奋斗了一生。

李振声在人生事业征途中遇到了两位重要的导师，一位是原燕京大学讲授小麦育种的沈寿铃教授，另一位是讲授遗传学课程的余松烈教授。沈寿铃系统讲授从小麦进化、分类到育种的理论与技术；余松烈讲授遗传学，并对冬小麦的精播高产栽培理论和技术进行了详细阐述。李振声对这两位教授的课格外感兴趣，尤其是他们在课堂上趣味生动，深入浅出，针对疑难问题有理论推导、有实际事例的授课方式，使他受益匪浅。这为李振声后来的小麦育种科研工作打下了重要基础，也使初入农学领域的李振声兴趣倍增。

从农田里走出来的这位大学生，一听到讲小麦育种，便想到家乡土地上的麦苗从播种到发芽、从麦秸抽穗到麦浪滚滚。他始终忘不了乡亲们面朝黄土背朝天，辛辛苦苦劳作一年，仍然填不饱饥饿肚子的情景。他利用放假回乡的机会，将山东农学院农场培育繁殖的“齐大195”“扁穗小麦”“鱼鳞白”等优良小麦种子带回去，让乡亲们尝试种植。这么丁点儿麦种就带来产量大增的收获，引来方圆众多乡亲前来看热闹。这一片庄稼人不仅对李振声赞赏有加，更对这个从村子里走出去的娃娃带回来用知识转化的成果刮目相看。乡亲们纷纷寻求李振声的小麦新品种，这一现象使李振声进一步认识到应用农业科技的重要性，也坚定了他将小麦育种研究作为自己事业追求的信念。

1951 年，李振声从山东农学院毕业之后，被分配到中国科学院遗传选种实验馆工作，这是他从事小麦育种科学研究的开始。这里正在建立各种研究条件和实验设施，李振声立志要大干一场。1956 年，正当李振声的小麦育种科研风生水起之时，国家发出了进军开发建设大西北的号召。李振声主动放弃北京优越的科研实验条件，毅然挺进大西北，在陕西杨凌扎下根，一干就是 31 年，在那片黄土高坡上，与小麦远缘杂交结下了不解之缘。也就是从那时起，他孜孜不倦追求的小麦育种，为我们带来遍地金黄的滚滚麦浪。

正是李振声来到大西北的这一年，中国北方麦产区发生了历史上罕见的小麦条锈病大流行。条锈病是一种对麦苗的病菌性感染。麦苗受感染后，轻则叶子枯萎，重则大片死亡。这种小麦条锈病菌随风传播，在方圆数千公里蔓延的速度极快。李振声目睹了那一年大片麦田里被这场小麦条锈病糟蹋的惨景和小麦大幅减产的事实，这个 25 岁青年立志于农业发展的心遭到沉重打击。他想，农民兄弟天天在麦田精心劳作，用一代又一代积累的经验种植的小麦，竟然如此不堪一击。而荒坡上、地埂边没人照料的野草却不仅长得好，而且除不尽。本来就对草有研究的李振声，带着这一朴素的疑惑，大胆设想，难道不可以通过小麦与天然长穗偃麦草进行杂交，将偃麦草耐旱、耐干热风、抗多种病害的优良基因转移到小麦中，培育一种类似长穗偃麦草那样强壮的小麦品种吗？然而，中国的小麦是经过千百年优选出更替的良种广泛播种的，让小麦与风马牛不相及、“野火烧不尽，春风吹又生”的野草进行远缘杂交，很多人听起来似乎是天方夜谭。

关于小麦与偃麦草的远缘杂交问题，虽然苏联、加拿大和美国已经开展了比较长时间的研究，在育种实践和遗传理论上已经取得了一些成果，但那个年代信息闭塞，国外即便有这方面的成果，也严密捂着绝不外露，国内则确实从来没有人触碰过。李振声却不信这个邪，非要闯这个世界性难关不可。于是，他利用自己掌握的理论知识，从麦种遗传学的角度大胆提出，小麦与天然长穗偃麦草进行远缘杂交，通过持续优选，最终获得一种持久抵抗病菌的优良小麦品种。令李振声完全没有想到的是，为了实现这个设想，一干就是 20 多年。7500 多个日日夜夜，李振声耐住了寂寞，经受了无数失败，对这项事业始终不离不弃。

李振声提出的小麦与天然长穗偃麦草进行远缘杂交方案，得到了中科院西北植物研究所的认可和支持。他组成研究小组，立即付诸行动。然而，前人没有做过的事情，一定存在着意想不到的难度。8 年里，他们年年戴着草帽、顶着烈日，观察、取样、杂交、培育，晴天一身土，雨天一身泥，每年脸上都得晒脱一层皮。但年复一年、日复一日的 3000 多个日日夜夜过去了，他们的研究并没有取得明显成果，心里如同打翻了五味瓶。坚持就是胜利，坚持到底就是成功。李振声用信心战胜了各种沮丧、灰心和委屈，始终没有放弃对远缘杂交的研究。

功夫不负有心人。1979 年，李振声和他的团队终于取得了突破性进展，而取得这一成果用了整整 23 年。他们运用远缘杂交的研究成果，先后解决了杂交品种后代不育、疯狂分离等难题，培育出持久抗病、高产质优的“小偃”4 号、5 号、6 号等小麦品种。“小偃”系列麦种在黄淮流域冬麦区进行大面积推广、持续种植后，不仅抗病性强，而且产量高、品质好，使全国的小麦产量有了稳定增长。其中，仅小偃 6 号就累

▲ 李振声在田间工作

计推广达 1.5 亿亩，增产 80 亿多斤，开创了小麦远缘杂交品种在生产上大面积推广的先例。小偃 6 号已成为我国小麦育种的重要骨干亲本，其衍生品种有 40 余个，累计推广种植面积 3 亿多亩。

小麦种植区的农民们每年到了开动收割机的收获季节，个个喜笑颜开，广泛流传着“产量增、找振声，要吃面、种‘小偃’”的顺口溜儿。当然，每年麦浪滚滚的丰收时节也是李振声最开心的时刻。他听到这样的顺口溜儿，哈哈大笑说：“过奖、过奖，粮食增产获得好收成，首先应当感谢大自然的风调雨顺，感谢农民兄弟的辛勤耕作。要说我们今天能够吃上筋道的发面馒头和口感好的面包，那就得谢谢给小麦提供优良基因的远缘杂交偃麦草。”

粮食保安全，持续可发展

针对小麦与天然长穗偃麦草进行远缘杂交实验过程无法复制，而且实验过程耗时长、问题多、难度大，导致研究新品种的育种时间漫长这个现实问题，李振声大胆创新，提出改变研究思路，从植物染色体的遗传角度下手展开研究。于是，李振声率领团队研究蓝粒单体小麦系统，通过麦穗上种子的不同颜色确定了染色体的数目。在此基础上，李振声又利用缺体回交法对小麦杂交实验进行补充、完善。最终仅用了 3 年多时间，就培育出小麦黑麦异代换系“代 96”等成果。接着，陕西长武农技站使用“代 96”为亲本杂交，培育出新品种“长武 134”，推广种植面积很快就超过了 1000 万亩。

当年李振声这个风华正茂的小伙子，手捧收获的沉甸甸的小麦时，已经进入“知天命”的年龄。尽管他的脸上增加了皱褶，头顶上出现了银丝，但眼前远缘杂交小麦的大丰收让他心花怒放，此时的喜悦面庞比 20 多年前的年轻面孔更为灿烂。李振声高兴地说：“只要培育出好品种，粮食产量增加、农民增收了，我内心就会乐开花。”

中国一直是一个农业大国，在小麦种植生长过程中，随着化肥的使用，粮食产量得到了很大的增长，但化肥的用量达到一定程度后，粮食产量不但不增，反而有可能下降，这无疑浪费化肥而没有效果。我国化肥中的氮、磷资源储量本来就短缺，这种局面长期下去将会出现严重后果。李振声经过研究发现，过量施用化肥而粮食并没有增产的原因，是由于农作物本身吸收氮、磷的能力有限。问题的原因找准了，就要从根本上解决问题，否则，过量使用化肥不仅仅只是浪费，还会对生态环境造成污染。

李振声提出，通过生物技术进行农作物改良，增加农作物对土壤中已有氮、磷元素的吸收能力。这个方案一经确认，他的团队立即付诸实施。随着研究的深入，李振声发现，磷元素的缺失导致很多农作物的生长受限，并且对其他微量元素的摄入造成影响。他的团队采取提高农作物对氮、磷元素吸收利用率的方法，找到了解决问题的突破口。他们通过对上千份不同品种小麦样本的筛选和鉴定，从中挑选出对氮、磷元素能够高效吸收的优质品种进行遗传研究，探究其对氮、磷元素高效吸收的生理机制，终于筛选出“洛夫林 10”“小偃 54”“中国春”等品种，对后续研究磷营养机理和遗传控制发挥了重要作用。

随后，通过对磷高效基因定位的研究，通过育种实践，培育出能高效利用土壤磷营养的优质小麦新品种“小偃 54”，并进行大面积种植推广。这个“小偃 54”成为小麦种植区家喻户晓的优良品种，在很大程度上缓解了当时农业增产全面依靠化肥的局面，极大地推动了我国农作物高效利用土壤自身资源。这一成果不仅克服了资源浪费和环境污染等诸多问题，而且给农民带来了实实在在的经济效益，最为重要的是，对中国小麦生产持续、稳定增长起到了战略性的作用。

在获得这一系列成果后，李振声的内心更加淡定，信心更加充足。他的农业科学研究一刻也没有停步，他的目光又瞄向提高农作物光合效率和光合产物优化分配的基础研究方向。他要选育出能够高效利用光能，同时具有较强抗倒伏能力和高产量的新品种。于是，“小偃 81”问世了，为我国小麦育种提供了新的方向，进一步促进了小麦增产育种的基础理论研究。

1987 年，时年 56 岁的李振声被调回北京担任中国科学院副院长，负责农业科研工作。上任伊始，李振声全面了解了我国粮食产量 3 年徘徊的状况。他亲自带领中国科学院组成的专家组奔赴基层，调研粮食减产的真实原因。通过在黄淮地区 100 多天的深入调查研究，李振声提出“加强中低产田治理”的方案。李振声确定在河南封丘县建立第一个试验点。他率领专家组在这里以科学的方法要效益、要粮食产量，最终使封丘县从之前每年向国家伸手要 3500 万公斤粮食补助的尴尬，实现了当年就向国家贡献粮食 6500 万公斤。封丘县试点的成功，受到了社会各界的高度重视。李振声再接再厉，趁热打铁，又组织了 400 多名科技

▲ 李振声（左一）与学生们在一起

人员组成的专家组带着封丘县的成功经验，分布到冀、鲁、豫、皖四省开展大规模的中低产田治理。历经 6 年，“黄淮海战役”取得了全面胜利，使我国北方小麦主产区的粮食产量连续 5 年大幅增长，一举扭转了长期困扰中国的口粮紧缺局面，不仅保证了粮食种植生产的持续稳定发展，而且引起世界性的高度关注和赞扬。

小麦千粒重，人格魅无穷

李振声担任中国科学院副院长后，始终把解决农业生产问题放在第一位，不断调整自己的科研和主抓方向。他的目光开始瞄向中国粮食的战略性安全，他为确保我国粮食产量和战略安全做着不懈努力。

李振声广泛了解国内粮食动态，每当我国粮食产量停步不前时，他都积极思索并组织研索问题所在，努力寻找解决的办法和应对措施。尽管中国粮食产量获得了巨大成绩，但李振声居危思安，时刻关注国家的粮食安全和可持续发展的战略问题。随着中国人口数量的增加，李振声意识到，粮食安全迟早会涉及并影响国家经济发展的整体利益。由此，他不失时机地在多个场合呼吁，要及早研究制定保证粮食安全的措施。

2004 年，李振声发表了一篇名为《我国粮食生产的问题、原因与对策》的文章，旨在分析粮食减产和存在的问题，并对解决粮食减产问题提出了自己的设想。随后，他又引经据典，发表了题为《粮食恢复性生产，时不我待》的讲演。他尖锐地指出，中国是世界人口第一大国，粮食保证和粮食安全是世界性的大问题。他在演讲中提出的许多观点引起了多方面关注。

国务院新闻办公室发表的《中国的粮食问题》白皮书指出："早在新中国成立前夕，西方就有人预言中国政府解决不了人民的吃饭问题，历史早已宣告此类预言的彻底破产。未来几十年，中国虽然面临耕地少、人口多、粮食需求压力大的现实，但也存在着巨大的发展潜力，中国有解决粮食问题的经验和办法，农民中蕴藏着巨大的生产积极性，完全有理由相信，中国政府和人民有能力依靠自己的力量解决粮食供给问题。实践将会向世界证明：中国人民不仅能养活自己，而且还将使自己的生活质量一年比一年提高。中国不但不会对世界粮食安全构成威胁，还将为世界粮食发展作出更大的贡献！"2005 年 4 月，李振声在博鳌亚洲论坛上，针对 10 年前美国人莱斯特 · 布朗"谁来养活中国"的论调，义正词严地说："我们应该将这些真实情况告诉世界，中国人能养活自己！现在如此，将来我们凭着中国政府正确的政策、科技和经济的发展，也一定能够自己养活自己。"他的演讲得到了与会代表经久不息的掌声。

为了使中国的麦种成果为国际社会所共享、造福于全人类，李振声积极倡导国际交流合作。他利用中国科学院遗传研究所的合作渠道，与美国波士顿大学建立了合作关系。之后，美国波士顿大学育种课题组每年都派人来中科院西北植物研究所工作一段时间，中美双方共同开展关于小麦杂交育种的相关合作。波士顿大学育种课题组还将李振声研究的相关成果和论文，推荐给时任美国遗传学学会主席西尔斯。从此，代表中国农业科研水平的研究成果在国际育种研究领域名声大振。

在李振声的推动下，1986 年，第一届国际植物染色体工程学术讨论会在我国西安市成功举办。李振声作为组委会主席，主持了这场国际性学术交流大会。会上，备受瞩目的蓝粒单体小麦系统得到 100 多位参会专家的充分肯定。

1993 年，第八届国际小麦遗传学会议在北京隆重开幕。李振声主持大会，并把中国的小麦遗传育种研究成果推向国际农业领域，这在很

▲ 李振声（前排右四）出席学术研讨会

大程度上对植物细胞和染色体工程等相关遗传学研究的发展起到了促进作用。这次会议，使国际社会充分认识到了中国农业取得的辉煌成就，大大提高了中国农业在国际上的地位和影响力。

李振声在国际上对中国的粮食问题底气十足、理直气壮，在日常生活中对自己研究出来的麦种，又如同对待自己的孩子一般充满柔情。一次，几位农业科研人员来到他的办公室。李振声还没来得及请来客入座喝水，就先从挂在柜子里的一株小麦标本上拽下几颗小麦粒，眯缝着眼睛，欣喜地对客人说："这就是我们经过 20 多年努力培育出来的小偃 6 号麦穗。你们放在嘴里嚼嚼，看有没有嚼劲，品尝一下我们这个麦种的味道是不是不一样。"他就是这么一个时刻把"责任"二字挂在心头，做任何事情都一丝不苟的认真人。

2006 年，李振声得知自己被提名为国家最高科学技术奖获奖者后，心里没有欣喜，反而惴惴不安。晚上，他躺在床上辗转反侧、难以入睡，干脆在半夜起身，提笔给中国科学院领导写了一封信。李振声在信中表示，自己对国家的贡献有限，却已经获得了足够多的奖励和荣誉。所有成就，都是在国家创造条件的支持下取得的。自己只是做了一个科研工作者义不容辞应该做的正常工作。同时，由于已经 75 岁，担心年事已高，难以再为国家作出更好的成绩，所以，恳切谢绝接受国家的这一大奖。

2007 年，国家为李振声颁发最高科学技术奖 500 万元奖金后，除了 450 万元用于科研项目外，属于个人支配的 50 万元奖金，他也义无反顾地全部捐赠给中科院遗传与发育生物学研究所，希望建立助学基金，帮助所里经济困难的学生完成学业。他一直认为，既然荣誉属于集体，所获奖金理所当然应该归集体所有。实际上，李振声的日常生活极为朴素，平时的饮食衣着都非常节俭。在得到一生中最大一笔奖金时，他首先想到的不是个人、不是自己的小家庭，而是项目的进展、科研任务的发展和祖国的利益，这是一种大公无私、纯粹科学家的风范。当大家纷纷为他点赞时，李振声却特别淡定地说："国家给我的待遇已经非常优厚了。这部分奖金用于更需要的人，才会发挥更大的作用。"

李振声荣获国家最高科学技术奖后，媒体记者请他谈获奖感受。李振声如同平常在麦田里观察麦苗一样认真："小麦、小麦，不仅名字里有个'小'字，麦粒也如此之小，以至于单粒都不好称重量。人们只好拿 1000 个麦粒来称重，叫作千粒重，以此用来描述小麦品种的优劣。我个人的作用如同麦粒一样小，我们的科研团队实际上就是一组'千粒重'，是集体的力量获得了集体的成果。"这席话认真幽默却满透着谦逊，这种谦逊体现出他的人格魅力以及他对事业的钟情和对祖国的热爱。

李振声提出，要努力在节约资源和有效利用资源方面加快科技成果转化，在提高农产品科技含量方面花气力、下功夫。他要在自己的有生之年多出看得见、摸得着、用得上的科研成果，用科技来造福亿万农民。

李振声家中墙上挂着一幅"做人：严以律己，宽以待人；做事：大处着眼，小处着手"的自律格言，这是他的行为准则，也是他崇高的人生理想和追求。

李振声自 1951 年从山东农学院毕业后，历经 70 年的不懈追求。他常常说，自己是农民的儿子。实践证明，岂能用"农民的儿子"来形容李振声的一生？他早已由出于"民以食为天"的简单情结的农民之子，成为我国具有重要影响力的农业发展战略科学家。

如今，90 岁高龄的李振声并没有停止他追求了一生的事业，他每天仍然起早贪黑为中国的粮食安全奔波。李振声是当之无愧的"中国农业领域的科技脊梁"。

（作者：王建蒙）

闵恩泽

混沌石油变清澈的催化剂

闵恩泽（1924 年 2 月 8 日—2016 年 3 月 7 日），中国科学院院士、中国工程院院士，石油化工催化剂专家。

他是中国炼油催化应用科学的奠基人、石油化工技术自主创新的先行者、绿色化学的开拓者，在国内外石油化工界享有崇高的声誉。

闵恩泽说：“能把自己的一生与人民的需求结合起来，为国家的建设作贡献，是我最大的幸福。”

▲ 中国炼油催化应用科学的奠基人闵恩泽

求学之路

闵恩泽在农历大年初四降生在四川成都的闵家宅院中。在他出生之前，父亲就已经为他取好了名字，承天地之恩，泽苍生黎民——闵恩泽。

在那个饱经战乱的年代，他的出生给这个家庭带来了勃勃的生气和无尽的喜悦。父母对他疼爱有加，即使因工作辗转多地，也没放松过对他的教育和培养。闵恩泽错过了小学的开学时间，父亲就为他请了私塾家教。1936 年，闵恩泽进入私立南薰中学读初中；毕业后，考入四川省立成都中学。1942 年，18 岁的闵恩泽进入重庆国立中央大学土木系读书。当时，农业大省四川急需生产化肥，却苦于缺乏专业人才。于是，他在大学二年级时毅然转学化工。也正是在那段时间，与闵恩泽一生为伴的陆婉珍，走进了他的世界。

大学毕业后，闵恩泽应父亲的要求回到成都，在成都自来水公司做化验员。陆婉珍则在家乡上海一家印染厂谋了一份工作。也许是命运的安排，之后不久，闵恩泽就以第一名的成绩考入位于上海的中国纺织建设公司第一届印染技术人员培训班，毕业后在上海第一印染厂当上了漂染车间的技术员，而这家印染厂正是陆婉珍工作的工厂。

再次重逢，让这对青年人沉浸在甜蜜和幸福之中，但未能阻止他们求学的脚步。1947 年年初，陆婉珍只身一人赴美求学。受到陆婉珍的鼓励，闵恩泽也决定留学美国。1948 年 3 月，闵恩泽登上了去往美国的哥顿号邮轮，开始了他的留学生涯。

在美国俄亥俄州立大学学习期间，他们二人相互鼓励、彼此帮助，双双获得博士学位。1950 年 6 月，这对同年、同行的恋人终于步入了婚姻的殿堂，这也造就了后来中国科技界的一对院士伉俪。手握博士学位的闵恩泽由于美国政府阻挠不能回国，便进入美国企业工作。1951 年，他已成为芝加哥纳尔科化学公司高级化学工程师。在国外工作期间，他对科学的社会价值有了直观认识，认为这对新中国刚诞生的科研事业弥足珍贵。他一方面在工作中努力钻研先进的科学技术，收集各种技术资料，为参加新中国建设做准备；另一方面，为能早日回国，进行着不懈的努力。

闵恩泽说："中国再穷也是我的祖国。我们出国留学的目的，就是

▲ 闵恩泽、陆婉珍夫妇

学成后报效祖国。”

归来建设新中国

当时，博士生在美国的待遇之高，是中国无法比拟的。闵恩泽、陆婉珍这对年轻小两口，在美国过着非常优裕的生活。可当时的新中国百废待举，家中的父母盼着子女早日归来。知识无价，科学家有家。闵恩泽作为一个血性男儿、一个出国时就准备学成报国的学子，是时候该回家了。

20 世纪 50 年代初期，中美关系处于严重对立的状态，美国政府无理禁止在美的中国留学生返回大陆。然而，对祖国的热爱、对家乡的思念，让闵恩泽、陆婉珍夫妇下定了回国的决心。正当归路无期、一筹莫展之时，闵恩泽想到了他在香港的好友。他请香港好友发出聘书，邀请他担任研究室主任。凭借这份聘书，冲破重重阻碍，借道香港，1955 年 9 月，闵恩泽、陆婉珍夫妇终于回到了阔别 8 年的祖国。

多年的游子，踏上祖国大地那一刻的感觉是无法用语言来形容的。满怀抱负的闵恩泽、陆婉珍夫妇回国后就立刻去找工作，但那时国内很多单位不敢接收从美国回来的人，迎接他们的不是鲜花和掌声，而是一次又一次的闭门羹。闵恩泽在国立中央大学的师兄武宝琛得知了这一情况，将他引荐给石油工业部部长助理徐今强。徐今强果断拍板，安排闵恩泽参与筹建北京石油炼制研究所。就这样，在几间借来的平房里，闵恩泽开始了他点石成金的催化剂研究。

闵恩泽说："从美国回来是正确的选择。把自己的一生跟国家建设和人民需要结合起来，这是我最大的幸福。"

"祖国需要，我就去攻关"

20世纪50年代，中国炼制石油所需催化剂，主要从苏联进口。1958年，苏联援建的年生产规模100万吨的兰州炼油厂投产，这是当时中国规模最大、技术最先进的炼油厂。核心设备是一套使用小球硅铝裂化催化剂的移动床催化裂化装置。小球硅铝裂化催化剂能够从石油中提炼出航空汽油，为飞机飞行提供燃料。1963年，苏联突然中断了对我国的催化剂供应。没有催化剂，就不能生产航空汽油。一旦没有航空汽油，所有的飞机都将无法起飞，中国的国防安全面临着极其严重的威胁。中国急需自主研制并生产出催化剂，以确保航空汽油的正常供应。

国家将研制小球硅铝裂化催化剂的任务交给了闵恩泽。这是国家交给他的第一个任务。在这片未知领域，由于完全没有可供借鉴的技术和经验，研制工作面临着方方面面的难题。闵恩泽带领团队顶着压力，攻坚克难，在学习中不断探索，一次次失败，再一次次试验，终于寻找到突破口。他们找到了一种新型表面活性剂，来降低小球内部毛细管的压力，使用后，小球的完整率达到92%，超过了进口催化剂小球完整率为86%的水平，难题成功解决。这个时候，库存的进口催化剂马上就要用完，闵恩泽团队完成了一次漂亮的极限交接。

1960年大庆油田的发现使我国甩掉了“贫油国”的帽子，从此，我国的原油不再完全依靠进口。然而，我们当时的科技水平尚不能将原油充分转化成可以直接利用的汽油、柴油、煤油。为此，闵恩泽又踏上了新的征程。我国准备在大庆建设一座年产250万吨的炼油厂，其中最核心的工艺是流化催化裂化，所用催化剂是微球硅铝裂化催化剂。石油工业部部长余秋里要求闵恩泽，在一年内拿出微球硅铝裂化催化剂。经过慎重的考虑，闵恩泽接受了这个几乎不可能完成的任务。

闵恩泽清醒地认识到，要尽快完成任务，兑现自己对余秋里的承诺，首先就要选择合适的催化剂制造方案。为了缩短研制时间，闵恩泽带领科研小组采取交叉作业的方式，选择把握较大的“间断成胶、先干后洗”的开发流程，并把喷雾干燥器这个难题拎出来提前攻关。合理的开发方案让闵恩泽的“军令状”得以兑现。1965年，一座千吨级的微球硅铝裂化催化剂制造工厂建成投产。从实验室研究开始算起，只用了5年时间。而按常规程序，至少需要8到10年！后来，这个工厂又经过少量技术改造，生产能力达到年产8000吨。

闵恩泽担任题目组组长和研究室主任期间，还先后开发了铂重整和磷酸硅藻土叠合等第一代炼油催化剂；在他指导下，又设计建设了生产车间，为我国石油炼制催化剂的制造奠定了基础。从而，成功打破了炼油催化剂领域国外的技术封锁，实现了我国炼油催化剂自给，解决了国家经济建设和国防的急需。

闵恩泽说：“国家需要什么，我就做什么，我就学什么，我就请教什么，后来我就组织研发什么。”

艰苦磨难，书写辉煌

在被称为“兰炼会战”的高强度科技攻关之后，由于夙兴夜寐的工作和异常艰苦的工作条件，闵恩泽在体检中被发现已罹患肺癌。医生没有告诉他实情，只说是长了结核瘤。对于这些，闵恩泽并没多想，接受了手术。大家去医院看望，他笑着说：“我的病没事，关键是催化剂生产出来了。”40 岁的闵恩泽在被病魔无情夺去了两片肺叶和一根肋骨之后，又继续投入到他的催化剂研究工作中。多年后的一次体检中，他知道了真相，仍旧笑着说：“这已经过了相当长一段时间，好像没什么事了，我也没有什么精神负担。”

然而，折磨身心的苦难并未就此远离闵恩泽。1966 年，“文化大革命”爆发，闵恩泽被送进了“牛棚”。在度过最初的迷惘和不解之后，闵恩泽恢复了平静。他以乐观的心态做好每一件事，表现出了困难中的坚韧和对事业的不懈追求。在“牛棚”里，造反派让他交代“罪行”，他就每天交一篇催化剂研究总结，把以前催化剂研究过程中的成败得失都记录下来，通过读《毛泽东选集》、学习《实践论》和《矛盾论》加以总结分析。这为他后来的催化剂研究积累了宝贵经验，也为他走上科学巅峰提供了哲学思考方法。就这样，病魔的侵袭和生活的苦难，都没能阻止闵恩泽探索钻研和为国奉献的脚步。闵恩泽用他的乐观豁达继续缔造着生命的奇迹，也不断书写着科研的辉煌。

闵恩泽说：“我成天都在琢磨催化剂，其他那些，我就不大想了。”

坚持创新，终获硕果

20 世纪 60 年代后期，国外的炼油催化剂快速发展，国内炼油催化剂领域的科研工作却一度陷入停顿。闵恩泽作为我国石油化工技术自主创新的先行者，在对国外重大化工技术进步的历史、国外炼油催化剂和工艺创新的经验进行大量调查研究基础上，结合自身的科研经验，主导成功开发了半合成裂化、渣油裂化以及钼镍磷加氢炼油第二代催化剂，迎头赶上世界先进水平，奠定了我国现代炼油催化剂生产技术的基础。随后，他又指导炼油催化剂的自主创新，实现了炼油催化剂跨出国门、走向世界。

1980 年，出席在日本东京举行的第七届国际催化大会后，闵恩泽邀请美孚石油公司的研究室主任来华访问，这次交流中“新催化材料”一词，引起了他浓厚的兴趣。年过半百的闵恩泽便和同事们广泛考察石化技术创新的历史，调查催化材料怎么发展，研究国外大公司是怎么干的，最后明确了新催化材料是创造、发明新催化剂和新工艺的源泉。经过 20 多年的不懈努力，他在新型分子筛、非晶态合金等新催化材料以

▲ 1977 年，闵恩泽（右二）作为中国化学代表团成员访问日本

及磁稳定床、悬浮催化蒸馏等新反应工程领域取得重要突破，实现原始创新，为石油炼制和石油化工技术的创新提供了“新式武器”。

闵恩泽作为战略科学家，始终站在世界石油化工科技的前沿。早在20世纪90年代初，他就提出发展我国绿色化学的建议，并指导成功开发多项从源头根治环境污染的绿色新工艺。20世纪90年代后期，中国石化斥巨资60亿元，引进两套以苯和甲苯为原料的己内酰胺装置。但到2000年时，这两套装置年亏损近4亿元。已是70多岁的闵恩泽又一次临危受命，牵头组织全国的相关单位和人才联合攻关，成功开发“钛硅分子筛环己酮氨肟化”“己内酰胺加氢精制”“喷气燃料临氢脱硫醇”等绿色新工艺，以较低的成本就将两套引进装置的生产能力提高了3倍，使企业迅速扭亏为盈，开启了我国的绿色化工时代。

进入21世纪，闵恩泽又将研究领域拓展至生物资源的加工利用。在生物柴油和其他物质能源的研发领域，中国处于后发状态。我国对石油资源的需求正处于高速增长期，这与石油资源的日渐枯竭形成了尖锐矛盾。欧美各国都已经成功开发出生物柴油。闵恩泽说：“发达国家生物柴油的发展步伐快得不得了。我们必须抓紧，在别人屁股后面跑，永远超不过人家。”就这样，闵恩泽再次组建专题项目组，在大量实验和学术思考基础上，指导开发出了“近临界醇解”生物柴油清洁生产新工艺，使我国在这一领域后来居上。而让国外同行感到不解的是，引领中国达到今天这个高度的，竟是一位长期从事催化剂研究的耄耋老人。

“市场需求，兴趣推动，苦苦思索，趣味无穷；灵感突现，豁然开朗，发现创新，十分快乐……”闵恩泽用一首打油诗描述自己科研创新的历程。创新始终是闵恩泽工作的主线，而带给他提供强大创新驱动力的就是责任。在他看来，一个人的工作能够与国家强盛、民族命运联系起来，是一件值得高兴的事情。

闵恩泽说：“创新好似吃麻辣烫，又辣又爱，坚持下去，终获成果！”

集体智慧，传承薪火

为祖国所需不断钻研的闵恩泽，没有忘记传道、授业、解惑。在著书立说、教书育人的辛勤耕耘中，他对科学研究工作丝毫没有懈怠，不仅取得了诸多开创性的重大创新成果，更是科学精神的倡导者、实践者和传播者。他不断总结科研规律，不断学习新知识、钻研新技术。

闵恩泽对自己学生的要求同样严格，并渐渐地在他所能影响的范围内形成了一种风气和共识。他曾说：“当团队的头儿，就要学会吃亏。第一位的是帮助别人出成果，而不是自己出成果。”他正是这样做的。成果出来后，第一位署名的往往不是他自己，而是具体负责的同志。正是在这种创新精神、责任意识和团队意识的熏陶下，闵恩泽带出了一支勇于攻关、善于团结、严谨求实的科研队伍，为我国石油化工科技和工业培养了大批创新人才。在他培养的学生当中，不少已经成为我国石化领域和新能源领域的科研骨干与中坚力量。

我们生活中常见的汽油、柴油都是通过相应加工得到的，而要实现这一转变，就必须用到石油催化剂。这是一种可以加快化学反应速度的物质，因此，人们把催化剂比喻成“点金石”，闵恩泽就是一个点石成金的人。在 20 世纪五六十年代，他开发出小球硅铝裂化等炼油催化剂，奠定了我国炼油催化剂制造技术的基础；八九十年代，闵恩泽开展导向性基础研究，开发了我国独有的石油化工技术，成为石油化工技术自主创新的先行者；90 年代以后，他率先进入绿色化学领域，成为绿色化学的开拓者。闵恩泽在 2005 年获国家技术发明奖一等奖，2008 年获 2007 年度国家最高科学技术奖，并两次被授予全国先进工作者荣誉称号。

▲ 闵恩泽指导科研工作

一生淡泊名利、不计得失的闵恩泽为了事业，奉献了全部的才华和智慧；为了培养人才，更是倾囊相助。他为母校——北京师范大学成都实验中学先后捐款40万元，设立“恩泽奖学金”；2008年，他捐款100万元，在中国石化石油化工科学研究院设立“闵恩泽科技原始创新奖”；2013年，他再次捐出毕生积蓄400万元，设立“闵恩泽能源化工奖”。他用战略眼光指明了前进的方向，用实际行动谱写着奉献的篇章。

闵恩泽说：“我只是个上台领奖的代表，国家最高科技奖这个大奖是几代石化人集体智慧的结晶。”

为催化剂奋斗终身

回国后的60余年间，从最初的应急到现在的责任，让闵恩泽从未停止过工作。直到疾病缠身、生命进入倒计时的时候，他仍在关心企业的扭亏增效。他专门把公司负责人请到病床边，商讨下一步的增效措施。即使重病中的他已无法进食，连拿下氧气面罩的力气都没有，仅靠鼻饲维持，但仍坚持逐字阅读报来的增效方案，提出改进意见。那一天，他只有一半的时间是清醒的。2016 年 3 月，在夫人陆婉珍院士离世 100 余天后，92 岁的闵恩泽也安详地闭上了双眼。

闵恩泽生前说：“几十年来，我干了三类工作：第一类是满足国防急需和炼油厂建设急需，第二类是帮助石化企业摆脱困境、扭亏为盈，第三类是基础性、战略性、长远性的科技研发。”

2008 年 2 月，感动中国组委会授予闵恩泽的颁奖词是：“在国家需要的时候，他站出来！燃烧自己，照亮能源产业。把创新当成快乐，让混沌变得清澈，他为中国制造了催化剂。点石成金，引领变化，永不失

▲ 闵恩泽获评 2008 年度感动中国人物

活，他就是中国科学的催化剂！”闵恩泽这个永不失活的催化剂带着数不清的荣誉和造福人类的贡献，离我们而去了。但在浩瀚的宇宙中，却多了一颗名为“闵恩泽星”的行星。他的名字将被永远铭记，他的光芒恒久不会褪去，他的精神时刻指引着我们前行。

（作者：张　帅、郭鲁钢）

吴征镒

植物百科大辞典

吴征镒(1916 年 6 月 13 日—2013 年 6 月 20 日)，中国科学院院士，著名植物学家，被誉为中国植物学的“活词典”。

他通过艰苦的实地考察和钻研，为我国植物资源分类，为大量中国植物定名。他提出建立自然保护区和野生种质资源库，为我国生物多样性保护和资源可持续性利用作出了杰出贡献。

吴征镒：“我的能力有限，尽可能几十年如一日地向前。”

▲ 著名植物学家吴征镒

结缘植物，参加抗战

吴征镒出生在一个家世显赫的官宦人家，8 岁入家塾，四书五经是他必读的书目。测海楼是吴征镒家中的藏书楼，里面珍藏的书籍犹如繁星，令人眼花缭乱。但在所有藏书中，吴征镒最喜欢的当数《日本植物图鉴》和《植物名实图考》这两本，他被这两本图文并茂、内容丰富多彩的书深深吸引。从那时起，他就对植物产生了强烈的好奇心。

吴征镒小时候一旦觉得无聊，就一个人去府里的花园——芜园玩耍。芜园如同百草园，那里面种满各式各样的花草。千姿百态的植物，让吴征镒开始迷恋上秀丽俊美的大自然。一有空，他就拿上那本《植物名实图考》，在芜园里一边翻阅书籍，一边观察花草，在潜移默化中能够熟识几十种植物，并积累了上百种植物标本。吴征镒曾幽默地说，他选择植物学这门专业，主要得益于芜园这尊特殊的启蒙老师。

1931 年，15 岁的吴征镒开始读高中，就读于江苏省立扬州中学。吴征镒对植物十分感兴趣且天赋异禀，很多老师和同学都认识他。学校有时候组织外出游玩，老师为了活跃气氛，会随便指着一种花草让大家辨认。没想到，吴征镒几乎都可以准确无误地说出这些花草的学名。在学校里，同学们经常能够看到吴征镒趴在地上入神地观察花草。他对植物的这种专注引起生物老师的关注。生物老师为了激发学生们对植物的兴趣，同时激励吴征镒坚持自己的爱好，鼓励吴征镒一起举办了一场植物标本展。在展览中，吴征镒把他采集的植物标本展示给同学们观赏，令同学们赞叹不已。有了老师和同学们的赞赏与鼓励，吴征镒暗下决心，要沿着研究植物学方向发展。1933 年 7 月，清华大学生物系向吴征镒敞开了大门，他如愿以偿地实现了自己追求的梦想。

1937 年全民族抗战爆发后，吴征镒渴望以科研救国的愿望如同泡影。强烈的爱国心敦促他发奋读书，期望用科学知识和研究为国家出力。岂料战争混乱不已，长沙城危在旦夕，校园面临战火摧残。在战争袭来的紧急关头，学校采取组建湘黔滇旅行团的办法组织学生向大西南迁移，躲避战乱，继续学业。1937 年年底，在黄子健、闻一多等 11 位教师的带领下，数百名学生开始了浩浩荡荡的徒步迁移。他们跨越湘、

▲ 长沙临时大学湘黔滇旅行团辅导团成员合影，右二为吴征镒

黔、滇等地区，完成了轰动中国教育史的“远征”。

吴征镒作为生物系教师，紧跟队伍，没有丝毫懈怠。他在从长沙到昆明1700多公里的征途中，写了一本《长征日记》，完整记录下远征中的点点滴滴。年仅21岁的吴征镒与闻一多、黄子健朝夕相处，结下了志同道合的深厚友情。他们在长满荆棘的马路旁边讨论战事，一起乘坐小船横渡波涛汹涌的盘江，在昆明的大板桥洞口乘凉，时而又来到昆明大观楼下畅谈。在吴征镒的脑海中，闻一多“长胡子飘动”着用画笔写日记的场景清晰可见。

闻一多的革命精神感染了吴征镒。两人的联系越来越密切，感情也越来越浓厚。在闻一多的介绍下，吴征镒于1945年毅然加入中国民主同盟。次年2月，吴征镒在云南大学的标本室郑重宣誓，加入了中国共产党。新中国即将成立时，清华大学开展教职工读书会活动。吴征镒如往常一样积极参加，每次声援和签名活动中都能看到他忙碌的身影。他主要负责收集各位名人大家的签名，所以，经常会带着纸、笔进出朱自清和汤佩松等人的家中。吴征镒回忆，当时，朱自清与他住在清华园的同一个院子里，两人时常用扬州家乡话寒暄。朱自清因为拒绝美国救济粮而绝食抗议，最终不幸离世。在那份抗议书上签字的有 100 多人，朱自清是第一人。然而，很少有人知道，名单里头还有吴征镒这个名字。当时，吴征镒看到朱自清签了字，毅然决然地也写下了自己的名字。

奔赴云南，专心科研

1938 年前往昆明的徒步迁移，是吴征镒第一次去云南。经过在当地两个多月的调查，他发现仅昆明就有 2000 多种植物，比河南整个省的还多，他不禁对云南这个神秘的地方充满了好奇。为了一探究竟，吴征镒加入了滇西南考察团，跟随团队踏上了探险之旅。这次科学考察持续了一年的时间。团队顺着滇缅公路前行，穿越了云南省，其间翻越高山，蹚过河流，去了瑞丽、大理、丽江等城市。那里的植物种类犹如繁星，完全超出了吴征镒的想象。在彩云之滇经历的一切，使吴征镒久久不能忘怀。与此同时，一个想法开始在他脑海中萌发。他想尽可能地探寻那里的植物种类，然后以云南植物为参考，研究中国植物，解决中国植物分类等问题。

1950 年，中国科学院植物分类研究所成立，中国的植物学研究逐渐走上了正轨。从 1950 年开始，吴征镒参加了长达 6 年的全国资源综合考察。他主要考察了适宜热带生物例如橡胶生长的地区，对中国的生态环境和农业发展等问题进行了探究。1982 年，吴征镒关于橡胶种植技术的研究成果获得国家技术发明奖一等奖。

在大家看来，吴征镒有着丰富的革命经验，他的仕途会很顺利，但吴征镒无心从政，反而对植物学研究朝思暮想、念念不忘，去云南研究植物是他一直以来的梦想。1958 年，年逾不惑的吴征镒抛开荣誉和名利，毫不犹豫地向领导提出到云南昆明工作的申请。领导批准后，他携家带口迁至昆明，任中科院昆明植物研究所所长。吴征镒的人生之路就这样改写了。

在科学研究中，探寻真理的过程必然是孤独与艰辛的。1970 年，“草药运动”在全国范围内如火如荼地进行着。吴征镒接受劳动改造，被分配烧开水灶。他知道，通往成功的道路往往是曲折的，这就需要科学家具有毅力和奉献精神，正如吴征镒的好朋友王元化所说：“对人类自身领域的巨大贡献不仅需要天分、坚韧和知识，还需要对科学的忠诚和巨大的热情。”正是凭借着对科学的忠诚和热情，吴征镒在黑暗中点亮了科研的灯，照亮了前进的路。他利用业余时间，翻阅了大量中草药古籍、典藏，修正了各地常用的中草药植物名称，精心撰写了 4 本关于中草药的笔记。两年后，这 4 本关于中草药的笔记被整理并编辑在《新华本草纲要》中。

勇攀高峰，步行天下

1975 年 5 月，中科院组织了一场青藏高原考察活动，这次探险的目的是探索喜马拉雅山脉北坡的植被和青藏高原的植物群。年近花甲的吴征镒决心参加，经过 3 个多月的探险，他体会到了西藏无与伦比的独特美。蓝天、白云、雪域、清澈的溪流和特殊的地理环境，让他流连忘返。

1976 年 6 月，着迷于西藏的吴征镒再次进藏，在林芝度过了他的 60 岁生日。吴征镒他们穿越了险象环生的滇藏线，探索了喜马拉雅山脉南部和东南部斜坡的植被。这次经历，使他深入了解了这个地区特定的植被分布带、生物多样性的差异和联系以及植物垂直带的分异等。第二次入藏，让吴征镒对青藏高原地区的植物区系有了更为细致的了解。一路长途跋涉，但吴征镒的兴致很高。他有说有笑，兴奋驱散了花甲之年的浑身疲惫。坐在那辆极为普通并不断颠簸的车里，他仍然认真仔细地记录着窗外的植物。因为道路泥泞不堪且自身患有平足症，吴征镒行动不便，有时摔得遍体鳞伤。大家很心疼，开玩笑叫他“摔跤冠军”。据说有一次，他在云南探险，不慎摔了一跤，却因祸得福，发现了一个名叫锡杖兰的新物种。他不顾身上的青紫，哈哈笑着调侃说，这跤摔得好、这跤摔得值，没有这一跤，绝对不会趴在地上发现这一新物种，是老天爷觉得摔跤太辛苦才赐给他的。

1984 年，吴征镒不慎左股骨颈骨折。从那以后，他只能拄着拐杖走路。即便这样，他也没有被行走困难所阻碍，依旧对大江南北充满向往。从 1980 年至 1990 年，为了研究中国北方的温带植物系分布特点，

▲ 吴征镒始终乐观

吴征镒不畏艰险，前往大兴安岭、长白山和千山等地区考察，还曾两次踏上前往新疆的旅程。有一次，翻越祁连山时风雪交加，吴征镒没有退缩，冒雪前行。后来，他又对东南、华中和华西各地进行考察。1998年，他越过海峡来到宝岛台湾实地考察。他的足迹可谓走遍了祖国的东南西北、大河山川。这些辛苦的全国性野外实地考察，使吴征镒清晰分析并准确认知了中国植物和植被的特性分布。

1979 年至 1995 年，吴征镒的足迹踏向国外。他不仅去了非洲、北美洲，还远去南美洲，通过考察和学术交流，不但加深了对中国和北美植物区系之间差异性与关联性的研究，又探寻和实地体验了南美洲以及亚马孙河流域热带雨林的奥秘。他还 5 次前往日本，足迹遍布日本诸岛，更加清晰地认识了中国与日本植物区系的分异和联系。

一生成果，永世经典

1959 年，吴征镒担任《中国植物志》编委，1987 年开始担任《中国植物志》主编。在他的不懈努力下，《中国植物志》共出版 82 卷 126 册，而吴征镒个人完成的工作约占全志的三分之二。1988 年，中美计划合作编著《中国植物志》的英文修订版，诚挚邀请吴征镒担任主编。对于这个任务，吴征镒丝毫不敢懈怠，工作极度认真，对每卷都提出详细的意见和建议。1976 年，在西藏的考察结束后，吴征镒趁着在青岛治疗、养伤的清静，着手编纂了 5 卷《西藏植物志》，于 1987 年全部出版。吴征镒多年间还一直担任《云南植物志》的主编。1973 年至 2006 年，《云南植物志》共出版 21 卷，这部巨著被誉为我国体量最大的地区植物志。

吴征镒主编的《中国植物志》《中国植被》《西藏植物志》《云南植物志》4 部巨著圆满完成，浸透了吴征镒的艰辛与汗水，他为我国和国际植物分类学等研究作出了巨大贡献。

▲ 吴征镒主编的《中国植物志》英文修订版

《邱园索引》在2005年的检索结果显示，吴征镒是发现和命名种子植物最多的一位中国植物学家。他提出的大量具有创新意义的观点，对中国乃至世界植物研究而言都具有重大意义。在此之前，中国的植物主要由外国的植物学家命名。经过吴征镒这一代中国植物学家的努力，中国植物学终于翻开了崭新的一页。

晚年的吴征镒虽然年事已高，但他内心对植物学的热爱并没有让他停歇。他仍然静心著书立说，带领学生一起完成了《中国被子植物科属综论》等4本专著。

吴征镒的研究成果不仅为中国作出了贡献，而且得到了国际同行的敬佩，1980年以来，吴征镒先后获得美国、瑞典和苏联等国家颁授的各种奖章及荣誉。

2008年1月8日，吴征镒荣获2007年度国家最高科学技术奖。

呕心沥血，严谨治学

吴征镒时常告诫他的学生们，做学问就要心无旁骛、持之以恒。他信奉的人生真理是：博学之，审问之，慎思之，明辨之，笃行之。他认为，搞科学研究必须经过三个阶段：第一，明确方向并提出问题，找准研究的思路；第二，坚持不懈地努力；第三，尽心钻研、上下求索，最后建树对社会发展有用的理论。正是在个人利益与社会发展需求的结合中，吴征镒坚定目标，刻苦钻研，最终为中国的植物研究事业作出了重大贡献。

提起吴征镒，他周围的同事和学生无一不称赞他勤勉刻苦、学识渊博。出于对新知识的好奇，每次有人找吴征镒鉴定植物，他都不会拒绝。吴征镒在西宁考察时，一个植物爱好者带着一大堆植物标本前来拜访，恳请吴征镒为这些植物定名。吴征镒不仅欣然接受，还认真地为植物标注上中文和拉丁文名字。

1983 年，吴征镒去参观大英博物馆，博物馆的研究人员特地邀请这位中国植物学家帮助鉴定一些植物标本。他发现，这些标本是清代驻华的英国公使在中国乡间采集的，至今都没有被定名。吴征镒面对这些年代已久的标本毫不退缩，仔细观察、进行对比后，用英语准确说出了所有植物的信息，包括拉丁学名、科、属、种、地理分布等，曾经在哪些文献中被记录过，以及开发这些植物资源的意义等等。吴征镒的这番高超学术结论令英国人瞠目结舌。吴征镒被誉为中国植物学的“活词典”可谓名副其实。

几十年来，吴征镒都保持着一个习惯：无论走到哪里，总随身携带着一个照相机。他喜欢走走停停，留心身边的花草。就算旁人觉得十分寻常的花草、树木，他也会仔细观察，然后找准角度拍摄下来。令人敬佩的是，吴征镒亲手制作了 3 万多张植物卡片。这些卡片相当于中国植物的名片。卡片尽管只有巴掌大小，上面却整齐地排列着植物的拉丁学名和发现者等大量信息，这些都是吴征镒通过观察研究、查阅资料后亲手记录的。他在西南联大任教的时候，曾亲手建造了一个微型植物标本室。让人意想不到的是，他用破旧的木箱和洋油筒建立的标本室里居然藏有两万多个植物标本。

吴征镒为中国的植物研究事业耕耘了 60 余载，是驰名中外的植物

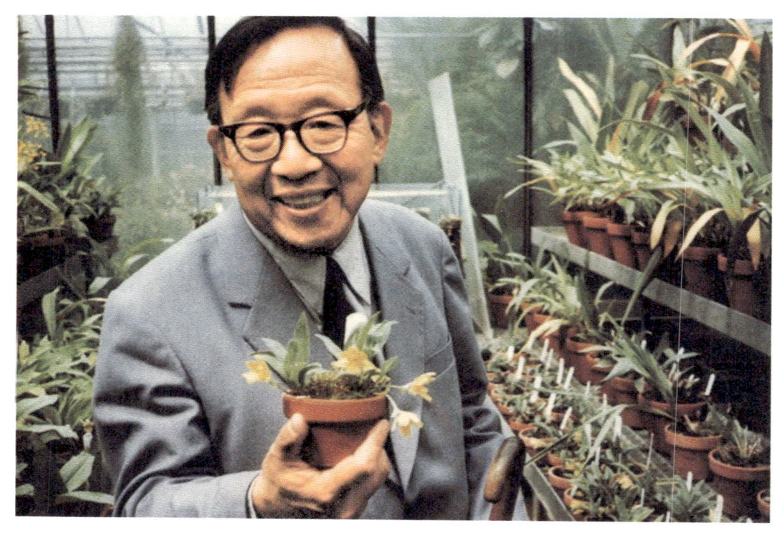

▲ 吴征镒在观察植物生长情况

学专家。他是植物区系研究的权威学者，深入研究以中国为中心的东亚植被和区系。他是人与自然和谐共生的倡导者，提倡保护植物资源和植物多样性。吴征镒是植物语言的聆听者，更是植物语言的翻译大师，他用尽一生让人们得以读懂植物、走进植物的世界。

吴征镒在 72 岁的时候因为胆结石危及生命，次年不得不进行了摘胆手术。后来，因为白内障等眼部疾病较为严重，他的眼睛植入了人工晶体。吴征镒的听力逐渐下降，已经影响到正常的生活，于是，他又戴上了助听器。吴征镒尽管饱受病痛的折磨，但从未想过放弃他苦心经营的科研事业。他的助手们每天都要把与工作相关的文稿整理一遍，然后带到他身旁念给他听。吴征镒仔细听完后，会给出建议帮助他们订正。

吴征镒拄着拐杖，足迹遍布中国的每一块土地，并执笔为中国植物学书写了传奇。90 岁时，吴征镒年事已高，仍然不放弃他一生钟爱的植物学。他每周至少工作 6 天，每天上午工作两个小时，下午工作一个小时。2013 年 6 月 20 日，吴征镒因病情发作，与世长辞，享年 97 岁。

吴征镒是脚踏实地的科学家，他留给后人的植物学成果将永世长存。

（作者：王润秋、李　斌）

王忠诚

在生命禁区探索的“万颅之魂”

王忠诚（1925 年 12 月 20 日—2012 年 9 月 30 日），中国工程院院士，著名神经外科专家，中国神经外科事业的开拓者和创始人之一。

他编著了我国第一部神经外科专著《脑血管造影术》，率先在国内采用显微神经外科技术，带领科研团队攻克了神经外科手术禁区，解决了许多世界性的医学难题。

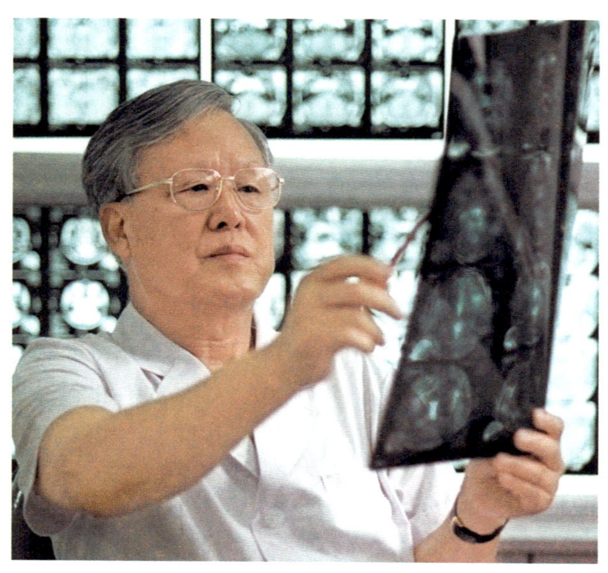

▲ 中国神经外科事业的开拓者和创始人之一王忠诚

王忠诚说：“没有比治好一个病人再高兴的事了。”

铿锵立志：“把中国的神经外科搞起来”

王忠诚出生在山东烟台福山镇一个贫寒的家庭。在 9 个兄弟姐妹中，他排行第六。因为家境贫苦，他的祖辈没有进过校门，他的父母靠摆地摊、卖杂货艰难度日。家里的女孩都没上过学，兄弟们最多读到初中。他和那个年代大多穷苦百姓一样，少年时代经历挨饿、受冻，也因经济困难被迫辍学。但在他多年的坚持下，依靠自己半工半读，王忠诚实现了读书的愿望，成为全家唯一的大学生。亲历过旧社会的苦难，目睹了国家落后的局面，他暗下决心要为国家的建设贡献一份力。抱着工业强国的想法，他最初的志愿是工科，但那个时候读工科的学费对于他的家庭来说是一个天文数字。几经权衡，他选择了免除学费的医学院就读。

1949 年，新中国成立，百废待兴。就在这一年，从北京大学医学院（今北京大学医学部）毕业后，24 岁的王忠诚来到天津市立总医院，成为一名外科大夫。就在第二年，中国人民志愿军赴朝作战。王忠诚立即报名参加了抗美援朝医疗队，到位于中朝边境的医院参与救治伤员工作。王忠诚接到的任务是在吉林省的洮南接收前线伤员。“一批一批的伤员下来，最多的就是脑外伤。”王忠诚回忆道。当时还未涉足脑外伤领域的王忠诚对于眼前脑部中弹的志愿军战士们束手无策，只能看着年轻的生命在眼前逝去，内心万分痛苦。事实上，现代神经外科最早起源于 19 世纪末期的美国，而我国的神经外科起步比西方国家晚了 30 多年。对于我国当时的医学教育来说，神经外科就是盲区。眼睁睁看着保家卫国的战士在自己面前牺牲却无能为力，王忠诚感到深深的内疚。这一切也促使他下定决心：“如果有机会一定要学习神经外科，把中国的神经外科搞起来。”

很快，这个机会就来了。1952 年，卫生部在天津市立总医院创建了我国第一个脑系科。从战场上归来的王忠诚毅然报名参加培训，成为当时中国为数不多的神经外科大夫。从此开始，王忠诚便踏上了那条义无反顾的道路，为实现自己“把中国的神经外科搞起来”的愿望而奋斗。可是，万事开头难。当时，科研条件非常艰苦，没有教材，没有教具，王忠诚等人只好去无名坟墓挖颅骨用以解剖和试验。王忠诚回忆说：“挖的时候，味道很难闻。挖出来的颅骨里面都是黑毛蛹，要把它洗干净、煮、漂白，再把骨头一个一个地穿起来做标本。没有教科书，只有从前在学校学的解剖学课本。在图书馆找了一本英文的《解剖学》就去读，从头读到尾，背得倒是很熟，费的精力也很大，但是不一定适用，那时候不知道重点。”即使在这样一穷二白的条件下，王忠诚始终没有动摇过自己研究神经外科的决心，日复一日地刻苦钻研。

竭尽全力，推行神经外科技术革新

1955 年，神经外科的发展受到了北京市政府的重视，王忠诚随恩师赵以成教授来到北京同仁医院，创建了中国第一个神经外科。当时的神经外科界有“诊断难死人，手术累死人，疗效气死人”之说，国际上的神经外科是如此，对于刚刚起步的中国神经外科来说更是举步维艰。摆在王忠诚等人面前的是一系列棘手问题，首先就是诊断难。王忠诚意识到精确的诊断是神经外科发展的基础，决心开创我国自己的脑血管造影术。

与那时我国很多事业的建设相似，在西方国家的封锁下，我们缺乏相关资料和技术经验，一项新技术从零开始，其难度可想而知。王忠诚等人首先在尸体上进行扎针练习。时值盛夏，尸体的腐臭味伴随着高温，王忠诚经常累得满身大汗。为了确认造影位置的准确性，他还需要一遍遍地通过 X 线照射进行验证，但对射线的防护只有一条铅围裙。身为医生的王忠诚怎会不知 X 线辐射带来的健康问题？“我在学校里学过镭的杀伤力，知道危害性有多大，但是，为了成功，必须豁出去，不管付出多少辛苦、多大代价。”抱着这样不计辛苦和代价的决心，经过多年经验的积累和手术对照分析，1965 年，王忠诚所著《脑血管造影术》问世了。这本著作包括 2500 余份造影资料，填补了我国在这一技术上的空白，是中国神经外科的一次飞跃式进步，使中国神经外科诊断技术同世界先进水平缩短了 30 多年。直到 20 世纪 70 年代末 CT 技术被引进我国前，脑血管造影术始终是诊断脑血管疾病的首选方法。

《脑血管造影术》出版后的 10 年，是中国神经外科奋力追赶国际领先水平的 10 年，但王忠诚并没有满足于此而停止他的脚步。1976 年，王忠诚再次带领中国神经外科走向了革新。从 20 世纪 50 年代起，国际上就有医生使用显微外科技术做颅内手术了，然而直到 70 年代，我国神经外科手术仍在肉眼下实施。大脑的结构复杂而精细，肉眼实施手术精度欠佳，后遗症概率高，很多高难度手术也无法完成。王忠诚洞悉到这一点，随即将显微神经外科技术列为自己的攻关项目。

很快，王忠诚迎来了一个考验：一名患者因为脑供血不足经常头晕不止、半身麻木，治疗需手术缝合两根细小的脑动脉。最关键的步骤是在直径不足 1 毫米的脑动脉上缝合 10 针，并且保证完全对合、不能漏血。当时，还没有人能够完成这么细致的脑动脉吻合手术，但为了患者能够恢复健康，王忠诚接下了这个挑战。他使用显微外科技术，投入到手术中，连续奋战 13 个小时，完成了 10 针缝合。手术后，患者的症状改善明显，可王忠诚却因为身心消耗过大，病了一个星期。这 10 针缝合背后，是王忠诚多年来的经验积累，是他对新技术的苦心钻研，更是他对患者恢复健康的深深信念。功夫不负有心人，这例高难度手术的成功使显微外科技术在国内得到了认可。王忠诚随即向同行传授经验，将显微外科技术推广到全医院。在王忠诚的倡导下，显微外科技术迅速在中国的神经外科领域应用起来。显微神经外科技术的应用也使得中国神经外科手术的死亡率从 25%下降到 3%以下，挽救了无数患者的生命。

带领中国神经外科领先世界

20 世纪 90 年代，中国的神经外科从接近国际水平逐渐走向领先世界，其中的重要一步就是脑干手术。脑干是大脑、小脑与脊髓相互联系的重要通路，也是调节心血管运动、呼吸、吞咽、呕吐等重要生理活动的反射中枢，这些中枢的损伤会危及生命。脑干曾在教科书中被明确列为手术禁区，没有人敢在禁区下刀。也就是说，在当时，如果脑干部位长了肿瘤就是绝症。但是，王忠诚对此有自己的看法，从 20 世纪 80 年代起，他就致力于研究脑干部位的手术。“我是个医生，医生的责任就是保障人民的健康。要保障人民健康，就必须把人的生命研究透了才行。”在他眼中，将生命研究透、保障人民健康就是医生的责任，所以，攻克生命禁区——脑干，是他必须迈出的一步，无论这个任务有多么艰难。

1990 年，14 岁的肖志勋被当地医院诊断患了脑干肿瘤。他和家人四处求医，得到的答复无一例外：“国际上也没人能做脑干手术，活下去的希望很渺茫。”一家人四处打听后抱着最后的希望来到北京天坛医院，找到王忠诚。王忠诚仔细研究了肖志勋的病情，决定为他进行手术。术后 2 个月，肖志勋就恢复了健康。肖志勋的家人坦言“没想着他能活”，对王忠诚的感激之情溢于言表。此后，王忠诚每年都给肖志勋复查病情。30 多年来，肖志勋没出现任何后遗症，这对于脑干部位的肿瘤患者是一个奇迹。这之后的 10 余年间，王忠诚亲自主刀完成脑干部位肿瘤手术上千例，手术死亡率不足1%，居世界首位，他带领中国神经外科走在了国际的前沿。1995年，王忠诚在国际神经外科大会上作学术报告，通过250个病例提出脑干和脊髓具有可塑性的观点，轰动了国际医学界。他提出的学术观点，也帮助全世界的神经外科降低了手术死亡率和致残率。

时至今日，王忠诚仍然保持着多项神经外科手术的世界纪录。他是世界上唯一完成开颅手术超过万例的神经外科大夫，也是做脑血管畸形手术最多的人；1985年，他成功切除一例直径9厘米的巨大脑部动脉瘤，至今仍是世界上成功切除的直径最大的脑部动脉瘤；2000年，王忠诚完整地切除了一个直径达6.5厘米的颅内血管母细胞瘤，创造了世界神经外科领域的又一个奇迹。王忠诚开创了一个又一个世界第一，使中国当初一片空白的神经外科领先世界。1984年，美国总统里根在访华期间，让他的保健医师两次到北京天坛医院参观。里根还在演讲中特别提到：“中国在神经外科和中医等方面，有许多东西可供我们学习。”

2000年6月6日，一位母亲在手术室门外来回踱步、焦急等候，手术室里正在进行的是一台罕见的高难度手术。患者名叫周易，是个来自云南的小伙子。他患上了恶性程度极高的颅内血管母细胞瘤，瘤体直径达到6.5厘米，相当于一个孩子的拳头那么大。雪上加霜的是，肿瘤长在生命中枢的脑干旁边，这个位置被称为手术的禁区。要保证切除巨大瘤体的同时还不损伤脑干，难度和危险性都极高，是一个世界难题。周易的祖父、父亲、伯伯、叔叔都是因为患脑部肿瘤在青年时期即去世，周易也没能逃过有可能是遗传疾病的厄运。周易的母亲曾带着他四处求医，得到的回答都是“没法进行手术”。但爱子心切的母亲不愿接受命运的安排，她抱着最后一线希望，叩首来到北京天坛医院，找到了救星王忠诚。

手术室内，无影灯下，一位年过七旬的老人正在全神贯注地为周易施展手术。大脑是人体的中枢，相较于身体其他部位，手术要求更加认真仔细，而在脑干部位需要做到万无一失。在这样一个危险的位置，面对这么大范围的瘤体，如果出刀相差毫厘，周易就可能下不了手术台。每一次出刀，都像是在钢丝上行走一般，只要失误，便会跌下万丈深渊。

对于手术室外的母亲来说，等待的每一分钟都是煎熬。13 个小时过去了，主刀医生终于从手术室内走出来。连续同一个姿势、精神高度集中的手术已经让老人吃不消，他双腿麻木，双脚也胀得紫红，但他还是快步走向了周易的母亲："瘤子已经完全拿出来了，手术进行得很顺利。"听到救星这样说，周易的母亲忍不住双腿瘫地痛哭："我又有儿子了！我又有儿子了！"老人又一次从死神手中夺回了年轻的生命，终止了这个家庭延续几代的厄运。如今，周易已经完全康复，为他进行手术的老人就是王忠诚。

心中有大爱，方能成大医。王忠诚经常告诫学生们："作为医生，不仅要技术精湛，更要有高尚的医德。我们做手术是为了挽救患者的生命、解决病人的痛苦，这样，大夫才能够有耐心完成好手术。"王忠诚一次次攀登神经外科的新高峰，又脚踏实地做好每一例手术，都来源于他对患者的仁心。也正是因为这份大爱，他能够坚定自己的信念，不计代价和回报地钻研，又将他所得的学问回馈给病人，拯救更多患者的生命。一项项世界纪录的背后，是王忠诚对医生责任的践行，饱含着他救死扶伤的决心。

然而，神经外科事业上的成功也让王忠诚付出了健康的代价。早年间研究脑血管造影术，让王忠诚的身体受到大量射线侵害，从而损害到免疫功能。他的白细胞水平不到常人的一半，患过八次肺炎、两次胸腔积液，肺部也出现了纤维化。在他的办公室门口，学生们设置了一个白大衣悬挂处。医生的白大衣上会有一定数量的病菌，对健康的人来说并不足以引起感染，可对免疫功能很弱的王忠诚来说却很容易致病。所以，学生们每次见他都要先脱下白大衣，尽量避免过多接触。经常一坐就是好几个小时的王忠诚，下肢循环也出现了问题，做完手术后，双脚肿得像穿上了“紫袜子”，长久也不见好。常年长时间的连续手术，让王忠诚患上了腰椎间盘突出、椎管狭窄等毛病，为此，他还接受了手术治疗。即使是这样，王忠诚依然无怨无悔，继续奋斗在神经外科的一线。

为中国神经外科事业树人育才

王忠诚是唯一一个获得世界神经外科联合会最高荣誉奖章的中国人。他在脑干肿瘤、脑动脉瘤、脑血管畸形、脊髓肿瘤等的诊治、手术方面都作出许多开创性的重大贡献，解决了一系列神经外科领域公认的世界性难题，带领中国神经外科从一穷二白步入国际先进行列。王忠诚被誉为“万颅之魂”，是世界上唯一一位完成开颅手术逾万例的神经外科大夫。王忠诚为救治患者一次次勇闯生命禁区，给无数患者带来生命的希望，为神经外科事业奋斗了一生。同时，他为祖国的神经外科领域培养了一大批优秀人才，给中国神经外科留下了宝贵财富。

2002 年，77 岁的王忠诚放下了手术刀，不再亲自上手术台，但他没有停止对神经外科事业的奉献，而是将工作重心转到教学上。他常常现场观摩、指导学生进行手术，“放手不放眼”，提醒大夫们要注意哪里。“大树底下好乘凉”，有他在，执刀的大夫总是很安心。王忠诚时常对学生们说：“拿起手术刀，要在世界的状元榜上不断刻上‘中国’这两个字。我盼望你们把祖国和人民给予的手术刀传下去，做一个把神经外科事业推向更高峰的接班人。”如今，王忠诚的很多学生都已成为中国神经外科的脊梁，中国三分之一的神经外科大夫是王忠诚带领的北京市神经外科研究所培养出来的。时任世界神经外科联合会主席萨米曾经表示："21 世纪，中国神经外科会出现很多大师，而王忠诚是培养大师的大师。"2000 年，王忠诚获得中国卫生界的最高奖励白求恩奖章；2009 年 1 月，王忠诚获得国家最高科学技术奖；2012 年 6 月，科技部和北京天文台命名一颗小行星为王忠诚星；2019 年 5 月，王忠诚获得最美奋斗者荣誉称号。

2012 年 9 月 30 日，北京天坛医院名誉院长、北京市神经外科研究所所长王忠诚因病逝世，享年 87 岁。大师辞世，巨星陨落。王忠诚用整整 60 年的奋斗拼搏，实现了当年在抗美援朝战场上立下的"把中国的神经外科搞起来"的誓言。王忠诚为中国的神经外科事业倾注了毕生心血，用自己拼搏奋斗、勇攀高峰的精神影响着每一个人。是他，带领中国的神经外科从无到有、从落后到领先，让中国的神经外科挺直了脊梁，让无数患者得到了最有效的救治。

王忠诚生前一直致力于为神经外科和北京天坛医院谋求更好的发展。2018 年 10 月，设施先进、人才济济、具有顶尖科研环境的天坛医院新院在北京南四环正式运营，全国甚至全世界患有脑神经系统疑难杂症的病人来到这里寻求治疗。在天坛医院的东北角，坐落着一座以王忠诚名字命名的建筑——忠诚楼。这座建筑是天坛医院的灵魂，像一座灯塔指引着医院前进的道路。建筑内，王忠诚书写的"发展神经外科学"激励着来到这里的每一位学子。

（作者：陈　峰、王亚丽）

徐光宪

创造中国稀土传奇

徐光宪（1920 年 11 月 7 日—2015 年 4 月 28 日），中国科学院院士，著名化学家和教育家。

他发现了稀土溶剂萃取体系具有“恒定混合萃取比”的基本规律，建立了拥有普适性的串级萃取理论并广泛应用于我国稀土分离工业，使我国实现了从稀土资源大国到生产和应用大国的飞越。

徐光宪说：“科学研究应该时刻关注国家目标。”

▲“稀土拓荒者”徐光宪

知识分子首先要爱国

徐光宪出生于浙江绍兴一个较为富裕的家庭。父亲徐宜况是一名律师，精通法律知识，在给儿子取名时特别取了“宪”字，希望他敏捷、聪颖，安稳、踏实。徐宜况对《九章算术》的内容特别感兴趣。徐光宪很小的时候，徐宜况就教他解一些经典数学题，对徐光宪的数理化知识和学习起到了潜移默化的启蒙作用。徐光宪的母亲陈氏是传统的中国妇女，虽目不识丁，但对子女的教育和学习十分严格，从小就教导徐光宪“家有良田千顷，不如一技在身”。正是这种教育理念，一直激励着徐光宪的学业步步高升。

徐光宪十几岁时，徐宜况不幸病逝，家中主要经济来源顿时中断。为了能尽早赚钱减轻家庭负担，徐光宪选择去职业学校学习。1937 年，抗日战争的战火蔓延至杭州。迫于现状，徐光宪只能选择转学到宁波高级工业职业学校继续上学。毕业后，徐光宪被铁路公司录取，担任练习工程员。本来可以高高兴兴地去工作，没料到，领队在途中将差旅费带走潜逃。身无分文的徐光宪只好放弃练习工程员的工作机会，转去投靠当时在上海做中学教员的大哥，以谋求一份工作。经过努力，徐光宪找到一份做家教的工作。给人家做家教，不仅管吃住，还能空出一些时间看书、学习。徐光宪完成家教工作后，抽出一切时间攻读他喜欢的化学书。半年后，他顺利考入交通大学，并考取奖学金，如愿选择了自己兴趣浓烈的化学专业。

20 世纪 40 年代初的上海，人心惶惶，一片混乱。出于安全考虑，交通大学只能借用震旦大学医学院的教室来上课。这里地处外国租界，相对安宁。学习条件虽然艰苦，化学系仍在一间闲置的工厂里开设了化学实验课。实验室面积很小，但老师授课尽心尽力，班里的同学都非常珍惜战乱年代的求学机会。徐光宪的学习十分努力，每次考试都是第一名。他后来回忆起那段大学时光，感慨地说：“战争年代还有学上，条件虽然艰苦，但还能做实验，也算是一种幸运。倒是那个时候打下了很好的基础，对后来的化学研究特别重要。”

1946 年，徐光宪与大学同学高小霞结为伉俪。那年，他们同时获得了自费公派留学美国的机会。限于当时的经济条件，只能靠从亲戚家借钱来支付学费，而借来的钱仅够支持一人的路费和学费。这对年轻的小夫妻商量后决定，徐光宪一人先赴美留学。1949 年，高小霞才来到美国。

徐光宪首先来到圣路易斯华盛顿大学化工系学习半年，随后考入哥伦比亚大学继续攻读化学专业，研读量子化学。徐光宪十分刻苦，取得了丰硕的研究成果，用了不到三年时间就获得博士学位。毕业后，他争取到了留校任教和到芝加哥大学做博士后两个机会。当时，这是连很多美国学者都可望而不可即的。

1949 年 10 月，徐光宪在美国听到中华人民共和国成立的消息非常兴奋，开国大典让他们这些海外学子十分欣喜。一些思想进步的中国留学生出于热爱祖国的感情，自发地在宿舍举行了庆祝活动。

1950 年 6 月，朝鲜战争爆发。著名科学家钱学森回国受阻。美国政府不许中国留美学生回国，要求他们全体放弃中国国籍、加入美国国籍。这种形势激发了徐光宪的回国愿望。他意识到，不抓紧回国就有可能被迫留在美国，而这与他留学的初衷相违背，学成回国、报效祖国的

▲ 1949 年，徐光宪与夫人高小霞在美国哥伦比亚大学留影

初心不可动摇。

当时，高小霞还没有完成博士学业。“科学没有国界，但科学家有自己的祖国”，这个想法早已牢牢印刻在这对夫妻的脑海。1951 年 4 月 15 日，徐光宪与高小霞以归国华侨探亲的名义获得签证，成功登上了戈登将军号邮轮，踏上回国之路。这是美国禁止中国留美学生归国法案正式生效前，驶往中国的倒数第三艘邮轮。

经之前同在哥伦比亚大学求学的好友唐敖庆介绍，徐光宪、高小霞一起来到北京大学化学系从事教学工作，这一教就是 50 多年。刚刚回到北京时，新中国一穷二白。他们心里很明白，放弃国外的优越生活条件，就是为了在新中国的版图上画出最美最好的图画，祖国的富强要靠大家去建设。在这种思想支配下，他们充满激情，与新改组的化学系一班人团结一致、群策群力，一门心思搞好教学，向学生们传授国外前沿的化学科技知识，尽快培养出国家急需的化工人才。

徐光宪在教授核物理导论、物理化学等课程时，注重理论的演变与推导，更强调理论与实际的结合，用化学理论解决面临的或有可能面临的工程问题。由他编写的《物质结构》一书，曾获得国家优秀教材特等奖。在很长一段时间里，这本书一直是这门课全国仅有的一本统编教材，也是唯一的一本该领域基础教学参考范本，因而影响了几代人。徐光宪为新中国培养了一批专攻放射化学的人才。他根据国家需要的化工发展趋势，及时调整教学内容，有目标地为学生传授实用而有发展前景的理论知识。他先后致力于量子化学、放射化学、萃取化学、配位化学等多个方向的研究。每次国家需要他转行时，徐光宪都毫无怨言地在新领域开辟新课题、获取新成果，比如轰动世界的稀土萃取。

中国稀土在国际扬眉吐气

稀土（Rare Earth）这个词是由来已久、流传下来的名称。单从英文词面上讲，Rare这个单词翻译过来，意思是稀少的、稀罕的。实际上，稀土元素是元素周期表中的镧系元素和钪、钇共17种金属元素的总称。稀土元素自18世纪末叶开始逐步被认识发现后，人们常把不溶于水的固体氧化物称为土，而这种土一般是以氧化物状态分离出来的，由于很稀少，因而被称为稀土。稀土之所以珍贵，是因为储量稀少、不可再生，而且，分离提纯和加工难度非常大。但稀土金属的应用极为广泛，从工业到农业，从太空到海洋，从科技到人们日常生活，应用于电子、石油化工、冶金、机械、能源、轻工、环境保护、农业等领域。可以说，稀土金属无处不在。比如，钢的冶炼过程中加入一定的稀土金属，能起到精炼、脱硫、中和低熔点有害杂质的作用，并可以改善钢的材料性能。

在普通人眼里，稀土是神奇的化学物质；对国家而言，稀土是“工业维生素”、重要的战略资源。从稀土资源引起世界关注那时起，就公认中国已探明的稀土储量位列世界第一。然而，稀土的分离技术、生产工艺一直被国外少数厂商把控，成为一种高度机密的垄断技术。中国虽然拥有世界上最多的稀土资源，但由于缺乏提炼技术而长期受制于人，不得不低价出口稀土精矿与混合稀土，再以几十倍甚至几百倍的价格购进深加工后的稀土产品。

1972年，徐光宪所在的北京大学化学系接受了一项特殊任务，对稀土元素中性质最为相近的镨元素和钕元素实施高纯度分离。镨元素作为用量较大的稀土元素，很大一部分是以混合稀土的形式被利用。而伴随着镨元素的诞生，钕元素也应运而生。钕元素的到来活跃了稀土领域，在稀土领域中扮演着重要角色，并且左右着稀土市场，为稀土高科技领域注入了新的生机与活力。内行人深知，高纯度分离镨元素和钕元素是一场革命性的挑战，这是前人没有做过的事情，内行人非常明白这种相近元素高纯度分离的难度。北京大学把这项特殊任务交给了年过半百的徐光宪。

徐光宪最早的研究领域是量子化学，1951 年回国后，根据国家需要，很快转移到配位化学。后来，放射化学急需攻关，他毫不犹豫，立即转入放射化学。国家需要攻克稀土化学难关，他又一次“半路出家”，踏入稀土研究王国。对于第三次改变自己的研究方向，徐光宪自有他的理念，那就是：“科学研究应该时刻关注国家目标。”

在研究稀土提纯问题时，徐光宪发现，镨元素和钕元素比孪生兄弟还要像，分离难度比预想的难得多。徐光宪说：“中国是世界上最大的稀土储量国。我看到由于我们技术落后，不具备加工生产条件，长期廉价出口稀土初级原料，再天价买回人家加工提纯后的产品，心里极其不舒服。我们不能失去信心。困难肯定有，但国家需要，再难，我们也要攻克它。”

通过研究分析，徐光宪发现，国外先进国家的化学界也并没有完全解决镨与钕的分离技术和手段问题。他认为，法国罗地亚化工厂虽然能够使用萃取法分离稀土，但分离镨和钕还是用离子交换这种传统方法。徐光宪指出，离子交换法不仅生产速度慢，而且成本高，不利于规模化的工业量产。于是，徐光宪提出采用萃取法分离镨和钕。“别人能做出来，我们为什么不能？别人做不出来，我们也要做出来。”徐光宪组织好团队，率先大胆挑战稀土化学这一国际性难题。

徐光宪强调：“我们做科研工作的要树立一个信念，就是立足于基础研究，着眼于国家目标，不轻易盲目跟着外国人跑，要从传统的圈子里走出自己的创新之路。”从理论上讲，萃取技术并不复杂，但要达到高纯度的技术指标要求，则要经过成百上千次的萃取分离，将每次萃取分离获得的结果串联起来，最终实现 99%以上高纯度的稀土分离成果。徐光宪深知，这种串级萃取的工艺过程极为烦琐，要真正生产出理想的产品有相当的难度。但他循序渐进，首先突破了串级萃取的理论难关，然后挑战更艰巨的将串级萃取理论应用于规模化量产。

徐光宪说："理论研究只是开辟创新之路的基石。我们不仅要根据原料找到相应合适的工艺，更重要的是发现工艺与理论相结合的依据。"大家觉得，为了找到工艺与理论相结合的依据，徐光宪已经进入走火入魔的境地。很长一段时间里，他沉默寡言、苦思冥想，放弃了节假日，没有周末，每周的工作时间都超过 80 个小时。工厂和实验室的同事开玩笑说，我们跟着徐老师，白天是体力劳动者，晚上是脑力劳动者。

功夫不负有心人。在此基础上，徐光宪和他的团队提取了包含 100 多个公式的数学模型，创建了"稀土萃取分离工艺一步放大"技术，使原本非常烦琐复杂的稀土生产工艺"傻瓜化"，免除了费时费力的"摇漏斗"步骤，可以直接应用到实际生产中。徐光宪终于找到了串级萃取理论与实际生产相结合的规律，根据恒定混合萃取比规律建立的串级萃取理论最终得到广泛确认。徐光宪领导开创的萃取方法简单说就是，这边放入稀土原料，另一边就可以源源不断地送出各种高纯度稀土元素。这项世界级难题被徐光宪一举攻克。

串级萃取理论的成功应用，令徐光宪心旷神怡。他首先开办了串级萃取讲习班，要把这项科研成果在全国的稀土工厂快速、无偿推广、应用。正是徐光宪这种急国家所需、解国家所难的爱国主义情怀，中国很快实现了由稀土资源大国向稀土生产大国、出口大国的飞跃，中国的高纯度稀土在国际市场崭露头角。

从 20 世纪 90 年代初开始，我国大量出口单一高纯度稀土，由此，国际稀土价格在原来的基础上下降了大约四分之一。国外的许多稀土生产工厂由于仍然使用传统的生产方法，生产成本和产量停留在原来的位

▲ 徐光宪使中国稀土在国际扬眉吐气

置。这些生产厂家在价格随行就市的影响下，不得不开始减产甚至停产。徐光宪开创的稀土萃取“流水线”的成功应用，改变了国际稀土产业的格局，国际稀土业把这一巨大变化称为“中国冲击”。这种冲击使国际稀土业对中国刮目相看，也使中国人在国际稀土业扬眉吐气。法国、美国和日本等国际稀土生产者随即退出了垄断者的历史舞台。

2009 年 1 月，徐光宪荣获 2008 年度国家最高科学技术奖。

教书育人桃李满天下

徐光宪在北京大学任教的 50 多年里感到十分幸福，也非常开心，因为北大有一批又一批聪明勤奋、求知若渴的好学生，为他们传授知识，使他感到是一种积极的作用。令徐光宪欣慰的是，他的不少学生早已成为化学界的知名学者。几代学生都以“先生”来称呼他，对他的师德、学术造诣推崇有加：“先生不论是上课还是在实验室做研究，都对我们很和蔼、很平易近人，使我们这些接近他的学生敢于大胆提出自己的见解和意见。所提的意见一旦合理，先生必会采纳，这是我们做学生的最开心的时候"，"我因为请病假被扣工资，又需要自费买药。先生就亲自送来他的工资，要我用来治病"，"先生在'文化大革命'中自身难保，却在学生挨批时挺身而出，向造反派力保他们绝不可能是特务"。

徐光宪一生致力于科学研究和教育事业，无论是在科学研究方面还是在人才培养方面，都取得了卓越成就。他的研究涉及无机化学、物理化学、配位化学、量子化学、萃取化学、稀土化学等多个领域，内容十分广泛，在这些领域都作出了杰出的贡献。

徐光宪学术造诣深厚，在学术界名声远播。他曾在北京大学原子能系、稀土化学研究中心先后担任副主任、主任等职务，同时，是国务院学位委员会理科评议组成员、国家自然科学奖励委员会委员、中国稀土学会副理事长、中国化学会第22届理事会理事长、亚洲化学联合会主席、中国自然辩证法研究会化学化工专业委员会副主任、《国际量子化学》杂志顾问编委、《镧系和锕系研究》杂志顾问编委以及国际稀土会议执行委员会委员。在担任这些兼职过程中，他一直信守一条处世原则，那就是"己所不欲，勿施于人"。他把这一原则比作是"牛顿第三定律"，即作用力等于反作用力。他经常说："你怎样对别人，别人也会怎样对你。"所以，在做事前不要单纯站在自己的立场，而一定要站在对方的立场，设身处地考虑问题。

1957年，国家急需原子能科学技术方面的人才来填补空白，北京大学在短时间内培养这方面人才是义不容辞的。这对于当时在北大化学系任教的徐光宪来说，是一个巨大的挑战。他在并不熟悉原子能化学的情况下，毅然担任专项工作负责人，日夜备课、充分准备，仅仅用了两个月的时间，就研究出比较成熟的放射化学、核物理导论等课程的讲授方案。

徐光宪十分关心青年学者的研究工作，特别注意让青年教师、研究生及时了解最新的研究前沿动态。1959 年前后，配位场理论在无机化学中的应用走上了国际舞台，萃取化学研究也逐渐拉开序幕。他及时抓住这个机遇，在技术物理系给青年教师和研究生开设了配位场理论与萃取机理等课程，帮助青年人打开了知识天窗。打倒“四人帮”以后，中国科技界逐渐开始重视基础研究。当时，量子化学已经发展了十几年，在化学各分支学科也得到广泛应用。因此，徐光宪毅然开设了量子化学、分子光谱、高等无机化学等课程，教学任务一刻也没有停歇。徐光宪 76 岁时依然亲临教学第一线，站在讲台上授课。学生们评价：听他的课，不仅内容丰富，而且深受启发，主要是能够清楚地理解化学现象与微观本质以及它们之间的内在联系。

徐光宪与夫人高小霞在 1980 年同时被评为中国科学院学部委员。他们夫妻俩几十年如一日，共同辛勤耕耘科技教育，事业上共勉、生活上互助，在北大乃至科技界有口皆碑。徐光宪荣获 2008 年度国家最高

▲ 20 世纪 80 年代，徐光宪与学生们讨论学术问题

科学技术奖时说，这项荣誉是集体的努力，是团队的成果。为此，他表示，获得奖金理所当然应当用于团队的科研项目。同时，他想到了相知相伴 60 多年、感情笃深的夫人高小霞。徐光宪动情地说："当年新中国成立后，我们决意冲破美国的限制回到祖国。夫人毅然决然和我一起回国效力，毫不含糊地放弃了在美继续深造攻博的机会。现在，我获得了国家最高科学技术奖，这与夫人是分不开的。"

他把所获首届何梁何利基金科学与技术进步奖和科学与技术成就奖的奖金，在北大化学院设立了霞光奖学金，每年资助 8 个努力学习而家境贫寒的学生。"霞光"这一名称是徐光宪提出的，取自徐光宪、高小霞院士伉俪名字中的各一字。徐光宪特别强调，设立霞光奖学金是对高小霞的追思，也是为了完成高小霞生前未尽的夙愿。

徐光宪十分重视教材的编写工作，他认为，这是学生学好一门课程最重要、最直接的工具。他以自己在北京大学任教时总结的物质结构讲义为基础，后期根据科技前沿动态进行修改和补充，编写成《物质结构》这本教材，由教育部规定为全国统编教材。后来，为了更好适应工科、师范类高等院校的教学需要，他又组织编写了《物质结构简明教程》。这些教材结构合理，内容丰富，各种基本概念的表述准确、深刻，深受教师和学生的喜爱。

徐光宪致力于教学和教材编写工作，开设了许多经典的课程，特别是他能根据不同类型学生的特点因材施教。几十年间，他教的学生遍布天下，可谓是名副其实的"桃李满天下"。

徐光宪退出工作岗位后，一直过着退而不休的充实生活，除了撰写专著《知识系统分类学》外，还担任国家组织的化学领域学习活动的顾问，出席推动科技进步的各种活动，一直不停歇地自觉发挥着自己的作用。

他给年轻人寄语：要时刻牢记自己的社会使命，肩负起属于自己的社会责任，为祖国作贡献。未来是属于你们这一代人的，一定要努力奋发图强。

徐光宪在 95 岁那一年因病去世。为他送行的挽联上写道："霞光普照育博雅英才成国家栋梁，睿思深革解稀土沉疴道自然玄机"，表达了人们对这位为化学事业奋斗一生的世纪老人的深切怀念。

（作者：吴培熠、王建蒙）

谷超豪

学用数学以报国

谷超豪（1926 年 5 月 15 日—2012 年 6 月 24 日），中国科学院院士，享有国际盛誉的数学家。

他在规范场数学结构、非线性双曲型方程组和混合型偏微分方程的研究、经典规范场等领域的研究成果显著。他多次因国家需要改变研究方向，用自己热爱的数学报效祖国。

谷超豪说："人谓数无味，我道味无穷。"

▲ 著名数学家谷超豪

革命少年，矢志报国

谷超豪出生于浙江温州，家境殷实，5 岁被送入私塾开始习字，7 岁就读于温州瓯江小学，11 岁考入温州联立中学，第二年转入温州中学初中部。当时，全民族抗战已经爆发，中华民族到了最危险的时刻。温州中学的爱国学子们纷纷投入到抗日救亡运动之中。谷超豪的大哥谷超英，身为温州中学高中部学生，是学校地下党组织的创建者之一。受谷超英引导和启发，谷超豪阅读了大量进步书籍，开始信仰共产主义并积极参与爱国救亡运动。他秘密参加了温州中学地下党组织领导的读书会，利用年龄小不引人注目这一优势，为高年级的进步同学们传递会议资料、站岗放哨；他还加入温州中学抗日宣传队，离开城市到艰苦的农村宣传抗日救国思想，以唤起民众。

1940 年，年仅 14 岁的中学生谷超豪加入了中国共产党。在党组织

▲ 1947 年，浙江大学学生自治会理事合影，第二排右二为谷超豪

的领导下，他更加积极地投身革命之中。根据党的指示，谷超豪和同学们利用夜幕做掩护，在温州城里散发革命传单、张贴革命标语，宣传中国共产党的抗日救国主张。白色恐怖时期，谷超豪受党的委派在温州大罗山开展地下工作，宣传进步思想。敌人追捕时，他凭借老乡的帮助，隐藏在乡亲家里得以逃脱。

自古英雄出少年。经过艰苦斗争的磨炼，谷超豪成为一名优秀的少年共产党人。他一生都以共产党员的标准严格要求自己。谷超豪多次调整自己的研究方向，从微分几何到偏微分方程，从偏微分方程再到数学物理。而不变的是他的学术研究始终与国家需求紧密相连，并且在各领域都成就斐然。

诗人才情，夫妻院士

谷超豪不仅具有数学天赋，还兼具诗人的浪漫情怀。他国学功底深厚，擅长作诗，学术研究之余有诗相伴——“学海茫茫欲何之，惜阴岂止少年时。秉烛求索不觉晚，折得奇花三两枝。”“谁言花甲是老人，孜孜学数犹童心。更言巧荆喜硕果，夜阑求索乐知新。”

数学是他创作的诗词中的常客：“晴空灿烂霞掩日，碧海苍茫水映天。人生几何学几何，不学庄生怡无边。”即便看见了秀美的景色，他也能联想到喜爱的数学，并用诗歌来表达自己的感悟，抒发心中的感慨。数学是严谨的、抽象的，而诗歌是浪漫的、抒情的。常人视数学距诗歌甚远，谷超豪却认为填词赋诗不仅能够丰富生活、愉悦心情、陶冶性情，更有益于数学思维的发展。诗词与数学有惊人的相似之处。诗词讲究按照字音的平仄和字义的虚实做成对偶语句，即对仗，而数学中也存在着对称性，二者都具有令人赏心悦目的美感。谷超豪将数学融入诗词，既描绘了数学之美，也使诗词变得别有风味。他也因此被誉为“红色诗人数学家”。

▲ 谷超豪、胡和生夫妇

谷超豪的夫人胡和生是第一位走上国际数学大会讲台的中国女性数学家。他们两人不仅是生活上的伴侣，更是学术上的知音，相濡以沫50余年。谷超豪一生致力于数学研究，曾戏称人生像一道多元方程。他同胡和生就是一道二元一次方程，他是 x，她是 y。与谷超豪一样，胡和生也是中国科学院院士。1991年，胡和生当选中国科学院学部委员时，谷超豪激动地写下了一首诗——《贺和生》:“苦读寒窗夜，挑灯黎明前。几何得真传，物理试新篇。红妆不须理，秀色天然妍。学苑有令名，共庆艳阳天。”诗刚念完，胡和生的眼泪就流出来了。谷超豪用他的诗，深情地表达了对胡和生的爱慕与祝贺。

对生活的热爱、对数学的痴迷，使谷超豪的诗词独具风格。他一生共写作诗词42首，收录在《奋斗的历程：谷超豪文选》中。

痴情数学，展现才华

谷超豪从小就痴迷数学。别人眼中看似枯燥乏味的数学，却让年幼的他感受到无穷的奥秘：1除以3等于0.333……原来是一个可以无限循环的小数；0.999……居然等于1！他认为，数学之中存在无限的想象。

这种对无限循环小数的遐想，一直印在谷超豪心里。直至多年后，他以此为起点，写了一本从循环小数说起的科普读物——《谈谈数学中的无限》。

1943 年，谷超豪就读于浙江大学理学院数学系。大学期间，面对残酷的对敌斗争，他依然积极参加革命活动，因此，他只能靠挤出来的时间进行学习与研究。后来，战争结束了，他对时间分秒必争的习惯却保留了下来。谷超豪与胡和生都是数学家，工作繁忙。为了可以有更多的时间投入学术研究，他们尽可能在生活上节约用时：炒菜时，先煮菜、后洗碗，洗碗的时间就被节省下来了；头发长了就互相修剪，节省了去理发店排队的时间。就这样，他们不断地对工作时间做“加法”、对生活时间做“减法”。谷超豪就是凭这种挤时间的精神，如饥似渴地学习了数学系开设的众多基础课程，为他以后从事的研究工作打下扎实的理论功底。

1947 年，读大学四年级的谷超豪遇到了人生中的两位恩师——我国著名数学家苏步青和陈建功。因成绩优异、科研能力强，他被获准同时参加苏步青指导的微分几何专题讨论班和陈建功指导的函数论专题讨论班。在讨论班学习期间，谷超豪得到了两位大师的偏爱，他们总是指导谷超豪去研究那些更深难的内容。为了不辜负两位恩师的厚爱，谷超豪勤于思考、刻苦钻研，面对困难敢于拼搏，这也为他后来精彩的数学人生奠定了坚实基础。

在陈建功指导下，谷超豪展示了他的数学天分，与老师们合作撰写了他的第一篇学术论文《拉普拉斯积分的一致收敛横坐标》，并发表于国际著名的《伦敦数学会杂志》。

经苏步青指点，谷超豪对微分几何的 K 展开空间理论进行了系统研究，并撰写了《K 展开空间新方法》《隐函数方程式表示下的 K 展开空间理论》等多篇论文，研究成果在 20 世纪 50 年代受到国际数学界瞩

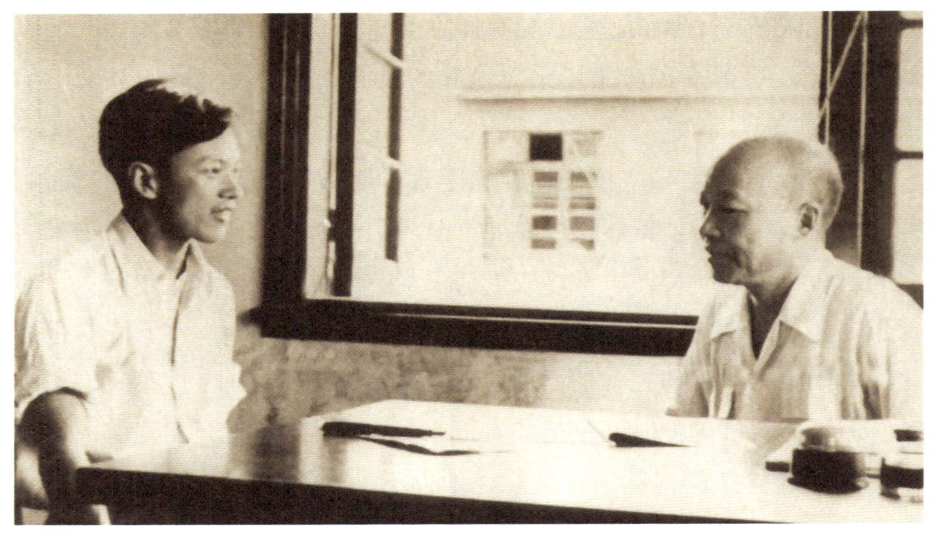

▲ 1957 年，赴苏联留学前夕，谷超豪（左）向苏步青请教数学问题

目。随后几年，他陆续承担了多个课题的研究，发表文章数十篇，年仅 30 岁就被评为副教授。年轻的谷超豪在微分几何研究方向上初展才华。

而就在这个时期，一直以党和国家的需要作为科学研究动力的谷超豪迎来了学术生命中的一次转折。1957 年 10 月，苏联成功发射国际上第一颗人造地球卫星，举世瞩目。1958 年 5 月，毛泽东在中共八大二次会议上说："苏联人造卫星上天，我们也要搞人造卫星，要搞就搞得大一点。"要进行国防建设就离不开对数学和物理学的研究，而偏微分方程的理论与应用在其中起着至关重要的作用。此时的谷超豪正在苏联莫斯科大学力学数学系进修，恩师苏步青曾嘱咐过他："不要局限于微分几何，要跨出去投入到偏微分方程的研究之中。"在苏联留学的谷超豪开始有意识地学习偏微分方程。

谷超豪非常珍惜来苏联留学的机会，在莫斯科大学学习期间，他再次展现了超强的学习能力和拼搏精神：同时参加两个不同研究方向的微分几何讨论班；同时学习多门课程；主修微分几何，兼修偏微分方程理论；每天工作近 12 个小时……1959 年，在导师拉舍夫斯基教授的建议下，谷超豪申请参加博士学位论文答辩。同年 6 月，他被授予莫斯科大学物理数学科学博士学位。当时，中国先后有近万名留学生被外派进行学习，其中只有寥寥数人获取苏联博士学位，谷超豪就是其中之一。

一个月后，谷超豪回国并于复旦大学任教。他在教学中推广数学物理课程，在培养年轻力量的同时，组建了偏微分方程的研究团队，开辟了具有自己特色的偏微分方程研究道路。谷超豪带领的这支团队的主要研究方向是非线性双曲型方程组和混合型偏微分方程，他们的研究内容注重数学与物理学相结合，所得结论成为实践操作的重要依据。谷超豪撰写的论文《双曲型方程组的一个边界问题和它的应用》，解决了超音速气流绕机翼流动的数学问题。他还在《正对称型偏微分方程组的可微分解》《论多维空间的一类混合型方程》等多篇论文里，介绍了通过正对称理论来解决混合型方程的问题，取得开拓性成果，处于国际领先地

▲ 1959 年，谷超豪在苏联莫斯科大学与指导教师拉舍夫斯基教授（右）、拉普切夫教授合影

位，赢得国际数学界的高度评价。谷超豪科研团队培养的很多成员，后来都成为我国数学物理研究方向的中坚力量。

1974 年，著名物理学家、诺贝尔物理学奖获得者杨振宁提出要与谷超豪合作。至此，数学和物理学的两位大师在上海相遇并携手研究。谷超豪开始研究规范场涉及的数学问题，与杨振宁合作在《中国科学》杂志上发表论文《规范场理论的若干问题》。除了对规范场理论进行系统研究外，谷超豪还研究了孤立子理论等问题，开拓了数学物理领域的新的研究方向，深厚的数学和物理学功底，使他“多变”的才华得以展现。

谷超豪一生遨游于数学世界，在微分几何方程、偏微分方程和数学物理方程方面均取得了卓越成就，共发表研究论文 100 多篇，并出版了《数学物理方程》等多部著作。他用“方程”书写了辉煌的数学人生。

教书育人，桃李芬芳

谷超豪不仅是一位才华横溢的数学家，更是一位卓越的教育家。他培养了众多数学领域的人才，其中有 6 人为中国科学院院士、3 人为中国工程院院士。

从教 60 余年，谷超豪教书育人，孜孜不倦，对每个学生都严格要求，因材施教，耐心指导，倾注了大量心血。我国著名的大气动力学家、中国科学院院士穆穆是谷超豪的得意弟子。当年，穆穆是一名在数学和物理学领域都十分有天赋的博士生，谷超豪为他选择了数学与大气物理学相交叉的内容作为研究课题。穆穆进行博士学位论文毕业答辩时，谷超豪虽然肯定了他的研究成果，却要求他推迟半年毕业，进行更透彻的研究、学习，正所谓严师出高徒。

中国科学院院士李大潜也是谷超豪最得意的弟子之一。他读本科三年级时，在谷超豪指导下，撰写了第一篇论文。当时，谷超豪正在北京参加会议，百忙之中只能利用休息时间阅读李大潜的论文。虽然如此，谷超豪还是对论文作了详细修改，写下了密密麻麻的批注。谷超豪言传身教，他对学术的严谨态度深深影响着学生们。

除了注重对专业人才的培养，谷超豪也十分关注培养高中生。1965年，他撰写并出版了图书《最大值和最小值》，主要讨论函数的极值问题及其实际应用。书中介绍了求解函数极值问题的三种方法：应用线性代数方程组的知识求解、数学分析的方法、几何与物理的方法。这本书从当时社会上常见的生产问题谈起，从实际问题出发，突出了学习数学的重要性和应用意义。《最大值和最小值》这本书不仅可以作为面向大众群体的数学科普读物，解决当时人们遇到的实际生活、生产问题；还可以作为高中课程与大学课程的衔接书籍，激发高中生对基础数学的学习兴趣与探索意愿。1988年，他又撰写了《谈谈数学中的无限》一书，引导那些与他一样对无限概念产生兴趣的中学生进行学习。该书引言中写道："希望通过这些内容，使同学们对高等数学也能发生兴趣……我感到，学数学不仅仅是学习解题的技巧，会多解难题（这当然是必要的），而且也需要有丰富而严密的思维和想象的能力。"2017年，新版《普通高中数学课程标准》正式颁布。它指出，学生应在数学学习和应用过程中逐步形成并发展数

▲ 谷超豪在课堂上

学学科核心素养。而谷超豪的教育观念正与此理念相吻合，由此可见这位数学教育家的超前睿智。

先生之风，山高水长

谷超豪少年时期就参加革命，对党的事业无限忠诚；“文化大革命”期间虽受到不公正待遇，但仍保持初心不改。他的科研方向始终与国家需要相连，表现了老一辈科学家的强烈责任感及爱国之情。谷超豪从事数学研究60余载，在基础数学研究和数学的应用领域均取得卓越成就，国内外享有盛名，并荣获2009年度国家最高科学技术奖。

谷超豪曾经担任复旦大学教授、副校长，中国科学技术大学校长，一生从事偏微分方程、微分几何、数学物理等方面的研究和教学工作，在一般空间微分几何学、齐性黎曼空间、无限维变换拟群、双曲型与混合型偏微分方程、规范场理论、调和映照和孤立子理论等方面取得了系统性的重要成果。特别是首次提出了高维、高阶混合型方程的系统理论，在超音速绕流的数学问题、规范场的数学结构、波映照和高维时空的孤立子等研究中实现了重要突破。然而，这位在数学界享有盛誉、颇有造诣的顶尖数学家，对于自己在数学领域的贡献十分淡然。谷超豪十分欣赏“数学是科学的仆人”

▲ 谷超豪在国内外享有盛名

这一观点，并痴迷于用数学来解说或解答各门学科中的重要问题。

2009 年 8 月 6 日，一颗国际编号为 171448 的小行星被命名为“谷超豪星”，作为对谷超豪这位著名数学家的褒奖。

谷超豪 86 岁时，因病医治无效，永远离开了他钟爱的数学研究和教育事业。仰望星空，人们仿佛看见那颗明亮的“谷超豪星”，指引着数学后辈学者不断前进。

（作者：周广刚、韩　琰、杨　燕）

孙家栋

追星逐月布北斗

孙家栋（1929 年 4 月 8 日—　），“共和国勋章”获得者，“两弹一星”功勋科学家，中国科学院院士，著名航天技术专家、航天战略科学家。

他是中国第一枚导弹总体、第一颗人造地球卫星、第一颗返回式卫星的技术总负责人，中国通信卫星工程首任总设计师，中国地球同步轨道气象卫星工程总设计师，中国探月工程首任总设计师，中国北斗卫星

▲ 中国航天“大总师”孙家栋

导航系统工程首任总设计师，亲历、见证了中国航天事业从起步到目前为止发展的全过程。

孙家栋说："爱国，对我们航天人来说就是爱航天，爱航天就要把航天的事业办成。"

苦读书，获金奖，中国导弹飞上天

1929 年，孙家栋出生于辽宁省盖县，先后毕业于哈尔滨工业大学和苏联茹科夫斯基空军工程学院。1951 年 7 月，他以优异的考试成绩和在空军第四航空学校的业绩，作为从 300 多名优秀年轻军人选拔出的 30 人之一，获准前往苏联茹科夫斯基空军工程学院学习飞机设计专业，开始了留学生涯。知识如大海，学习似海绵。孙家栋面对大海一样浩瀚的知识宝库，就像一块永远吸不满水的海绵，不知疲倦地刻苦用功。茹科夫斯基空军工程学院有一个激励学生的传统做法，就是把每年终考获全优成绩学生的照片放入学院大门口的"明星榜"；如果年年都能保持全优，照片就会像登宝塔一样逐年上升，而且一年比一年大；等照片上升到宝塔尖，就可以荣获苏联最高苏维埃主席团颁发的纯金质"斯大林奖章"。1958 年 3 月 10 日，孙家栋带着这枚金质"斯大林奖章"，谢绝了茹科夫斯基空军工程学院的挽留，回到久别的祖国。

孙家栋归来之时，正值新中国导弹事业被列入国家重点工程发展计划之际。1956 年 10 月 8 日，中国航天事业最早的火箭和导弹研究机构——国防部第五研究院正式宣布成立，著名科学家钱学森为首任院长。孙家栋来到这里，从此踏上了中国航天的创业之路。

孙家栋一来到导弹总体设计部，立即加入 P-2 导弹的仿制和改型设计研究行列，凭着在苏联留学时掌握的扎实理论知识，很快就初露头角。1960 年 8 月，他被任命为导弹型号总体设计室主任，随"东风一号"

▲ 从苏联留学归国的孙家栋

导弹试验队秘密开赴酒泉发射基地执行导弹发射任务。11 月 5 日，中国第一枚仿制的近程地地导弹发射获得圆满成功。

1966 年 10 月 27 日 9 时整，中国用改型的中近程地地导弹，运载着真正的核弹头在发射场实施发射。当导弹在轰鸣声中喷射着烈焰拔地而起，将核弹头准确送入目标落区后，中国人的科学技术自信和中华民族的国际地位陡然而升。

时光飞逝，孙家栋回国后在国防部五院总体设计部从事导弹研究工作度过了 9 年时间。这期间，中国导弹从无到有、从弱到强，大长了中国人的志气。在 3000 多个日日夜夜里，研究室—导弹总装试验现场—地处西北大漠的导弹发射场，孙家栋三点一线、无缝奔波。繁忙的工作，使他全然没有感到时光如此之快。

造导弹，搞卫星，国家需要为己任

正当孙家栋铁了心一辈子就干导弹和火箭之时，1967 年 7 月 29 日午后，他正在伏案审核导弹设计图纸，一位身穿军装的解放军同志来到他面前："你好，孙家栋同志。上级派我来向你传达工作调动的通知。国家为了加快人造地球卫星工程的实施，决定组建空间技术研究院，由钱学森同志兼任院长，专门负责人造地球卫星的研究和发展。钱学森院长向聂荣臻同志推荐了你。上级决定调你到新组建的空间技术研究院工作，要求你现在就上任，负责我国第一颗人造地球卫星的总体设计工作。你手头的工作回头再安排交接。”孙家栋没有也不容他有任何犹豫，因为他很明白，要以国家需要为己任。

孙家栋上任伊始，立即着手按照卫星“上得去、抓得住、听得清、看得见”的十二字总体要求，从实现工程目标的科学思路出发，大刀阔斧地重新制定了“东方红一号”卫星的总体技术方案和研制任务书。

1969 年 10 月下旬的一天晚上，孙家栋同钱学森一起来到北京人民大会堂，向中央领导同志汇报卫星研制情况。周恩来总理对钱学森和孙家栋的汇报听得很认真，还不时提出一些问题，尤其是对卫星上每一个环节的质量和保障措施问得很详细。这时，孙家栋斗胆向周恩来提出一个与政治有重要关联的问题：“还有一个问题，不知该不该在这里汇报，就是关于卫星仪器设备上的毛主席像章。”

周恩来和其他中央领导同志的眼睛一起盯着孙家栋，参加会议的技术人员们也紧张起来。

周恩来说：“毛主席像章？毛主席像章与卫星设备仪器有什么关联？孙家栋同志，你可以大胆讲。”

孙家栋语气平静而坚定地说：“大家出于对毛主席的热爱，在卫星各个单元的仪器外壳上都装了金属毛主席像章。从政治感情上讲，是很容易理解的，但从技术角度讲，一是超重，二是影响散热。至于卫星上天后会产生什么影响，目前还不清楚，也没有条件试验确认。”

孙家栋提出的问题显然引起了周恩来的重视。他的话音刚落，周恩来便说：“大家对毛主席无限热爱是可以理解的，但不能把政治挂帅庸俗化。搞卫星一定要讲科学，要有科学态度。这个人民大会堂也没有到处挂毛主席像嘛。你们回去后把道理给大家讲清楚，我想就不会有什么问题。”

周恩来的话使孙家栋豁然开朗，心中如一块沉重的石头落了地，这

▲ 2010 年 4 月 23 日，在中国航天科技集团公司纪念“东方红一号”卫星发射成功四十周年座谈会上，孙家栋与闵桂荣（右）、戚发轫合影

个棘手的难题迎刃而解。

1970 年 4 月 24 日 21 时 35 分，发射指挥员一声“点火”口令，“长征一号”运载火箭托举着“东方红一号”卫星，在发动机震耳欲聋的轰鸣声中腾空而起、直刺苍穹。15 分钟后，传来“星箭分离，卫星入轨”的喜讯。

中国第一颗人造地球卫星“东方红一号”发射成功了！《东方红》的乐曲环绕太空、响彻全球！

停发射，调高度，个人安危全不顾

1965 年，国家将返回式遥感卫星列入发展计划，明确人造地球卫星的发展以应用卫星为主，应用卫星首先完成返回式遥感卫星的研制、发射和应用。

1974 年 11 月 5 日 11 时，无垠茫茫戈壁上的发射塔异常醒目，整装待发的运载火箭和中国第一颗返回式遥感卫星雄伟地矗立在发射台上，卫星发射已经进入倒计时一分钟准备。就在火箭即将点火起飞的瞬间，技术人员发现卫星转内电没有成功。这意味着火箭点火起飞后，运送到太空的卫星将是一个重达两吨、毫无用途的铁疙瘩。在这千钧一发的时刻，异常安静的指挥室里响起孙家栋“停止发射”的一声大喊。要知道，下达这种“停止发射”的命令必须逐级申报，并且绝不该由孙家栋发布。当时，若不是因为孙家栋具有的威望，人们断然不会执行他的这个命令。紧急关头，若不果断决策，一切就都来不及了，但决断这样处置，是需要无畏的胆识，并将要承担巨大风险的！发射程序终止了，火箭没有点火，孙家栋由于神经高度紧张昏厥过去。

1984 年 4 月 8 日，时任“东方红二号”通信卫星总设计师的孙家栋，经过数年奋战迎来了又一次发射。19 时 20 分，“长征三号”运载火箭离开发射台，飞离地球，成功地将试验通信卫星送入地球同步转移轨道。接下来的日子里，地面技术人员对在太空飞速运转的这颗卫星进行监测时发现，卫星在“发高烧”。这如同医生隔洋跨海远距离发现发高烧的病人后进行退烧处理一样，不及时处置将会危及病人的生命。事不宜迟，刻不容缓。孙家栋果断决策，对卫星的太阳照射角进行调整。指令发出后，卫星的温度得到了明显改善，但经过模拟试验发现，卫星的温度仍然超出正常指标。卫星在太空以每秒数公里的速度飞奔，延误片刻便会失去处置机会。又是一个紧张时刻，孙家栋紧盯着数据屏，要求“再调 5 度”。殊不知，执行这个指令，按照正常程序，不仅需要根据精确的数据结果，形成操作文件，按审批权限签字后才能执行。但在这个稍纵即逝的紧要关头，稍许耽搁，卫星就会飞出控制范围，履行各种审批手续已经来不及。人们对这些都很清楚，尽管有录音，但毕竟没有手续。操作人员出于慎重，从记录本上撕下一张纸，草草写下“孙家栋要求再调 5 度”要孙家栋签名。孙家栋毅然拿起笔，签下“孙家栋”三个字。

卫星调整姿态后终于化险为夷，但孙家栋精疲力竭到了极点。他疲乏无力地瘫坐在那里，却面露出内心的喜悦。

从 1974 年中国第一颗返回式卫星发射时不顾一切，果断命令“停止发射”，再到 10 年后又一次发出指令，孙家栋比谁都清楚要承担的风险。但这如同战场上的冲锋，没有丝毫考虑个人得失的余地，战争年代称之为“生死置之度外”；在没有硝烟的卫星发射、测控现场，这种大无畏的行为绝对也是“大义凛然”的英雄表现！

应用星，外国星，群星荟萃逞英豪

1979 年 4 月 18 日，孙家栋被任命为空间技术研究院副院长。同年，第七机械工业部党组任命他为中国第一颗地球静止轨道试验通信卫星的总设计师。

通信卫星具有通信距离远、容量大、覆盖面广、传输质量好、可靠性高和机动性强等许多优点，因此，是当今世界最先进、最有效的通信工具，但通信卫星工程是一个技术复杂、学科繁多、涉及领域很广的系统工程。

1984 年 1 月 29 日，中国第一枚“长征三号”运载火箭载着试验通信卫星从发射台上起飞，向太空冲刺。火箭、卫星、发射场都是第一次执行发射任务，火箭发动机喷射的烈焰震天动地、异常壮观。第一、二级发动机的工作和第三级氢氧发动机的第一次工作都很正常，地面各测量站跟踪良好。但当火箭飞行到 940 秒时，第三级发动机第二次启动后，推力消失。虽然火箭与卫星成功分离，但卫星未能进入预定的地球同步转移轨道。

孙家栋火速赶往西安卫星测控中心，坐镇研究确定补救办法。那天，当卫星围绕地球运行到第 13 圈时，地面向卫星发出遥控指令。太空中，卫星的远地点发动机成功点火，将卫星轨道变为远地点 6480 公里、近地点 358 公里的大椭圆轨道，运行周期得到延长，使一颗无用的卫星变为有效的科学试验卫星，完成了各系统性能测试和通信、广播、彩色电视信号传输试验。

同年 4 月 8 日 19 时许，“长征三号”运载火箭发射成功，试验通信卫星任务终于获得圆满成功。

按照国家的规划，“东方红三号”通信广播卫星工程、“风云二号”地球静止轨道气象卫星工程，以及中国与巴西合作研制的“资源一号”地球资源卫星工程，组成中国新一代应用卫星航天工程并进入实施阶段。孙家栋被任命为统领这三项卫星工程的“总总师”，研制中国应用卫星的重担在孙家栋肩上愈发沉重。

与此同时，中国向国际庄严宣告，中国的运载火箭将承揽外国卫星发射任务。孙家栋受命于关键时刻，毅然挑起了进行中国航天国际合作谈判的重担，在国家改革开放的重要关头，担当起航天“生意人”的角色。

1990 年 4 月 7 日 21 点 30 分，振奋人心的时刻来临了！发射指挥员的“点火”口令，瞬间由发射控制台传向西安、北京、宜宾、贵阳、厦门以及静候在南太平洋的“远望号”航天测量船。“长征三号”运载火箭托举着美国制造的“亚洲一号”通信卫星，以雷霆万钧般的呼啸拔地而起、直刺天穹。山谷被一阵阵隆隆的轰鸣声笼罩，大山折射的回声更增加了火箭轰鸣的雄壮。

21 分钟后，传来“火箭起旋，星箭分离，卫星入轨”的报告，“亚洲一号”通信卫星被准确送入距地球 36897 公里的预定大椭圆轨道。

1992 年 8 月 14 日，“长征二号 E”捆绑式运载火箭在西昌卫星发射中心点火升空，将美国为澳大利亚制造的“澳普图斯”通信卫星准确送入太空预定轨道。

之后，外国制造的“马步海”“亚太一号”“亚太二号”等通信卫星，接连由中国运载火箭发射上天。中国还以一箭双星方式，将美国制造的12颗“铱系统”移动通信卫星和其他卫星送入太空预定轨道。截止到2019年年底，中国共完成48次国际商业卫星发射任务，为29个国家和地区发射了56颗国际商业卫星。

探太空，绕落回，嫦娥奔月梦成真

嫦娥奔月是中国千百年来的梦想。对月球的研究和探测，是包括孙家栋在内的科学家们多年的期盼。“人生七十古来稀”，而75岁的孙家栋被任命为国家月球探测工程总设计师，他以“烈士暮年，壮心不已”表达了对探月工程的激情。

中国的探月工程比美国和俄罗斯晚了40多年，在实施战略上如何

▲ 孙家栋在中国空间技术研究院探月工程会议上

不落伍？如何突出中国航天特色？孙家栋组织论证，确定中国探月工程在技术领先、目标创新前提下，按照“绕”“落”“回”三步走的原则实施。

2007年10月24日18时5分，“长征三号甲”运载火箭携带着“嫦娥一号”探月卫星离开地球，开启了中国的奔月征程。11月7日8时34分，“嫦娥一号”卫星在地面操作人员控制下，成功进入环绕月球南北两极、周期为127分钟的环月运行轨道。这一刻，总设计师孙家栋与总指挥栾恩杰、应用系统首席科学家欧阳自远这鬓发斑白的“三巨头”，紧紧拥抱在一起，现场人员异常感动。而在大家欢呼庆贺时，电视的直播画面里出现了一个被摄影师抢拍到的镜头：孙家栋悄悄走到一个僻静的角落，背过身偷偷地擦眼泪。这位为中国航天事业奋斗了一生的老人，在大家喜悦之时，躲在僻静处偷偷抹眼泪，令人心酸！孙家栋在航天发射试验中遇到了那么多艰难险阻，都未曾掉过眼泪，当时可谓甘苦交加，足以说明中国探月工程取得成功的艰难和不易。

2020年11月24日凌晨，“长征五号”运载火箭携“嫦娥五号”月球探测器由文昌航天发射场离开地球，踏上奔月征程。孙家栋身在北京，心里却难以割舍中国探月工程的最后一搏。这次任务极其艰巨：操作人员在地球上控制38万公里外的探月轨道器落到月面，在月球表面完成月壤采集，离开月球进入环月轨道，在月球轨道实施对接。12月17日凌晨1点59分，“嫦娥五号”返回器携带着月球物品返回地球，成功降落在内蒙古四子王旗预定位置。在返回器平稳降落的那一刻，孙家栋内心的欣喜难以抑制。

2021年2月22日上午，中共中央总书记、国家主席、中央军委主席习近平在北京人民大会堂会见探月工程“嫦娥五号”任务参研参试人员并与代表们合影时，亿万电视观众看到了习近平与坐在身旁的孙家栋谈笑风生的镜头。习近平强调，“嫦娥五号”任务的圆满成功，标志着探月工程“绕”“落”“回”三步走规划圆满收官，是发挥新型举国体制优势攻坚克难取得的又一重大成就。

布北斗，定导航，犹向苍穹寄深情

自从人类起源开始，随着活动范围扩大、行走距离延长，人们对辨别方向、明确所处动态位置日益渴求。导航为人们提供了在哪里（自身位置）、去哪里（目标位置）和怎么去（行动路线）的基本信息。卫星导航定位，是一种使用卫星对物体进行准确定位的技术，向人们提供任意点、任何时、高精度的导航、定位、授时等科学数据。

1994年12月，65岁的孙家栋被任命为北斗导航试验卫星工程总设计师，设计、研制、建设工程随即全面启动。历经6年，2000年，随着第一步计划的顺利完成，这项工程由试验阶段正式转入第二步应用实施阶段。2004年5月，为了确保工程的连续性，75岁的孙家栋继续被任命为北斗第二代导航卫星工程总设计师，他为中国航天事业真正践行着“老骥伏枥，志在千里”。在他的具体组织下，中国只用了短短5年时间，就将16颗北斗卫星布在太空；仅在2012年一年内就连续实施了4次发射，成功地将6颗北斗卫星布于太空，并正式开通亚太地区的区域性运营。

2012年10月25日，是一年内连续发射第六颗北斗导航卫星。孙家栋随着时光飞逝，已进入83岁的暮年。他以这个年龄，竟然在9个月内7次进出西昌卫星发射中心，令所有工程参与者钦佩。在担任北斗导航卫星工程总设计师的18年中，陈旧性腰肌劳损屡屡犯病，剧烈的疼痛常常让他步履艰难；每当劳累过度，他大脑供血不足的毛病就会发作，突然头晕目眩，那种天旋地转的感觉使他坐卧难安。有一段时间，孙家栋的皮肤瘙痒症令他不思饮食、夜不能寐。他在医院使用激素刚刚控制了病情，听到西昌卫星发射中心有情况，不顾医生和秘书的劝说，几次都是拔掉输液针头就赶往机场飞向西昌。

2020 年 6 月 23 日 9 时 43 分，中国在西昌卫星发射中心用“长征三号乙”运载火箭，成功发射北斗系统第 55 颗导航卫星。至此，中国北斗全球卫星导航系统的星座全部部署完毕。航天无止境，北斗显神通。每次发射，孙家栋都捏着一把汗。千军万马一枚箭，众志成城一颗星。当“星箭分离，卫星准确入轨”的报告传入他的耳膜，他悬着的心总算有了着落。从孙家栋担任北斗工程首任总设计师开始，一颗颗北斗卫星发射升空，闪耀苍穹。

2020 年 7 月 31 日上午，北斗闪耀，泽沐八方，“北斗三号”全球卫星导航系统建成暨开通仪式在北京人民大会堂隆重举行。当习近平宣布“北斗三号”全球卫星导航系统正式开通时，孙家栋双眼充满激动的泪水。“北斗三号”全球卫星导航系统全面建成并开通服务，标志着北斗工程“三步走”发展战略全面完成，中国成为世界上第三个拥有独立

▲ 2006 年 10 月 26 日，北斗导航卫星发射成功后，孙家栋与参加发射人员合影

自主全球卫星导航系统的国家。全球已有 120 多个国家和地区成为北斗系统的用户。此时，孙家栋心里最清楚，26 年来，一代代北斗人脚踏实地、仰望星空、矢志不移，终于迎来了这一历史性时刻。

拼事业，淡名利，心系太空不停歇

孙家栋是中国最年轻的“两弹一星”功勋科学家、最年长的卫星工程总设计师，也是活跃在航天战线年龄最大的航天工作者。他一生追星逐月布北斗，为中国航天奋斗、拼搏，堪称爱国、奉献的楷模。

2008 年 7 月 5 日，孙家栋当选为《科学中国人》评选的年度人物。送给孙家栋的颁奖词是：曾经的红衣少年，如今的白发先生，40 载航天岁月谱华章。他与同事们，在茫茫星空中镶嵌了 30 颗中国卫星。如今，他更以儒将之风，挂起探月工程之帅印。同时，他获得年度人物特别奖中的最受公众关注奖。送给孙家栋的颁奖词是：他是“两弹一星”功勋

▲ 孙家栋与本书主编王建蒙亲切交谈

科学家，从“东方红一号”在九天之外向世界宣告古老的民族跨进太空时代起，他就和造“星星”结下了不解之缘。他说，他的心愿就是要造一辈子的中国“星”！

2009 年，是 80 岁的孙家栋最为忙碌的一年。这个“忙碌”是指，他在这一年中参与的活动多、主持的技术会议多、空中飞来飞去工作的内容多。这一年，他主持、参加的卫星发射会、登月战略研究会、火箭技术评审会等重要会议和活动达 50 次。这一年，孙家栋还获得了 2009 年度国家最高科学技术奖和国家科学技术进步奖特等奖。

2018 年 12 月 18 日，在北京人民大会堂隆重召开庆祝改革开放 40 周年大会。航天科技事业创新发展的重要推动者孙家栋，被中共中央、国务院授予“改革先锋”称号，获得“改革先锋”奖章。

2019 年 9 月 29 日，中华人民共和国成立 70 周年前夕，国家勋章和国家荣誉称号颁授仪式在北京人民大会堂隆重举行。中共中央总书记、国家主席、中央军委主席习近平俯身，将“共和国勋章”授予孙家栋。“共和国勋章”，铭记着中国航天不可磨灭的历程，饱含着航天赤子的爱国情怀，憧憬着实现中国航天强国梦想的美好未来。

当记者向孙家栋采访获奖感言时，他发自内心动情地说：“获得这些荣誉，我心情非常激动，也非常荣幸。但我深深感觉到，航天事业是千人、万人大家共同劳动的结果，是在社会主义集中力量办大事的优势下产生的，奖励是对航天事业的肯定。而我自己做的工作很有限，所以感到心里不安。只有感谢各方面对我的支持和培养，也借此机会向共同战斗的同志们表示感谢。”

莫道桑榆晚，为霞尚满天。如今，孙家栋就像太空中的人造地球卫星，继续输出与奉献。他的航天梦无止境、不停歇。

（作者：王建蒙）

师昌绪

做出祖国需要的新材料

师昌绪（1918 年 12 月 17 日—2014 年 11 月 10 日），中国科学院院士、中国工程院院士，著名金属学家、材料科学家，中国高温合金学科奠基人之一。

▲ 著名金属学家、材料科学家师昌绪

他率领团队取得的成果使我国航空发动机的涡轮叶片由锻造到铸造、由实心到空心迈上两个新台阶，使我国成为继美国之后第二个自主开发该关键材料技术的国家。这项成果已大量应用于我国战机的发动机。

师昌绪说："作为一个中国人，就要对中国作出贡献，这是人生的第一要义。"

幼时求学多磨难

师昌绪出生于河北省徐水县城以南10公里的大营村。师姓是该村大姓，在当地很有名望。师昌绪的大伯祖父师义方，是清朝光绪丙子年（1876年）三甲进士，虽考取了功名，但没有出仕为官，仍生活在家中，因办事公道、乐善好施而名闻乡里。1900年，义和团运动打破了华北地区原本平静的生活。八国联军沿京汉铁路南进，来到大营村，并把所有村民集中起来，拷打审问谁是义和团。师义方不愿让乡亲们受苦，主动站出来说："我不是义和团，只是一个骨头还在的中国人！放掉这些无辜的村民，我愿意承认自己是义和团。"师昌绪小时候听到的大伯祖父义救乡亲的故事，在他幼小的心里，深深地埋下了发愤图强的种子。

师昌绪的父辈共有堂兄弟六人。师昌绪出生时，整个大家庭还保持着华北地区家庭聚居的习惯。当时，家里置有几百亩旱田，另有几间杂货铺，生活还算富裕。他的父亲在家中排行老二，曾中过秀才，后在县城教书，写的一手好字。重视读书的传统一直得以保留，师家先后把几个孩子都送到私塾读书。

师昌绪7岁时，在邻村荆塘铺上小学。那里虽然叫作学校，事实上是教室里还有十八罗汉的大庙。学习内容既有现代的语文和算术，也有《论语》之类的古文。二年级时，师昌绪转学到位于徐水县城内的模范小学。这是当时县里最好的小学，对学生的日常要求很高，同时也培养了师昌绪勤奋进取的品质。他升入高小不久，九一八事变爆发的消息传到学校。铁路两侧经常有从东北逃难来的同胞。全体师生悲愤不已，停课下乡宣传抗日。这段经历令师昌绪意识到个人荣辱系于国家安危。

毕业西北工学院

1937 年 7 月，放暑假回家不久的师昌绪，又听到发生卢沟桥事变的消息。他家离北平很近，日军飞机在天上飞来飞去，令人提心吊胆。不久，平津相继失陷，日军又沿平汉铁路向南进犯。在中秋节前一天的晚上，师昌绪一家被迫开始逃难。当时最害怕的是，一旦与日军遭遇，很可能会被抓壮丁。所以，全家最后决定，青壮年男人继续南逃，其他人等待时机返回老家。就这样，原本幸福的大家庭从此天各一方。

19 岁的师昌绪由一个叔叔带领，先到了开封。在这里听到消息说要成立冀察绥平津联合中学，专门收留逃难的学生，他和六哥就去报了名。这里的学习条件非常艰苦，还要经常跑躲避日本飞机轰炸的警报，可师昌绪的学习成绩十分优秀，还担任了班长和军训队队长，带领同学们共渡难关。当时由于生活和卫生条件艰苦，很多同学都患上了痢疾、疟疾等疾病。作为班长的师昌绪不顾被传染的风险，主动照顾两位患病的同学，但因为缺医少药，最后只能眼睁睁看着他们撒手人寰。耳闻目睹国家被列强践踏蹂躏、与家人骨肉分离、与同学阴阳两隔，师昌绪更加坚定地认识到，只有国家的强大，才有国民的幸福。

1941 年春季，师昌绪以全班第二名的成绩从高中毕业，并被保送至位于陕西城固的西北师范学院大学先修班。半年之后，他又以全班第二名的成绩被西南联合大学电机系录取，但苦于没有从陕西赴云南昆明的路费，只能就近考入同样地处城固的西北工学院矿冶系。当时提倡实业救国，开矿炼钢当属实业救国的首选。学习采矿和冶金，将来就能造出好的钢铁、好的武器，国家才能强大起来。

西北工学院是在全民族抗战爆发之后，主要由平津地区内迁办学的北洋工学院、北平大学工学院，以及由河南焦作内迁的焦作工学院组成，设有 9 个系，师生达千余人，是当时学科最齐全的工科院校。特别是焦作工学院，原属英商开办的中福煤矿，在日军到来之前，就将设备、图书和标本等完整地搬了出来，保障了必要的办学条件。有谁能预料到，师昌绪这一选择，让他与冶金打了一辈子交道。

西北工学院位于陕西城固大山深处的古路坝，交通闭塞，物资困乏，仅能维持最基本的学习条件。来此就读的学生很多从沦陷区流亡而来，只能依靠政府发的贷金维持生活。虽然条件艰苦，但学校仍然坚守“公诚勇毅”的校训，教育师生要公正、诚信、勇敢、坚毅，以科学抗敌兴国，发展实业，救亡图存。

师昌绪与同学们一起，珍惜这来之不易的学习机会。白天学习时间有限，夜里尽管没有电灯，仍然点着蜡烛或煤油灯坚持学习。同处一个宿舍的同学，基本分两拨，一拨学到夜里两三点钟再回宿舍，另一拨也基本在这个时间到教室“开早车”，因此，教室整夜都灯火不熄，形成“坝上长夜，七星灯火”的佳话。后来成为清华大学校长的高景德，当时与师昌绪住同一个宿舍，师昌绪喜欢“开夜车”，高景德习惯“开早车”，所以，两人几个星期也见不着面。

经过 4 年艰苦学习，师昌绪的综合能力得到提升，以冶金组第一名的成绩毕业，被分配到资源委员会下辖的綦江电化冶炼厂工作。晚年的

▲ 师昌绪（中）与两个好友在西北工学院

师昌绪仍然对西北工学院的求学经历念念不忘，得知母校要在城固西北工学院办学旧址立碑后，他欣然题写了“国立西北工学院旧址”。

美国学成誓归国

参加工作之后的师昌绪，仍然抓紧时间学习，并考取了赴美留学资格，再一次改写了他的人生轨迹。1948 年，师昌绪进入密苏里大学矿冶学院冶金系。他到来时，该校已经有六七位中国学生。为了节约开支，他与刘天锡合租一间房、同睡一张床。原来只够半年的生活费，经这样一节省，基本上能够用一年了。

历史的见証

上图是美国向世界首次公开报导“中国留学生要求回国”。1954年4月波士頓环球报（Boston Globe）以通栏标题〈在湾区有五个中国留学生要求回到红色中国〉，并附上我们三个人的專訪照片。其餘二人：一位是哈佛化学系的梁晓天；另一位是麻省理工水利系的汪闻韶。

WILLING TO BE SWAPPED FOR YANKS. These three Chinese students at Massachusetts Institute of Technology said yesterday at Cambridge, Mass., that they would willingly go back to their families in China as a swap for Americans held by the Communists. Denied permission to leave this country because the technical knowledge they acquired here might aid the Chinese Communists, they look over their announcement: (left to right) Chang Hsu Shih, Sheng Sen Lin and Hsing Chien Chang.

报中的注释翻译如下：

願與美國佬交換：麻省理工学院的三名中国学生昨天在剑桥告訴记者，为了回家他们願与被共產党扣留的美国人交换。他们因为在美国获了技术知識，可能有助於中国共產党而不允許他们离开美国（图中从左到右：师昌绪、林正仙、张兴铃）。

▲ 20 世纪 50 年代初，美国《波士顿环球报》刊登的师昌绪（左）等三名留美中国学生争取回国运动积极分子的照片，批注为师昌绪手书

生活的艰苦激励着师昌绪发奋学习，仅用不到一年时间，他就获得了硕士学位，同时还获得“麦格劳—希尔奖”。他在此期间的研究成果因为具有较高应用价值，导师还以此为基础建立了中试工厂，并申请了美国专利。

1949 年 9 月，师昌绪又继续攻读博士学位，不但申请到圣母大学的奖学金，而且取得了全 A 的成绩，仅用两年半时间，就被授予博士学位。这时，师昌绪收到了北洋大学颁发的

副教授聘书。他想立即回国，但由于朝鲜战争爆发，美国政府采取了限制中国留学生回国的政策，并强制收走了他们的护照。无奈之下，师昌绪曾想辗转第三国回国。他先尝试向在瑞典的中国同学写信谋求职位；又给印度驻美国大使馆的参赞写信，请他帮助办理赴印度的入境手续。不料，美国司法部移民局继续加紧了对中国留学生的控制，并声称不管他们想去什么地方，只要离开美国领土，就认为是要回到“红色中国”。这样，回国的路几乎被堵死了。但师昌绪仍然挂念着自己的祖国，他与其他中国留学生一起，给周恩来总理写信，倾诉回国遇到的阻力，并通过印度驻美国大使馆的参赞转交。后来，这封信成为1954年日内瓦会议期间，中国抗议美国政府并提出尽快释放中国留学生的重要证据。

新中国回不去，师昌绪只能留在美国求职，在麻省理工学院冶金系从事博士后研究。科研之余，他把时间和精力都花在争取回国上，并自称是“留美中国学生争取回国运动的积极分子”。当时，美国政府拘捕中国留学生的事情时有发生。为了避免不必要的损失，师昌绪联系了一些中国留学生，联名向美国总统艾森豪威尔写公开信，呼吁美国政府允许中国留学生回国。同时，他们还购买了一台旧式油印机，向美国民众写公开信，控诉美国政府阻挠中国留学生回国的无理行径，争取社会力量的支持。在国际舆论的压力之下，美国政府终于答应了中国留学生回国的要求。1955年6月，师昌绪乘坐“克里夫兰总统”号，经香港回到他朝思暮想的祖国。就在他登船的那一天，母亲不幸辞世，在他心里留下永远的遗憾。

一生追求冶金材料学

师昌绪回国后，有多个可以选择的工作岗位。但是，他想到，国家什么地方需要，就到哪里去，不能挑肥拣瘦，所以在志愿表上只写了

“服从分配”四个字。后来，他来到位于沈阳的中国科学院金属研究所任职，并负责合金钢与高温合金研究和开发项目。新中国成立初期的沈阳是重工业中心，金属又是重工业离不开的原料。距沈阳不远，就是当时中国最大的钢铁工业基地——鞍山钢铁公司。师昌绪以其过硬的业务素质，担任金属所鞍钢工作组的负责人。他带领团队，先后取得精矿烧结、平炉冶炼和钢中杂物鉴定等方面的突破，并研制成功中国第一个铁基高温合金，后来成为重要的航空材料。1978 年，这项成果获得全国科学大会奖励。

1961 年，师昌绪又带领一支小分队常驻抚顺钢厂，开展炼钢、轧钢工艺开发领域的研究。而这时，他的妻子已经怀孕。他只能白天忙厂里的科研项目，下班后乘闷罐火车回沈阳，到家已经是晚上 10 点多了；第二天一早，再乘第一班无轨电车到火车站，然后换乘闷罐火车去抚顺。其中的甘苦只有他知道。

1964 年的一个晚上，时任航空材料研究所总工程师的荣科，来到师昌绪家里，提出为了提高中国研制的新型战斗机发动机的推力，需要解决涡轮叶片耐高温的问题，并带着这一难题来找师昌绪解围。这种叶片需要在高温、高载荷、复杂受力、频繁交变温度等环境下长寿命地稳定工作，因此要求极高，稍有不慎就会造成机毁人亡。

刚听到这个项目，师昌绪非常惊讶，因为他既没有见过，也没有听说过空心涡轮叶片，这怎么研究？但当听说美国人已经研究成功这种材料，师昌绪当机立断，答应了下来。他说：“美国能研制出来的材料，我们也一定能研制出来。”

科研攻关谈何容易？制作这类叶片的技术，在国际上属于高度保密。当时，师昌绪手头缺少资料，只能靠不断摸索、试验。但他想，既然找准了目标，就不怕道路崎岖。师昌绪带领团队群策群力，没日没夜地投入工作。

▲ 1968 年，师昌绪（左二）与同事们检查航空发动机涡轮盘

天道酬勤。经过不懈的努力，铸造镍基高温合金空心涡轮叶片研制工作取得成功，这也使得中国成为继美国之后掌握该技术的第二个国家。这种叶片常年在国产航空发动机上使用，从未因失效发生过事故。

“材料不过关，我决不罢休”

全国人大常委会原副委员长、中国科学院原院长路甬祥曾评价说：“从工艺开发到实际应用，一种新合金要经历少则七八年、多则十几年的试验周期。师昌绪先生都能锲而不舍地坚持到底。”无论条件如何艰苦，从准备原料、设计指标、工艺流程，直到最后的验收标准，师昌绪都亲力亲为，容不得半点儿马虎。在他的带领之下，研究团队长年深入生产一线，解决了无数的技术难题。

材料是工业的粮食，师昌绪深知材料对一个国家发展的重要价值。

新材料领域的技术创新是其他领域开展创新的重要前提条件，特别是先进基础材料、关键战略材料、前沿新材料，更是国家可持续发展的重要基础，因此普遍认为“一代材料、一代装备、一代产业”。

师昌绪排除万难，回到祖国，并把毕生精力奉献给祖国的材料科学事业，先后在高温合金、合金钢、金属腐蚀与防护等领域取得了丰硕的成果。2000 年，在他的呼吁与努力之下，我国重新启动了航空航天用碳纤维的研发工作，同时带动了民用碳纤维的发展。

新中国的碳纤维研究始于 1962 年，虽然起步很早，但是长期没有取得实质性进展。2000 年，已经 82 岁高龄的师昌绪深知碳纤维对于国防事业的重要意义，数次上书党中央和国家有关部门，对于将碳纤维列为国家重大基础研究项目、争取科研经费，起到了重要的推动作用。目前，中国飞机、导弹所用碳纤维基本可以立足国内，民用碳纤维产业也取得了重大进展。师昌绪以他高瞻远瞩的视角、高度的责任心，为中国新材料体系的建立与发展，贡献了自己的智慧。

远见卓识，凸显智慧

师昌绪不但在科研领域取得了一系列重大突破，而且对国家科技战略的制定以及科研机构的设置作出了不可磨灭的贡献。1983 年，在沈阳担任中科院金属所所长的师昌绪，被调到北京任中科院技术科学部主任。从此，他以科技管理作为主要工作，成为推动中国材料科学发展，甚至整个科技界发展的战略科学家。

1982 年 9 月 17 日，《光明日报》刊发师昌绪、张光斗、吴仲华、罗沛霖四人联合署名的《实现四化必须发展工程科学技术》的文章，指出了国家大力发展工程科技的必要性，奏响了组建中国工程院的序曲。此后，师昌绪通过各种渠道呼吁建立国家工程科技最高学术机构。1992

年，师昌绪再次与张光斗、王大珩等人联名上书，进一步阐述了建立中国工程院的紧迫性与必要性。在师昌绪等人不懈的努力之下，中国工程院于 1994 年正式成立，师昌绪当选为首届副院长。

为了推进科技体制改革、变革科研经费拨款方式，在邓小平亲切关怀下，国家自然科学基金委员会于 1986 年成立，师昌绪被任命为副主任。在这一位置上，面对有限的科研经费，师昌绪提出优先资助数学、理论物理等领域。后来，他又呼吁财政拨专款设立“天元数学基金”，并主持编写《学科发展战略研究》等，把自己多年的研究心得，变成了指导国家科技发展的具体思路。师昌绪当年提出的国家自然科学基金管理理念与工作原则，直到今天还在沿用。

师昌绪一直为学术共同体的发展献计献策，积极促进国内外学术交流，争取各种机会举办学术会议，由此受益的学者难以计数。师昌绪多次担任香山科学会议的执行主席，在这个高层次、跨学科、规模小、影响大的学术会议上，促进了学科交叉以及科学家之间的合作，并为寻求我国重大科技问题的解决办法发挥了重要作用。师昌绪曾经回忆说，香山会议有两个特点：一是学术氛围宽松，报告与讨论的时间比例至少要为 1 : 1，有利于大家畅所欲言、充分交流。二是由多个部门共同支持，非官方背景。科学家们出席会议，主要是为了交流科技问题，不争钱、不立项、不代表部门或单位的利益，有利于学术交流与争论。

正是在香山会议上，师昌绪与王大珩等专家一起，提出研讨《21世纪中国航空科学技术发展战略》。2001 年，香山会议提交了题为《抓紧时机振兴我国航空工业》的报告，建议国家必须像抓“两弹一星”一样，将航空工业置于战略产业的高度抓上去，并将研制大型飞机作为振兴中国航空工业的突破口。这一建议对我国航空工业的发展，起到了巨大的推动作用。

在很多人眼里，师昌绪是一个热心人。无论是熟人，还是不认识的人找他帮忙，只要能办到的，他几乎都是有求必应。他先后担任过 6 个杂志的主编。在他的关心下，中国材料研究学会得以组建。直到 90 多岁高龄，他还每天坚持到国家自然基金委上班，编撰《材料大辞典》等，为材料科学的发展贡献智慧。

矢志报国赤子情

师昌绪是中国材料科学与技术、金属腐蚀与防护领域的开拓者，推动中国材料学科发展的战略科学家，在科学研究、人才培养、材料科学发展、科研管理、科技规划、科技出版事业等方面为国家作出了卓越贡献，在国际材料科学界享有盛誉。

2011 年 1 月，师昌绪荣获 2010 年度国家最高科学技术奖。

▲ 战略科学家师昌绪

“八载隔洋同对月，一心挫霸誓归国。归来是他的梦，盈满对祖国的情。有胆识，敢担当，空心涡轮叶片，是他送给祖国的翅膀。两院元勋，三世书香，一介书生，国之栋梁。”这是2015年中央电视台《感动中国》栏目给师昌绪的颁奖词。

纵观师昌绪的一生，虽有跌宕起伏，但他总能坦然面对、泰然处之。从年少时期躲避战乱、青年时期海外求学，然后冲破重重阻力回国，再经历和平建设与改革开放，直到晚年作为战略科学家，为国家发展献计献策。师昌绪始终认为，国家强大才有国民幸福；遇到事情，首先要想到国家的利益；能为国家多做点事，才能活得有乐趣。

发表论文的数量和质量，一直是国内外评价科研人员的标准。师昌绪回国之后，知道论文的重要性，但他更认识到国家更加急需的是实用的材料，是生产线上的新产品。所以，他经常带着科研成果，找厂家推广新技术，很少坐在办公室里写论文。有人为他的学术前途担忧，他却说，搞科学研究，就是要为国家的生产、建设服务。

每当谈及功劳，师昌绪总是靠后站，总是将科研成就归功于团队协作。他常说，自己没有什么本事，如果说取得了一点儿成功，大概是因为有本事把大家团结起来并发挥作用。与师昌绪共过事的人，对他的一致评价是特别能团结人。这一品格，使他多次主持制订全国材料领域的发展规划，多次在国际材料领域的学术会议上担任主席或顾问，并在国际材料领域享有盛誉，为国家的科技交流与学术创新，发挥了重要作用。

“祖国哪里需要我、怎么做对国家有利，我就去做。遇事要向远处看，不要为眼前暂时的功过得失纠缠不清。凡事只要坦然处之，就没有过不去的坎儿。”这是师昌绪晚年在经历了风风雨雨之后，对自己人生的感悟。

（作者：陈印政）

王振义

白血病克星

王振义（1924 年 11 月 30 日—　），中国工程院院士，内科血液学专家，中国最具国际影响力的世界转化医学研究代表性人物之一。

▲ 中国著名内科血液学专家王振义

他独辟蹊径，采取药物诱导分化的方法，让癌细胞“改邪归正”，成功实现将恶性细胞改良为良性细胞的白血病临床治疗新策略，为人类探索出一条全新的癌症治疗途径，被世界医学界誉为“癌症诱导分化第一人”。

王振义说：“白血病是杀手，而我是杀手的杀手。”

偶像力量，激发潜力

王振义出生于上海陈家浜珍福里（现上海成都北路），兄弟姐妹总共 8 人，他们一直遵循父亲王文龙的告诫："落后就会挨打，所以一定要科学救国，好好念书才能为国家作贡献。"在那个战火纷飞、风雨飘摇的年代，王振义等兄弟姐妹们先后毕业于国内知名大学。

王振义在回顾自己的成长经历时，多次强调家庭环境的重要性，特别是父亲王文龙的教育对自己的重要影响。他说："父亲给我最深的印象就是待人平等。父母的教育通常是十分严格的，他们常常教育我们不能浪费钱，要帮助穷人。现在回想起来，我自己的很多好习惯，都是在那个时候养成的。这些生活细节对我今后的工作都有很大帮助，而这些习惯的养成都是家庭教育的成果。"

王振义的祖母庄氏虽然身为旧社会的传统家庭妇女，思想观念却不陈旧。她认为孩子的学业不能因为迫于生计压力而耽误，于是很有远见地将王文龙送入位于四川路的青年会中学学习商科。王文龙因此能进入荷兰商人创办的上海保险公司水险部，从事与水险相关的工作。他秉承了庄氏关于"教育付出再多也值得"的人生理念，一方面努力创造条件让子女接受良好的教育；另一方面，要求他们用其所学实现实业救国的人生抱负。王文龙要求王振义兄妹等人养成良好的生活习惯，教育他们培养热爱劳动、平等待人、关爱他人的品行，不允许沾染上一丝纨绔子弟的恶习。为了激发和培养孩子们的学习热情，王文龙甚至在家里搭建了一个小型化学实验室。这样的家庭教育氛围，对于王振义及其兄弟姐妹价值观的形成起到潜移默化的作用。

相同的家庭教育下，兄弟姐妹之间的相互鼓励与影响，成为王振义成功道路上的重要精神财富，也是他人生旅途中最值得回忆的美好片段。

严格的家庭教育让年幼的王振义早早认识到学习知识的重要性，好问为什么的天性更让他对学习增添了一份兴趣和动力。

王振义学习的偶像是当时的震旦大学校长胡文耀。胡文耀作为震旦大学第一任华人校长，不畏外国势力的威胁，依旧坚持自己的教育理念，为坚守震旦大学的严谨学风作出了巨大贡献。胡文耀的高贵品质、大家风范、治学态度一直激励着王振义，他暗下决心，将来要成为胡文耀那样的科学家。这也使得王振义能够保持学习的激情，怀揣克服困难的勇气。

在萨坡赛小学的学习经历对王振义而言是难忘的。每次国文课上新课前，老师都让学生到讲台上背诵课文，旨在锻炼学生的记忆能力和表达能力。这种基本功的训练使王振义养成了良好的读书习惯。背诵的内容以中国传统文化为主，这又教会了他为人处世的原则。因为成绩优异，小学毕业后，王振义直升震旦大学附中。进入震旦附中后，王振义依旧勤奋好学，加之天资聪颖，无论是西方的新知识，还是中国的传统文化，都能很快地融会贯通，掌握要义。他像海绵在知识的海洋中努力汲取养分，又如翱翔在知识天空之中的雄鹰越飞越高。王振义在整个中学时代，主要精力就是专心学习。当时，学校规定每周考试一次，所以，他把绝大部分时间都花在了温课和准备考试上。通常，他会提前两三天就把所有考试内容准备好。当别人还在考前抱佛脚时，他已经在操场上玩了。正

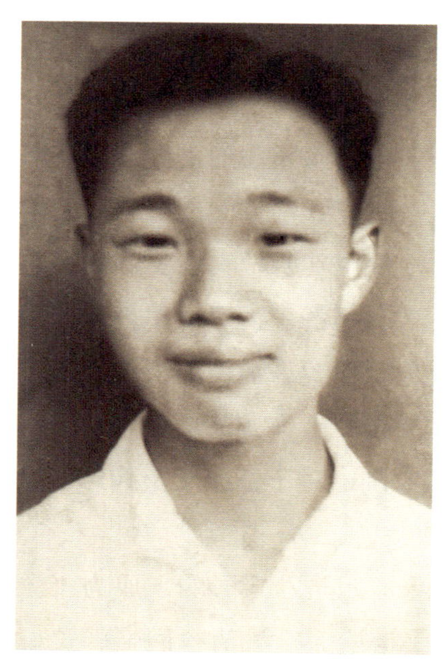

▲ 高中期间的王振义

是胡文耀这位偶像的力量，使王振义明确了在大学继续深造的目标：要做一个有才能的人。

志存高远，奋发图强

考取震旦大学、像胡文耀校长一样做一名科学家的梦想，早就深深烙印在王振义的心中。他之所以选择医学专业，不仅因为医生是一份救死扶伤的崇高职业，也与他小时候一段刻骨铭心的经历有关。

祖母庄氏是王振义最敬爱、最亲近的人，他年少时常常依偎在祖母怀中，聆听祖母讲故事。王振义 7 岁那年，庄氏不幸患了伤寒，病势凶险，虽然请到当时知名的医生前来诊治，但限于医疗水平而离世。年幼的王振义在哀伤的同时，脑海中也泛出一系列的问号："奶奶为什么会因病去世？伤寒究竟是一种怎样的可怕疾病？人怎么能患上这种疾病？难道得了这样的病就得死吗？"这一连串疑问如同一粒粒种子，埋在了王振义的心里。探索医学、治病救人，成为王振义进入医学领域的动力和渴望。他最终考取震旦大学并攻读医学专业，走上了从医之路。

既然选择了远方，就要风雨兼程。在震旦大学读书期间，王振义不仅注重理论基础课程的学习，同时也非常重视临床医学实践能力的培养。在外科临床学习时，他撰写了《急诊诊断学》。正因为在该书中，他撰写的病史很出色，王振义获得学校的额外奖励。为了更好地探索医学知识，更好地阅读原文资料，获取最新的医学资讯及最新的研究成果，王振义十分重视法语学习。出色的法语能力为他日后事业的发展，打下了扎实的语言基础。

救死扶伤，无私奉献

早在大学求学时期，王振义就开始参与社会救济与访贫问苦活动。曾有一年，他跟随恩师吴云瑞每周去南市的安老院坐诊一天，义务为老弱者看病。在义诊的日子里，通过吴云瑞，王振义真切地感受到一名医务工作者高尚的医德，也体会到一名从医者的仁爱之心。

1948 年，王振义获得医学博士学位，并以专业第一名的毕业成绩进入上海广慈医院，正式开始了从医生涯。成为广慈医院的住院医师后，王振义师承名医邝安堃。对王振义而言，进入广慈医院并能够在邝安堃指导下进行临床诊疗的学习和实践，实在是一次宝贵而难得的机会。他从恩师邝安堃身上，除了学习到严谨的治学态度、丰富的医学知识，更有公而忘私的高贵品质。王振义曾明确指出："我的学术思想主要是来自上一代。我的老师邝安堃从法国回来以后，一方面是看病，一方面是上课，一方面是搞科研。"

除此之外，王振义也注重在工作中充分发挥人才、技术、设备等优势，整合资源，强化资源配置利用效率。在医院工会工作期间，他通过召开生产工作会议的方式，合理协调了不同医务部门的分工与合作关系，使医院内部医疗资源的利用效率得到明显提高。同时，工会的有效工作还帮助医院留住了一大批日后成为各科骨干的优秀医务工作者。

建功立业，改变人生

1950 年，长江流域流行血吸虫病。这是一种严重危害人类健康的寄生虫病。当时，大片河道成为"疫水"区，血吸虫病的患病率和死亡率都很高。当地的解放军战士因缺乏必要的防治措施，出现大量的急性发病病症，战斗力和士气受到很大影响。刚刚大学毕业两年的王振义获此消息后，毫不犹豫地带队参加了血吸虫病防治工作。整个防治工作期间，王振义认真负责、以身作则。经过数月的艰苦奋战，震旦大学血防队出色地完成了阶段性防治任务，受到华东军政委员会和第三野战军的大力表扬。王振义因成绩突出被授予三等功。防治血吸虫病这项工作让王振义亲身感受到人民解放军的伟大品格，也进一步认识到中国共产党人的光辉形象。

1953 年，王振义怀着“热爱祖国，就要为祖国上战场”这样坚定不移的信念，第二次报名参加上海市第五批抗美援朝志愿医疗队，并终于得偿所愿。在黑龙江省某后方医院会诊的时候，医疗队发现了一种怪病。当地医院的医生根据患者出现的咯血、头痛等症状，诊断病情为肺结核并伴有结核性的脑膜炎。然而，敏感的王振义经过观察和分析，并不认同这一诊断。他认为，出现病状的不止一人，而是一大群人，不像脑膜炎引发的情形。经过仔细询问每名患病的战士，他得知战士们为了改善伙食经常在当地捕捞鱼虾；又经过仔细观察，发现患者的症状与他曾学习过的教材《实用内科学》介绍的肺吸虫病非常相似。带着疑问，王振义将病人咯出的血液拿到显微镜下观察，果真找到了肺吸虫卵！这一成功诊断，帮助部队和当地医院及时治愈了一大批患病的战士。为此，王振义被中国人民解放军东北军区司令部授予二等功。

无畏求索，不停脚步

面临内科分科，血液科因为“简单”而不被人们选择。王振义为此选择了血液科，并在血液学研究领域开始迈出探索的第一步。选择之初，王振义并未意识到这是一条布满荆棘的道路。

1952 年，刚刚踏入血液学研究领域的王振义就遇到了难题。当时，医院的牙科收治了一些患者，他们在拔牙后出血不止，一直找不到原因。为了弄清并解决这个问题，他查阅了许多外文材料。在此期间，他与夫人谢竞雄合作，将美国出版的《出血性疾病》这部英文专著翻译成中文。这本译著将近 30 万字，它的出版填补了国内医学领域的空白，作为当时国内止血凝血领域唯一的专业参考书，引起了轰动。面对重重困难，王振义不畏艰辛，坚持研读各种外文医学文献，最终发现血浆中凝血因子的高低值是出血的关键。试验过程中，需要将硅胶涂在玻璃管壁上，但在当年，国内并无硅胶。于是，他就尝试用石蜡替代，并取得成功，让中国有了属于自己的诊断轻型血友病的有效方法。

除此之外，王振义对于中西医结合的治疗方法也进行了初步探索。他提出“在中医老师指导下备课、适当结合西医的病症、多用例子解释祖国医学的理论、多讲机理以提高听课兴趣”等教学原则，还提出在诊断方面进行中西医结合。王振义对学术问题具有不懈的探索、研究精神，充分利用现有条件，与广慈医院内科血液组的同事们共同努力，走在了国内相关领域的最前端。

不畏艰难，自主研发

20 世纪 80 年代，王振义在白血病治疗上有极大的创新性，通过开创肿瘤的诱导分化疗法，为肿瘤治疗指引了新方向。1978 年，在某次文献阅读中，王振义发现，在一定条件下，以色列专家通过试验使白血病细胞发生逆转，并最终将其变成正常的细胞。具有敏锐洞察力的王振义被这项试验的价值强烈吸引，觉得这是治疗白血病的突破口。他立即向医院申请了只有四五平方米的“灶披间”（意为厨房），带着学生们用显微镜进行白血病细胞诱导分化研究。直到 1983 年，在经历了无数次失败后，他从一位美国专家的报告中看到，急性早幼粒细胞性白血病在13顺维甲酸药物的诱导下会向正常细胞逆转。可是，当时国内并没有厂家能合成这种药物，如果依靠进口，价格非常高昂。唯一能找到的维甲酸，是上海第六制药厂生产的全反式维甲酸。许多人都说他在胡闹，因为全反式维甲酸是用于皮肤病治疗的外涂药物。但是，运气建立在打持久战基础上。半年后，全反式维甲酸的诱导分化效果被确认。

1986年，一个身患急性早幼粒细胞性白血病的5岁小女孩生命垂危。王振义通过仔细研究小女孩的病情，建议让她服用还处在试验阶段的全反式维甲酸治疗。面对治疗可能带来的各种后果，很多亲人、朋友、同事都劝他："您已经功成名就。用新药来治疗，万一有个闪失就名誉扫地，还是别冒险了。"但王振义非常坚持："我想好了。不要管别人怎么说，只要对得起自己的良心。"他同时坚信："经过8年的研究，

▲ 王振义开创了白血病和肿瘤的诱导分化疗法

我相信科学，我有信心。”在征得女孩家长同意后，他顶住压力，用独创的全反式维甲酸治疗法成功救治了该例急性早幼粒细胞性白血病患者。这次治疗，是世界公认的诱导分化理论让癌细胞“改邪归正”的第一个成功案例。

正因为这成功的第一例，王振义勇气倍增。他安排研究生骑自行车，到上海全市各家医院寻找急性早幼粒细胞性白血病患者。每找到一例，他就劝说主治医生试用诱导分化疗法。王振义担着天大的风险，一年内陆续治疗了 24 位急性早幼粒细胞性白血病患者。1988 年，全球血液学顶尖刊物《血液》刊发了王振义团队的研究成果，这项成果终于得到国际认可。

面对各种荣誉和奖金，王振义却说：“我只是一个普通的医生，患者痊愈才是对我最大的奖励，名和利不具有多大意义。”朴实的话语，体现出他崇高的思想境界。

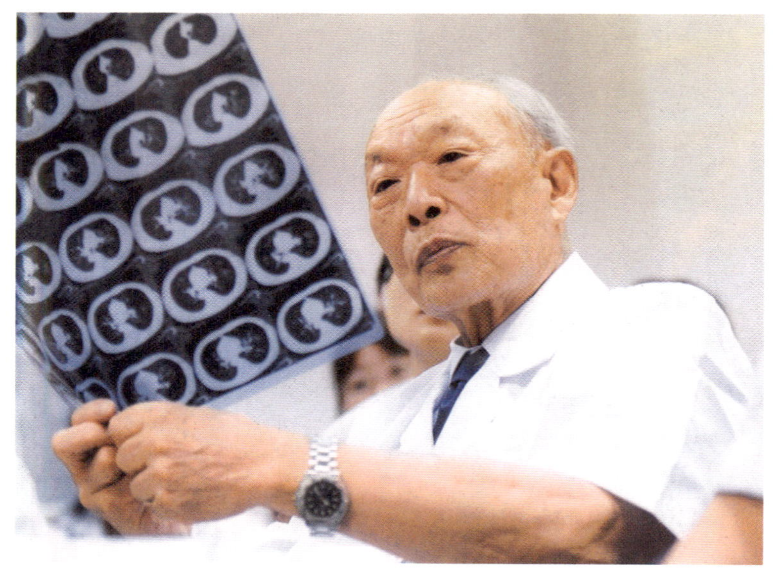

▲ 王振义医术精湛

医术精湛，桃李芬芳

王振义首创利用国产全反式维甲酸诱导分化治疗急性早幼粒细胞性白血病，在临床上极大地提高了急性早幼粒细胞性白血病病人的完全缓解率和长期生存率，取得了一系列重大科研成果，在医疗服务和医学科研岗位上创造了非凡的业绩，为祖国赢得了荣誉。

王振义不仅是一位医术精湛的医者，也是一位桃李芬芳的伯乐。对于学生，王振义总是倾囊相授。他一生培养了博士 21 名、硕士 34 名。众多学生中，最为人们所称道的是三位院士——陈竺、陈赛娟、陈国强。“菁菁者莪，乐育材也。君子能长育人材，则天下喜乐之矣。”在科研工作中，王振义对青年科技人员要求严格，提倡严谨求实和一丝不苟的科研作风，并尽可能创造条件，促进青年科技人才成长。

1984 年，王振义推荐陈竺、陈赛娟远赴法国巴黎第七大学圣·路易医院血液学研究所学习。正因为恩师王振义的言传身教，陈竺、陈赛娟获得法国巴黎第七大学科学博士文凭后，毅然放弃国外优厚的待遇，选择回国报效祖国。1996 年，也就是王振义当选中国工程院院士的第三年，在事业的顶峰，他将上海血液学研究所所长的位置交给 43 岁的陈竺。王振义认为：“人贵有自知之明”，“人生就像抛物线，有峰顶，也会衰退，一旦进入下降趋势，就要及早地退。年轻人需要更大的舞台，让更有能力的人来干”。王振义说这话时非常恳切。正是王振义的虚怀若谷和无私奉献，创造了一门四院士的佳话，也成就了医学界三代杏林精英的清隽风华。

淡泊名利，胸怀壮志

在王振义家的客厅里挂着一幅《清贫的牡丹》，这幅牡丹不像一般

▲ 王振义、陈竺（左）、陈赛娟三位院士合影

牡丹那样大红大紫，而是粉白中带红，很恬淡、清雅。“我认为，这幅画表达的是清静向上的意思。做人要有不断攀高的雄心，但又要有一种正确对待荣誉和自我约束的要求与力量。对名利看得很淡，对事业看得很重，这是出于对生命的珍惜。我相信做人最本质的东西：胸膺填壮志，荣华视流水。我也一直说自己是‘清贫的牡丹’，我要做好一个‘牡丹’，追求最好、最高。但是，这个荣誉得通过自身努力，用正当方式得到，这一点很重要。”对于这幅画的理解，印证了王振义为学、为人、为医、为师的人生观和价值观，也揭示了这位德高望重的医学科学家的成功之道。

（作者：罗希婧、张　卉）

谢家麟

加速器王国的躬耕者

谢家麟（1920 年 8 月 8 日—2016 年 2 月 20 日），中国科学院院士，中国粒子加速器事业的开拓者和奠基人。

他是当代中国高能物理研究领域的领军人物。他的名字与一系列加速器的顶尖技术连在一起，他为我国高能粒子加速器从无到有并跻身世界科技前沿作出了杰出贡献。

谢家麟说："科研的根本精神就是创新，就是没有路可走，自己闯出条路来走。"

▲ 中国粒子加速器事业开拓者和奠基人谢家麟

耳濡目染，立志救国

谢家麟的祖籍在河北省康裕庄，是武清县的一个小村子（现属天津市）。谢家麟的祖父谢子光识文断字，凭借经营小生意使家境慢慢富足起来，也为后代的求学之路打下基础。谢家麟的父亲谢绍贤从小立志通过读书改变自身命运，就读于天津北洋法政专门学校法律系。在学校，他结识了李大钊等革命者。据谢家麟回忆，谢绍贤经常在教他学习和鉴赏古诗词的同时，向他灌输浓厚的家国情怀。

谢家麟出生于哈尔滨。在他六七岁时，由于家境困难，父母把谢家麟过继给他的叔叔谢绍孟抚养。身处军阀混战、社会动荡的时期，颠沛流离的经历使谢家麟深刻体会到战乱的威胁和百姓生活的困苦。从谢绍贤身上习得的爱国情怀在几年的奔波中逐渐升华，这对后来谢家麟投身科学研究、以所学知识建设祖国人生目标的确立产生了深刻影响。

由于社会动荡不安，所住地点也经常变动，谢家麟没有机会接受正规的小学教育，大多时候只是在家中或私塾跟着先生学习一些基本国学知识。到了湖北，谢家麟直接进入中学学习，大部分时间在襄阳的湖北省立第五中学读书。

谢家麟经常进行一些实际应用的操作，在这个过程中，他的动手能力得到很大提升。叔叔谢绍孟家中有一台相机，平时用来给别人照相贴补家用。当时，相机还是一件稀罕物，谢家麟对它产生了极大的兴趣。每次照完相，谢绍孟就带着他一起，将一条棉被搭在八仙桌上当作冲洗相片的“暗室”，两人在里面冲洗胶卷。看着图像慢慢地从相片上显现出来，谢家麟感受到科学的神奇，不禁深感震撼。上初中时，家里有一杆猎枪，谢家麟用它和谢绍孟一起打猎。子弹用完后，他尝试着自己制作子弹。他收集用过的空弹壳，用从烟花店买来的黑火药和火柴上的红磷填装，又偷用家里电灯磁砣中的铅砂做子弹（当时，室内电灯大多有一个通过滑轮悬挂的磁砣，内用铅砂平衡灯头的重量，来调节灯头上下移动）。谢家麟制造的子弹很成功，完全可以正常使用。

1934 年，谢家麟从湖北回到北平，进入汇文中学读书，开始接受正规教育。汇文中学设备齐全的物理实验室，为谢家麟提供了广阔的学习园地。初到学校，他就对无线电产生了兴趣，开始关注这种神奇电波产生的作用和效果，还进行实验制作。最开始，他制作简单的矿石机，后来制作使用真空管的单管机。这些无线电设备的灵敏度逐步提高，接收频率也从中波扩展到短波。中学阶段对无线电设备的学习和制作，使谢家麟的动手能力进一步提高。相比于目的的实用性，他更享受亲自动手和实验的乐趣，这种乐趣也使他深受裨益。1937 年，卢沟桥事变发生。为了及时了解战况，谢家麟自制了一台短波收音机。每天收听收音机成了全家人的习惯，支撑着他们度过了那段黑暗的战乱时期。

高中 3 年，谢家麟勤奋刻苦、成绩优异，在毕业考试后被保送到燕京大学物理系。此时的谢家麟经历了卢沟桥事变，目睹了日本侵略行为给中国人民造成的巨大痛苦，救亡图存的思想越发坚定，以至于想放弃学业投身抗日。他曾与两个同学瞒着家里，偷偷跑到天津，想乘船前往内地，但最终没有成功，被家人追了回来。谢家麟这才老老实实地去读大学，而读大学可以让他把救国建国的热情和所学知识结合在一起，这也算是他未来科研道路的转折之一。

奔波求学，辗转归国

1938 年，谢家麟到燕京大学读书。当时，日军已经占领北平，很多学校搬离这座城市。清华大学、北京大学、南开大学等校纷纷南迁，带走了大量的师资力量和教学设备，北平剩余的教学资源较为匮乏。燕京大学物理系不仅保持爱国抗日的立场，而且，自身业务水平始终保持进步。它对实验方法的重视和理论联系实际的思想深深影响了谢家麟，据他回忆：“从青年时期，我就喜欢动手，做无线电设备，从收音机到发射机，可谓废寝忘食……学校为学生提供了很好的照顾和平台。我以后的工作，多是偏重工程技术，不是搞纯理论，这和在燕京大学的学习有很大的关系。”

谢家麟最初的毕业论文研究方向是用光线来进行通话，即利用调制光的强度变化来传送信息。这是他自己选择的方向，在和导师沟通以后正准备开始深入研究，但太平洋战争的爆发打断了这个课题的进行。当年，燕京大学没让日军控制，还经常宣扬抗日，早就成了日军的眼中钉。1941 年 12 月 8 日清晨，在日本偷袭美国珍珠港后的第二天，日军就冲进学校，大肆驱赶并追捕教师和学生。

无奈之下，谢家麟乘车来到成都。范绪筬是他的同班同学，两人在北平交往不深，反而在成都多了相互接触和了解的机会。在战乱中，两人志同道合，最终成就姻缘。

从燕京大学物理系毕业后，1943 年，谢家麟和范绪筬一同在桂林无线电器材厂工作。这个工厂主要生产发报发话机（中小功率、移动式的）和配套的收讯机、广播收音机等设备，这些都是抗日战争急需的产品。这样的工作十分符合谢家麟抗战救国的愿望，并且，他本身就是从事无线电研究的。具有研发性质的工作与他的兴趣相符，这使他的工作如鱼得水。

在桂林无线电器材厂工作时期，谢家麟主要开展了四项工作：研究高频振荡器如何产生微波，试制氧化铜整流器，烧制高频高压绝缘材料，研究地雷探测器。其中，较为成功的是对地雷探测器的研究。谢家麟在毕业论文中研究过负跨导管振荡器，通过这个基础，他打算利用研究的振荡器来研制一种新型地雷探测器。经过艰辛的钻研，谢家麟很快制作出一个原型。实验表明，它的灵敏程度很高。谢家麟很高兴自己的研究成果终于可以为抗日战争提供帮助了，不料，此时日军开始进犯桂林，工厂匆忙撤退，这项工作最终没有实施。

1945 年，抗日战争取得了胜利。谢家麟不仅救国大志得偿所愿，又可以同妻子范绪筬一起回乡，不禁喜极而泣。

抗战胜利后，谢家麟准备继续学习。1947 年，他在北平参加了教育部举办的出国考试，并被美国加州理工学院录取。他在 1948 年于加州理工学院获得硕士学位。谢家麟几年间从事的都是对微波物理技术的研究，而加州理工学院的相关专业不及斯坦福大学物理系，于是，谢家麟又转入斯坦福大学攻读博士学位。

1950 年，经过几年的留学生涯，谢家麟顺利获得了博士学位。他和两位同学准备回国继续研究微波。有人问他为什么要回国，他十分坚定地说，在中国的妻子和孩子需要他，祖国的建设更需要他。回国那天，他去办理行李托运手续。当时，他的行李箱内装有实验器材，如果被发现，人和行李都会被扣留。为了躲避美国海关的抽查，他假意与办事人员闲谈，同时递上特意买好的雪茄。尝到甜头的海关人员没有开箱

▲ 谢家麟出国前与家人合影

检查，示意谢家麟迅速通过。邮船逐渐离岸，谢家麟长舒一口气，以为自己终于可以回国了。然而，这次的归国之旅并没有想象中顺利。谢家麟一行人抵达檀香山时遭到拦截，并被强行带回。

被迫返回美国以后，谢家麟在俄勒冈大学教书，后来又转到斯坦福大学工作，从事微波和高能物理相关研究。在此期间，谢家麟带领团队研制了一台能产生高能电子束的加速器。这台加速器会产生45兆电子伏左右的高能电子束，可以用于肿瘤治疗。这台机器后来用于对肿瘤患者进行辐照并取得成功，开创了用高能电子束治疗癌症的先河。

谢家麟始终心念归国事，随着国际关系的变化，终于在1955年再次踏上回国之旅，并顺利回乡。

投身科研，缔造王国

回国之后，谢家麟希望用所学知识为祖国作出贡献。为了学有所用，他打算凭借在美国的工作经验，开展中国的电子直线加速器研究和建设。

为了保证科研任务可以发挥最大的作用，谢家麟在两种加速器建设思路中，选择了成果较大而工作较难的可向高能发展的电子直线加速器。一般简单的加速器使用磁控管，能效较低，但研制难度小。谢家麟选择的加速器在研制成功后可以发挥更大的作用，但这种复杂的加速器建造起来更加困难，因为它是世界顶级的科技装置。一个国家想要研制成功，就必须具备尖端的技术和完备的设施。整个装置需要世界上功率最大的速调管，需要使用当时运算速度最快的电子计算机，需要加速管和调制器等一系列精密配件。为了中国物理学的长远发展，谢家麟咬了咬牙，立即展开了工作。

当时，国家的科研条件欠缺。谢家麟实事求是地简化了设计方案。

他用尽一切可用的资源投入到整个建设计划中。在谢家麟的带领下，这台设备可谓彻彻底底的“中国制造”！没有最新的电子计算机，就用手摇式计算机；没有专业的科技人才，就自己培训一批；没有精密的配件，就自己研发生产。党和政府十分重视这个项目，几乎是有求必应，特地在北京中关村修建了两座加速器楼，并将优秀人才派过来参与研发。

历经 8 个春秋，中国终于在 1964 年拥有了第一台 30 兆电子伏电子直线加速器。加速器建成之后，立即被用于国防事业。“两弹”得以成功研制，它功不可没。通过 8 年的磨砺与积累，我国已经掌握了大功率速调管等基础配件的制造技术，一群优秀的实干型研究人员也脱颖而出。在技术和人才的双重保障下，我国加速器事业步入正轨，北京正负电子对撞机的建设蓄势待发。

▲ 谢家麟归国后与家人合影

1972年，谢家麟联名十几位科学家向周恩来总理提出建议，希望投资研发一台用于高能物理研究的加速器。由于耗资巨大，这个提议陷入激烈的论战中。反对者认为，整个项目就是一场“赌博”，能否成功建成、建成后是否可以投入使用都是未知数；国家应节省财力，把关注点放到国计民生上。

1977年，我国决定建造一台50吉电子伏的质子同步加速器。谢家麟任加速器总设计师。1980年，受国家经济政策的影响，这个项目不幸夭折。谢家麟不愿半途而废，他想到，是否可以用剩下的资金投入一个耗费较小的项目呢？1981年，美国专家潘诺夫斯基提出一个宝贵的建议，他认为可以建造一个2.2吉电子伏的正负电子对撞机。谢家麟针对这个建议与其他专家学者们多番商讨，最终敲定了方案。从计划建设到确定方案，谢家麟等待了10年。此刻的他却十分平静，因为他知道自己即将面临更大的挑战。

作为总设计师的谢家麟不仅需要顾全大局，还得考虑细致。他将工程整体考虑了一番，然后提出了几条指导意见。他认为首先要确保高亮度，应用的技术需要提前经过试验，在保证任务完成的前提下尽可能减少资金投入，设计尽量简洁并且有所保留，等等。为了使对撞机的使用效能最大化，谢家麟一直坚持“一机两用”的设计方案，即对撞机既可以用于高能物理研究又可以同步辐射。在整个建设过程中，谢家麟事无巨细，参与了所有环节的方案制定和实施。在他的带领下，团队设计安全可行的方案、研制各种精密零件、安装各种设备及配件。经多次严格调试，北京正负电子对撞机诞生了！这个项目是中国大科学建设的成功案例，不仅让中国人惊叹，也让世界人民啧啧称奇。

1988年10月，北京正负电子对撞机成功实现对撞。它不仅投资少，而且性能佳，亮度赶超美国制造的机器。这让美国来中国参观的科学家发出感叹，称它是人类科学技术的奇迹。有了北京正负电子对撞机的加持，中国高能物理研究一飞冲天，登上世界舞台。它为中国物理学家的研究提供了优越条件，让我国在这个高新科技领域实现巨大飞跃，取得举世瞩目的成绩。据国际粒子数据表显示，到 2012 年，北京正负电子对撞机贡献了 400 多项数据。不仅如此，这台对撞机还实现了同步辐射的最初目标，为材料科学、化学化工等多个专业的研究提供了技术支持。

▲ 1988 年，谢家麟（左）出席北京正负电子对撞机建成典礼

1986 年，谢家麟申请了“863”计划的自选项目，开始进行自由电子激光研究。当时，这个课题属于国际前沿科技领域，困难极大。谢家麟总结自身创新研究和国际研究的经验，利用 1964 年建成的那台电子直线加速器，制定了热阴极微波电子枪注入器等主要设备的设计技术方案。1993 年，谢家麟领衔研究的自由电子激光装置建造完成，在产生激光的同时，还可以实现饱和振荡，技术水平处于世界领先地位。

2000 年，谢家麟已 80 岁，理应安享晚年的他，又全身心投入到一

▲ 谢家麟研制成功自由电子激光装置

项新的研发工作中。这一次，他准备建成世界上第一台简易结构的加速器样机。谢家麟大胆提出新的设计方案，创新了加速器的内部系统，简化了加速器的结构。整个项目耗时 4 年，结果证明谢家麟创新的设计理念是可行的，他再次刷新了世界对中国科学家的认知。

谢家麟在 1955 年归国后，投身于电子直线加速器的建造。他未雨绸缪，为了推进中国的高能物理研究，设计并建造了北京正负电子对撞机。他永不止步，杖朝之年还参与科技研发工作。他开拓了中国的粒子加速器事业，使中国的高能物理研究赶上世界先进水平。

2012 年，谢家麟获得 2011 年度国家最高科学技术奖。

谢家麟是科研报国、锐意奋斗的典型代表。了解和学习谢家麟的人生经历，对于激发爱国奋斗精神、培养新一代科技人才、促进中国科技事业在 21 世纪的发展和创新，有着重要意义。从意气风发、学成归国到白发苍苍、功成名就，谢家麟的一生都在为祖国奉献。他在父辈的教育下培养出浓厚的爱国情感，在战火硝烟中树立了坚定的科研志向。他毅然放弃国外优越的生活条件，坚决献身于祖国的科技建设。他是誓死卫国的战士，在枪林弹雨中穿行，攻破一个个关卡。他是健硕的运动员，引领团队冲破重重阻碍，在国际高能物理的赛场上挥洒汗水。他是加速器王国的辛勤躬耕者，开垦“土地”、播种“粮食”，让整个王国更加富足。为了表彰他在高能物理研究领域作出的贡献，2016 年，国际天文联合会将 32928 号小行星命名为“谢家麟星”。这颗闪耀的星，正如谢家麟一般，在浩瀚的宇宙发光发热。

（作者：王润秋、柯遵科）

吴良镛

倾其一生构建人居环境科学

吴良镛（1922 年 5 月 7 日— ），中国科学院院士、中国工程院院士，人居环境科学的创建者。

他是我国著名的建筑学家、城乡规划学家和建筑教育家。他创建了中国人居环境科学，成功开展了从区域、城市到建筑、园林等多尺度、多类型的规划设计研究与实践。

▲ 人居环境科学创建者吴良镛

吴良镛说:“人类的建筑创造活动，不仅是建造房子，而且是要创造居住与工作环境，包括优美城乡环境的创造;它不仅仅是物质文明的建设，还是精神文明的建设。”

读完书就该为国家服务

如今已近百岁的吴良镛倾其一生构建人居环境科学，他是仍然活跃在建筑领域名副其实的最长者。吴良镛出生在六朝古都南京，出生那年正值内忧外患。1937 年，全民族抗战爆发。南京沦陷前，吴良镛跟随兄长流亡内地，先后到武汉、重庆合川求学。1940 年 6 月，吴良镛在合川参加大学统招考试，刚交上最后一科的考卷，就听到日本的战机呼啸而来，接着就是惨无人道的狂轰滥炸。吴良镛和同学们慌慌张张从教室里逃出来，满处都是断瓦残垣，大街小巷一片狼藉。近处门倒窗掉，屋子里往外喷吐浓烟;远处的火光映红了整个天空，百姓流离失所、苦不堪言。少年吴良镛的心被深深刺痛，仇恨的种子深深植入他的大脑深处。那一刻，他发誓要努力学习，知识救国、知识报国。

在吴良镛成长的道路上，他遇到了一位影响他一生的贵人，这个人就是我国著名建筑学大师梁思成。1945 年抗日战争胜利后，吴良镛接受梁思成的邀请，协助梁思成创建清华大学建筑系。1948 年，梁思成举荐吴良镛前往美国克兰布鲁克艺术学院，师从建筑大师埃利·沙时宁。这个学院由美国报业巨头乔治·布什和来自芬兰的建筑大师埃利·沙时宁共同创建于 1932 年，校园安静而美丽，位于美国著名工业城市底特律郊外，曾经被称为“现代美国设计师的摇篮”。1950 年，刚刚建立的新中国急需有识之士建设祖国。吴良镛收到梁思成从国内寄来的“北京百废俱兴，正要开展城市规划工作，希望你赶快回来”的召唤信，激动难抑、夜不能寐。他辗转反侧，回顾昔日寒窗的日日夜夜。面对恩师的召唤，吴良镛恨不得立刻实现报效祖国的梦想。然而，就在他做回国准备的时候，即将踏上回国之路的著名爱国科学家钱学森被美国政府无理扣押。与此同时，美国政府在多个领域给中国留学生回国设置了重重障碍。但吴良镛的回国决心已下，他为自己设计了绕道香港的曲折回国路线，到了香港后又通过进步朋友的鼎力相助，取道九龙最终回到了祖国。

“回国对我们那个时代的人来说，是很自然的事。书读完了，就该回国参加建设。”回忆起当年，吴良镛对自己的“觉悟”说得轻描淡写，十分坦然。

1952 年，中国高等院校进行调整，原北京大学工学院建筑工程系并入清华大学，清华建筑系的规模迅速扩大。吴良镛在建筑系副主任负责主持日常教学行政管理工作任上，陡然增加了新的工作内容，肩上的担子顿时重了许多。他结合国情和建筑专业教学特点，制定了建筑系的全新教学计划，一步步引领清华大学建筑系进入了一个新的发展阶段。

▲ 年轻时的吴良镛

吴良镛是 20 世纪 50 年代初中国建筑学领域的第一批研究生导师之一；1959 年，吴良镛创办了清华大学建筑设计研究院；1981 年，经国务院批准，吴良镛成为第一批博士生导师之一；1984 年，吴良镛为中国城市规划与设计专业培养的博士通过了毕业论文答辩，走上工作岗位；1984 年，吴良镛退而不休，走马上任清华大学建筑与城市研究所所长，并开始了站在国家高度的人居环境科学研究。

人居工程是一生的追求

吴良镛的百年人生全部奉献给了中国的人居事业。1990 年，国家教委授予吴良镛主持的北京奥林匹克建设规划研究科学技术进步奖一等奖，并授予其著作《广义建筑学》科学技术进步奖一等奖。1992 年，他主持的北京市菊儿胡同危旧房改建试点工程获得该年度亚洲建筑师协会金质奖，又在联合国总部获世界人居奖。1995 年，吴良镛获何梁何利基金科学与技术进步奖。1996 年，国际建筑师协会授予他国际建协教育 / 评论奖。1999 年，法国政府授予吴良镛法国文化艺术骑士勋章。2000 年，建设部授予他首届梁思成建筑奖。2001 年，他关于发达地区城市化进程中建筑环境的保护与发展研究，获中国高校科学技术进步奖二等奖。2002 年，荷兰克劳斯亲王基金会授予吴良镛克劳斯亲王奖。2003 年，他的著作《京津冀地区城乡空间发展规划研究》获第 11 届全国优秀科技图书一等奖、第 6 届国家图书奖提名奖，他主持的中央美术学院及附属中学新校园规划设计获教育部优秀建筑设计奖。2004 年，吴良镛获北京市高等教育教学成果一等奖；2010 年，又获陈嘉庚技术科学奖。2012 年，他荣获 2011 年度国家最高科学技术奖。

此外，吴良镛还获得国务院、教育部、科技部、北京市政府等颁发的全国先进工作者、特殊贡献奖、北京市先进工作者等多个奖项。科技部于 2016 年 1 月 4 日在北京举行“吴良镛星”命名仪式。2018 年 12 月 18 日，党中央、国务院授予吴良镛“改革先锋”称号，并颁授“改革先锋”奖章，他被称为“人居环境科学的创建者”。

这一个个殊荣，是人民对吴良镛所作贡献的肯定，吴良镛则把这些荣誉当作鞭策自己不断前进的动力。在他看来，任何荣誉，都没有真正解决好中国人民的安居问题来得有价值、有意义。

人居，绝不是简单地盖起几间房子，更需要情感的交流！当代中国的人居问题，是吴良镛最关切的问题，他毕生都在不断思索、不断实践。

这些年来，吴良镛一直很忙。他为城市设计公共建筑，也为乡村设计农村生态住宅；他既参与中国国家博物馆改扩建工程这样重大项目的方案设计，也为小小菊儿胡同的四合院改造费尽心血。吴良镛的足迹遍及大江南北，为北京、天津、苏州、无锡、三亚、桂林、张家港等地做城市设计和空间发展规划。他又十分关心北京的旧城区改造，为白塔寺、什刹海、隆福寺等地区做改建规划和设计。

这些项目都有一个共同的特点，都在努力解决中国城乡建设中遇到的实际问题。吴良镛认为："我国的城镇化与城市发展不同于西方，外国理论不能解决中国的复杂问题。城乡建设亟须适应时代和符合国情的科学创新。"

吴良镛所做的一切，都是为了"找到一条适合中国特点的城市规划建设道路"。从 1999 年到 2006 年历时 7 年完成的京津冀城乡空间发展规划，构建了"一轴三带"的区域整体协调发展格局，解决了区域分割、城乡分立问题，指导京、津、冀三地统筹发展，使得三地相辅相成、各尽所能、各得其所。

在苏州，吴良镛构建了古城居中、一体两翼、十字结构、四角山水的"山—水—城格局"，既保护了苏州的古城和山水格局，又重塑了城市区域空间，很好地解决了当地经济快速发展与历史文化名城保护的矛盾，开创了名城保护与经济建设协调发展的先河。

"建筑师首先要具备对人的关切，因为建筑是面对人的。人的需要是最重要的，不是一个个体的需要，而是一个群体的需要、一个社会的需要。人的居住问题要求，无论在城市还是在乡村，无论是新中国成立之初还是改革开放初期还是现在，都是存在的。”

被吴良镛称为恩师的梁思成与林徽因，一起创建了清华大学建筑系，一起各负其责地教学、科研、育人。著名建筑学家林徽因在 70 多年前对吴良镛的评价是：“少有的刻苦、渊博，少有的对事业的激情，多年与困境抗争中表现出的少有的坚强。”现在看来，这一评价仍然适用于吴良镛这位百岁建筑大师。

用心才能实现中华文化传承

吴良镛坚信“人文精神的复萌是当代建筑发展的主要趋势之一”。他所称人文精神，一方面是建筑追求科学与艺术的统一，另一方面则是建筑对社会的关切。

吴良镛认为：“建筑师跟所有人一样都是社会成员，要为社会服务。我对自己的事业规划也是建立在这一基础上的。在我实践的过程中，要确定一个方向，这个方向是问题所决定的。社会存在哪些无法回答的问题，就需要研究、需要创造。”

作为一位建筑规划方面的大师，吴良镛的学问深厚而渊博。他曾经接受巴黎美术学院式的建筑学教育；在美国师从沙时宁教授，攻读建筑与城市设计学的时候，又同时研修了绘画、雕塑；他还潜心研究过宗白华、傅抱石、徐悲鸿、齐白石等人的艺术作品，体会这些大师的艺术感悟；他尝试从绘画中学建筑、城市、人居环境，从艺术的角度去观察自然、体验人生。正如他在《吴良镛画记》中所说：“美术、雕刻、建筑、园林，大至城市规划、区域文化，美学的思考与追求是统一的。”

吴良镛既苦心于“谋万家居”，又不惜以“匠人营国”。他的建筑理

▲ 1958 年，吴良镛（左七）与同事们讨论国庆工程设计方案

论和建筑实践，都充满着“心怀天下”的人文关切。正是因为涉及的社会问题无法用传统的建筑学理论妥善解决，他才不断拓展建筑学的外延，潜心构筑起以“人”为核心的人居环境科学。

在建筑设计方面，吴良镛虽然学习了很多西方的东西，但他更强调对中国传统文化的传承。他认为：“中国这样有着几千年历史传承的国家，可以让建筑师、规划师‘借题发挥做文章’的城市、地段几乎所在皆是”，“在中国几千年的城市建设史中，有极为丰富的人居环境科学和人文思想”。

针对“舶来的二流货”充斥现代城市的现状，吴良镛痛心疾首。他毫不客气地指出：“漠视中国文化，无视历史文脉的继承和发展，放弃对中国历史文化内涵的探索，显然是一种误解与迷失。”同时，他也明确强调：“并不是说不能借鉴西方。我也不反对标新立异，恰恰这是文化艺术最需要的。我本人就是留学生，也经常和国外的建筑师接触。我们当然得学习国外的东西，但不能照抄照搬。失去建筑的基本准则，无视历史文脉的继承和发展，放弃对中国历史文化内涵的探索，显然是一种误解与迷失。”所以，他对时下盲目追求“洋设计”的状况深为忧虑。

吴良镛恳切希望建筑师们“在较为广阔的范围内寻求设计的答案”，再不能“面对建筑风格、流派纷呈，莫衷一是”，而“要首先了解建筑的本质。只有结合历史、社会、人文背景，用自己的理解与语言、用现代的材料技术，才能设计出有特色的现代建筑”。吴良镛设计孔子研究院时，就将它定位为一座具有中华文化内涵的现代化建筑。他和设计团队根据战国时代的建筑文化特征及中国书院建筑发展，对建筑构图、总体布局和造型，甚至装饰纹样等方面都进行了深入的探索。同时，他也没有忽视运用西方和中国的建筑技巧予以现代形象的表达。全方位、多角度的考虑，最终使得孔子研究院这个作品取得了艺术性、文化性、实用性等多重成功。

吴良镛还希望，作为城市规划决策者的市长，能具有诗人的情怀、旅行家的阅历、哲学家的思维、科学家的严谨、史学家的渊博和革命家的情操。除此以外，吴良镛多次指出，目前一些城市规划格局中出现的不健康状况，例如重经济发展、轻人文精神，重建设规模、轻整体协调，重攀高比新、轻地方特色等。他还批评了一些无视文化价值的行为，比如有些城市有过度开发的倾向，旧城开发项目破坏了很多文物建筑、古树名木等。

吴良镛的中国特色建筑学理论和取得的成就，得到了世界同行的高度认可。时任联合国副秘书长、联合国人类住区规划署执行主任克洛斯评价说：“吴良镛在中国进行的广泛的人居环境科学研究和实践，成功解决了在传统文化、地方特色和社会价值观等方面一直悬而未决的关键性问题。”

▲ 吴良镛出席清华大学举办的吴良镛院士学术展

百岁人生的传奇写照

吴良镛辛勤耕耘，出版专著16部，发表学术文章200多篇。“读万卷书，行万里路，拜万人师，谋万家居”，正是吴良镛这位一生致力于建筑规划的大师的真实写照！在求索破解人居难题的道路上，吴良镛一直都没有停止过脚步。每当被问及对自己哪项作品最满意，他总会笑眯眯地说：“最满意的作品当然是下一个！”对工作精益求精正是吴良镛的人生写照，“下一个”体现出了吴良镛不断追求新高度的工作态度。

吴良镛80多岁时依然坚持每日全天上班。他习惯于凌晨4点起床，工作两个多小时，再合上眼眯一会儿，然后带上夫人备好的午餐，出发去上班。为了携带东西方便，他特意做了一个小拉杆箱，把书放在里面。就这样，在清华园中，人们经常看到一位满头银丝、白白胖胖的老者，手拉着个小书箱，款款行走在马路上。这道风景一直激励着清华大学的年轻学子们。

2008 年，86 岁的吴良镛在建筑工地现场工作时突发脑梗，被紧急送往医院后，医生认为，凭他这个年龄和身体状况，今后将难以再下地行走。但是，吴良镛以乐观而坚强的意志，按照科学方法找到了自我平衡的规律，每天甩着头上豆大的汗珠自主行走，迈着僵硬且不听大脑指挥的双腿不懈锻炼。吴良镛暗下决心："必须站起来才能回到我这辈子离不开的建筑领域，无非是别人练四小时，我翻倍练八小时。"在这种心态支撑下，病痛没把他击垮，反而磨炼出更加顽强的心态。正是因为他这种非同寻常的毅力，吴良镛不仅又可以走路，而且，不听大脑指挥的手又能重新握笔写字了。吴良镛在出院那天，亲笔书写了一幅书法作品送给医院。这苍劲有力的字迹，交出了最过硬的答卷，医护人员们惊叹地直呼"奇迹""奇迹"。吴良镛不仅在建筑学界留下一个个令人惊叹的奇迹，在康复领域也创造出一个奇迹。75 岁那年，吴良镛就经历过一次静卧病床的折磨。那天，他在校园里骑自行车，为了避让学生，自行车倒地，摔断了大腿。医生在他的腿骨上打了钢钉，进行外部固定和牵引，尽管手术很成功，术后愈合得也不错，但长时间卧床和伤筋动骨，痛苦可想而知。吴良镛见到医护人员和来医院与他讨论技术问题的研究人员时，总是一脸笑眯眯的淡定表情。当医生为他开出可以正常工作，但要以静养为主的出院通知单时，他说，自己的身体自己知道。那聪慧的大脑和行走自如的双腿要与时间赛跑。其实，吴良镛在对待疾病方面自有他的一套康复理念，那就是：对医生要积极配合，对自己要坚毅顽强。只有这样，才能以最快的康养周期，投入他割舍不下的建筑设计研究与应用工作。

吴良镛 90 岁高龄时仍坚守在教学岗位上，既为本科生和研究生上课，又带博士生、指导博士学位论文，还带领科研团队开展课题研究。他指导博士研究生撰写论文和修改论文时，竟然细致到了标点符号。在这个年纪，吴良镛仍然领导团队编写《中国人居环境史》，承担着京津冀规划项目。他曾经对自己追求的事业写下这样一句话："科学求真，人文求善，艺术求美"。这实际上就是吴良镛一生的做人原则。

吴良镛长期从事建筑与城乡规划基础理论、工程实践和学科发展研究，针对我国城镇化进程中建设规模大、速度快、涉及面广等特点，创立了人居环境科学及其理论框架。

这种永不停歇的精神，让吴良镛从不满足于任何已经取得的成就，他的兴奋点永远都在"下一个"上。从北京天安门广场改建、唐山地震后改建、三峡工程与人居环境建设等重大项目，到上海、北京、深圳等城市产业园和总体规划，再到泰山博物馆、江宁织造府、孔子研究院、汶川映秀中学重建设计……一个又一个的"下一个"，像一个个坐标一样，将吴良镛的百年人生画卷延伸向未来。

2014 年 9 月 16 日，年过九旬的吴良镛来到北京人民大会堂，以自己的亲身经历，由浅入深地为 6000 多名来自各大学的新入学研究生作了一场报告。吴良镛说，跟学生们在一起要避开讲大道理，要以启发方式把自己身体力行的体会和认知提出来与学生们共同讨论，通过理想和励志、选择、坚持、榜样、顿悟等方面，与他们进行探讨。吴良镛不顾年事已高，以幽默诙谐的谈吐引起学生们的阵阵掌声与喝彩。吴良镛一辈子忠诚于教育事业，他常常说，自己是一个建筑教育者，要始终把教书育人放在重要位置。他不遗余力地大声疾呼提出"建立多层次的教育结构，广泛培养多种建筑人才""教育机构、研究机构要与生产实践相结合""要加大对职业教育地区性的重视力度""要重视建筑师的社会培养与社会联系"以及"把建筑设计扩展为人类居住环境的创造与设计"等建设性意见。这既是对教育模式的创新，也为建筑学事业提出了战略性的发展思路。

吴良镛于建筑理论和实践方面的贡献，在国内外产生了深远影响。

▲ 吴良镛作报告

《亚洲建筑师》一书把他称作“人民建筑师”，而美国建筑师协会称他为“新中国建筑与城市规划的先行者和杰出的建筑教育家”。

吴良镛说，他有自知之明，他内心特别清楚自己已到高龄、腿脚不灵便，所以，要抓住各种机会加快“理想人居”理念的落实。他通过视频，推动“让首都功能核心区成为理想人居的典范之区”。吴良镛指出：“首都功能核心区是全国政治中心、文化中心和国际交往中心的核心承载区，是历史文化名城保护的重点地区，是展示国家首都形象的重要窗口地区。制定首都功能核心区控规非常及时。民惟邦本，本固邦宁。实现首都功能核心区功能定位的首要条件就是人居环境的优化提质，这是‘三个中心’建设的根本。人居环境具有突出的复杂性，需要采用系统性和整体性的方法。”

百岁大师吴良镛，依然大脑反应灵活、耳聪目明、思维清晰。他默默地以积极的心态看未来。他要求自己在力所能及的前提下，不论是整理书稿、信件还是生活起居，能自己做的，都不麻烦别人。在这种心态支配下，他每天总是面挂笑容乐呵呵。如今的吴良镛，内心憧憬着的依然是实现中华民族伟大复兴美好前景的“下一个”。

（作者：王建蒙）

郑哲敏

爆炸力学尽显神通

郑哲敏(1924 年 10 月 2 日—2021 年 8 月 25 日)，中国科学院院士、中国工程院院士，国际著名的物理学家、力学家、爆炸力学专家。

他阐明了爆炸成型机理和模型律，发展了一门新的力学分支学科——爆炸力学。他还与合作者一起提出了流体弹塑性模型，带领团队先后解决了穿甲和破甲相似率等一系列难题。

▲ 著名物理学家、力学家、爆炸力学专家郑哲敏

郑哲敏说：“虽然爆炸力学是一个全新领域，但国家需要，我当然义不容辞。”

从稚龄孩童到负笈少年

郑哲敏出生于山东济南。他的父亲郑章斐小时候放过牛，但也接受过几年教育。郑章斐曾进城做学徒，后来以经商为生。他十分重视教育，曾告诉自己的子女要修身养性、刻苦学习，希望他们不仅可以读书做学问，更要诚信做人。郑章斐的言传身教对郑哲敏产生了深远影响，他从小就培养了勤奋刻苦、正直务实的品质。在他妹妹郑企静的回忆中，童年时候的郑哲敏活泼好动、思维敏捷，兴趣十分广泛。他爱好音乐，尤其是吹奏口琴和唱京剧。

童年的生活看似无忧无虑，充满了欢声笑语，但在郑哲敏的脑海中，有一段黑暗的记忆总是挥之不去。1937 年全民族抗战爆发那一年，郑哲敏还在读初中。日军随时发起空袭，从天而降的炸弹让曾经温馨美好的家园破败不堪。面对敌人的威胁，郑哲敏和家人整天胆战心惊。据说，他有一次与死神擦肩而过的经历。在郑哲敏回家的路上，一个带枪的日本兵丧心病狂地追赶他。所幸他身手矫健，逃过一劫，但这件事给他心里留下了不小的阴影。因为战乱，郑哲敏不得不从济南转学到四川成都建国中学。高中毕业填报大学志愿的时候，郑哲敏主要有两个志向：一个是成为一名保家卫国的飞行员；另一个则是成为一名优秀的工程师，为祖国的工程建设作贡献。

1943 年，郑哲敏凭借优异的成绩被西南联合大学录取，在电机工程系及机械工程系学习。1946 年，清华大学迎接了从美国加州理工学院归国的钱伟长，并且立即给他安排了教职。据郑哲敏回忆，钱伟长那时讲授近代力学，而郑哲敏是他的第一批学生之一。讲课的时候，钱伟长习惯引用丰富的海外资料，引人入胜。他见解独到，关于新工程科学的思想使学生们获益匪浅，常常博得在座学生雷鸣般的掌声。在钱伟长的影响下，郑哲敏逐渐确立了自己的研究方向，开始向力学方面发展。

大学毕业后，他留校担任钱伟长的助教。1948 年，郑哲敏通过层层选拔，以优异成绩获得了一项国际奖学金，由此得到出国留学的机会。钱伟长亲自撰写了郑哲敏的推荐信。在信中，他毫不吝惜地夸赞郑哲敏，说他十分优秀、敢于创新、聪颖勤奋，工作和学习都尽职尽责。钱伟长相信，郑哲敏未来会成为一名优秀的科研工作者。最终，郑哲敏被美国加州理工学院录取。在刻苦学习了一年后，他顺利取得硕士学位。

随后，郑哲敏留在加州理工学院继续深造，攻读博士学位，他的导师是享誉全球的钱学森。几年的博士研究生生涯，让郑哲敏拥有更多机会向知名学者讨教、学习。他尽情地畅游在知识的海洋中，在浓厚的学术氛围里不断充实自己。近代应用力学学派对郑哲敏的行事风格和科研方向产生了深刻影响。这个学派以力学大师冯·卡门和钱学森为代表，认为搞科研就要做到推理严谨、理论创新、表述清楚，重点关注现实生活中的重大科技问题，从而促进技术与工业的发展。1952 年 6 月，郑哲敏获得加州理工学院应用力学与数学博士学位。

那时，新中国刚成立不久，学有所成的郑哲敏迫不及待地想返回祖国，贡献自己的一份力量。1954 年，美国司法部移民局放宽了政策，批准部分中国留学生回国。郑哲敏有幸成为第一批回国的留学生之一。回国前，想到新中国百废待兴，他不由得感到迷惘。他问钱学森回国以后应该做些什么，钱学森拍了拍他的肩膀，仿佛将振兴中国的重担交付给他："祖国需要你做什么，你就去做什么。"郑哲敏带着钱学森的嘱托离开美国。为了确保可以安全抵达中国，他并没有直接返回，而是花了近 5 个月时间经欧洲绕道而行。他从纽约出发，中途停留瑞士、法国，最后于 1955 年 2 月从深圳入境。不知不觉间，他离开祖国已经 6 年有余。此时的郑哲敏不由得感慨万千、热泪盈眶！

有人曾问他，当时为什么选择回国。郑哲敏回答说，对祖国的爱和思念是刻在骨子里的，他从未想过留在国外。尽管美国的物质生活丰富、科研条件优越，但对他来说，离开故乡就如同浮萍一样漂泊无依。

从"纸上谈兵"到爆炸力学专家

1953年，中国科学院力学研究室成立，创立者正是郑哲敏的恩师钱伟长。回国后不久，郑哲敏便加入钱伟长的研究工作。1955年10月，钱学森回国。1956年1月，中科院力学研究所正式成立。郑哲敏任弹性力学组组长。

当时，我国研发"两弹一星"的各项工作正在紧锣密鼓地筹备着。无奈，现实给整个计划泼了一盆冷水。我国的工业水平不够，不足以将航天部门要求的特殊零件制造成型。加上中苏交恶，苏联专家的撤离让研发雪上加霜。在这个关键时刻，郑哲敏挺身而出。他和钱学森想到，爆炸那一刻会产生强大的力量，这股力量或许可以帮我们把急需的零件爆炸成型。

爆炸是一种释放巨大能量的物理现象。在自然界和人类历史上，发生的爆炸现象数不胜数，例如促使宇宙诞生的宇宙大爆炸、在战争中人们用炸药轰炸敌军、过年燃放烟花爆竹等。爆炸力学就是试图从力学角度探究出爆炸现象中潜在的规律，然后将爆炸有效地应用于实际的工程建设中。爆炸会产生巨大的冲击。在这一瞬间，固体材料的性质非常奇特，它介于固体和液体形态之间，因此，爆炸中的材料就具有了非固体非流体的相关性质。因为传统的力学方程无法准确阐述介质产生的新特性，郑哲敏用了将近3年时间对于爆炸力学这一领域相关的理论进行深入研究，并对其基本规律进行了阐释。

郑哲敏的实验可谓是"从零做起"的。在研究之前，他甚至从未见过雷管，从没点过爆炸引线。郑哲敏从最基础的知识学起，仔细探究地雷的结构，研究爆破方案。他始终坚守一颗为国家作贡献的初心，犹如一位探险家驾驶着一艘航船在茫茫大海中探寻新大陆。

1960年，中国航天部门对郑哲敏寄予厚望，希望他可以成功探索出解决方案。郑哲敏欣然接受任务。同年秋天，中科院力学所的篮球场上演示了一次小型爆炸实验。整个装置看似很简单：一块铁板上面放着雷管，雷管周围是水。装置密封完好，引爆雷管后，受到挤压的水就会顺势挤压铁板。伴随“砰”的一声巨响，现场浓烟四起。过了一会儿，围观的人们看见由一片薄薄的铁板炸成的一个小碗。大家顿时蜂拥而上，争先恐后地要一睹这件成果的风采。这次爆炸成型实验的成果让钱学森激动万分，他拿起小碗，如获珍宝。钱学森灵机一动，称之为“爆炸力学”，一个崭新的专业就这样在中国诞生了，他的弟子郑哲敏就是这个专业的创始人。20 世纪 60 年代，郑哲敏的团队成功研制出具有高精确度的航空和航天工程中使用的零部件，为导弹成功上天作出了贡献。

除此之外，郑哲敏圆满完成了空中核爆炸冲击波压力标定实验。他于 1965 年提出了流体弹塑性体模型，这种新的力学模型可以完美展现介质在流体和固体性质之间的状态，同时可以体现介质的连续变化。随后，他将这个模型应用于地下核爆炸试验，对爆炸进行了模拟计算。这时，他又突发奇想，提出可以将以上模型应用到穿破甲机理研究中。郑哲敏和研究小组用了近 10 年时间研究穿破甲机理。1971 年年底，他与兵工部门合作研究杆式弹穿甲相似律。经过一番努力，郑哲敏成功提出杆式弹的穿甲模型。此模型一出，在国际上轰动一时，曾深受国际认可的 Tate 公式由此被改进。

在 20 世纪 80 年代，我国经济加速发展，急需建设和完善港口。但是，当时国内紧缺这一领域的技术人才。在此情形下，有关部门找到郑哲敏。针对建设港口过程中存在的一系列问题，例如项目工期过长、耗资巨大、安全性低等，郑哲敏提出可以利用炸药爆炸的力量对淤泥进行扰动，用这种方法降低淤泥自身的强度，而堆石也可以因为自身重力的影响向下滑动。在他的建议下，工程的成本得到缩减，工期也得以缩短，使得整个工程的效率得到提升。

▲ 郑哲敏为云南师范大学题词

当年，我国的煤矿开采事业比较兴旺，但大量煤矿爆炸事故频频发生。煤矿爆炸严重威胁采矿工人的生命安全，同时还会影响煤矿的开采进度。出于对人民和国家工业的关心，郑哲敏对相关问题展开了调查研究。他领导的团队提出，引发煤矿爆炸的主要能量来源是煤层中的瓦斯；郑哲敏团队建立了模型，展现了瓦斯突出的主要过程和特征，揭示了煤矿爆炸的发生机制。此外，郑哲敏还将自己的研究成果应用在纳米压痕以及三峡工程一些与爆炸相关的项目上，作出了较大贡献。

郑哲敏常常对自己的学生说，科学家需要为我国工程技术的发展雪中送炭，而不是锦上添花。他潜心领导并组织我国力学学科的建设与发展，用实际行动展现了对我国工业以及国防事业的贡献。

从严谨治学到真诚处世

郑哲敏的办公室里有很多椅子，竹藤的、木头的、软皮的……材质和样式各不相同。原来，郑哲敏十分重视学术讨论自由与民主的氛围。

中科院力学研究所的同事和学生们一旦有学术难题，就喜欢找郑哲敏探讨。破解力学的问题是一件很费时费力的事儿，所以，他们通常都会自己带把椅子过来，坐下与郑哲敏慢慢交流。谈到最后，前来请教的人要么满心欢喜地告别，要么一头雾水地离开，都早已将自己带来的椅子抛在脑后。所有的椅子就这样摆放在郑哲敏的办公室里。这些大大小小的椅子，体现了郑哲敏对学术的探究精神。

中科院力学研究所的陈维波说，郑哲敏对待学术问题有种特别严谨的精神，曾细致认真地批改陈维波的研究报告，前后一共连续修改了6次。中科院力学研究所筹建之初，大部分人学的外语是俄语，不太会英语。为了方便大家查阅英文文献，郑哲敏特地请来美国友人，花了一年时间对研究员们进行英语培训。白以龙是郑哲敏的学生，在他进入中科院力学所的第一天，郑哲敏就告诉他，一定要干能出汗的活儿，一旦认定做一件事就必须把它做好。郑哲敏话中的“出汗”主要有两方面的意思：一个就是要吃得苦，从基层出发干实事；另一个则是说，做科学研究要多动脑、多思考，投身实践，参与实验才能找到研究的真正核心点。郑哲敏认为，研究需要透过现象看到本质，只有通过不断实验，才能根据实验现象去探索事物潜在的规律。反之，只有摸透了规律，掌握了理论，才能更加顺利地解决实际问题。

郑哲敏用实际行动践行了自己的理念。20世纪70年代，已经年过半百的郑哲敏和青年科研人员一同在实验现场艰苦地工作。那时，大家住的是集体宿舍，分上下铺睡。白天辛苦地实验，青年科研人员都感到疲惫不堪，他们一回到宿舍倒头就睡。郑哲敏却在一旁静静地看书，等别人熟睡之后才睡下。第二天一大早，他又准时和大家一起起床，然后精力充沛地投入工作。

除了严谨治学，郑哲敏还具有远见卓识，总能以长远目光，牢牢把握住科研的方向。他听从钱学森的建议，即探究一个问题首先要想到这个问题后面更大的问题，不要把眼光局限在眼前的“小事”上。郑哲敏的学生兼同事洪友士曾称赞他是一位战略科学家，因为他眼光长远，总是比常人看得更远更深。郑哲敏对科学还有一种执着的态度。他始终认为既然选择了科学，就要坚持到底，一辈子与科研做伴。郑哲敏即便已年过九旬，依然坚持搞研究。他仍主持一些重要的研讨会，参与评议，还自己动手做演示课件。

从小受父亲郑章斐影响，郑哲敏知道，做好科研的前提是做好一个人。他真诚处世，处处闪现的人格魅力令人由衷赞叹。他的同事和学生们都说，他在生活中和蔼可亲，在学术上思想深刻、思维严谨，可以用个人魅力凝聚整个研究团队。他十分重视与其他专家的交流、合作，认为深入而真诚的交流可以帮助开阔思维、增进感情，这种思维的碰撞可以产生新的启发。

郑哲敏把自己的日常生活安排得井井有条。他每天早晨8点半来单位工作，午休之后如果天气好就会散散步。他平时喜欢看哲学、科学史类的书籍，听音乐，还会观看关于野生动物的纪录片。空闲的时候，郑哲敏也会思考自己的人生并随手写下来。他说，想把它们给在国外长大的孙辈们看，不仅可以起到一定的教育作用，还可以培养和提升他们的中文水平。

郑哲敏组织并领导了中国力学学科的建设和发展，曾担任中科院力学研究所副所长、所长等职。

郑哲敏始终心系祖国，拥有家国天下的伟大情怀。20世纪60年代，在中国航天事业遭遇瓶颈之时，他雪中送炭，开创了爆炸力学，促进了航天工程建设。几十年来，郑哲敏瞄准国家需求，取得了一系列重大科技成果，为中国的力学事业发展作出了巨大贡献，荣获2012年度国家最高科学技术奖。

许多人向郑哲敏讨教健康长寿的方法。他的养生之道总结起来就是：切记不能胡吃海喝，要保证充足睡眠，平时多走路、多运动，有病不能拖。郑哲敏的一位学生认为，他的好心态是健康长寿的一个重要原因。在“文化大革命”期间，生活比较困难，但郑哲敏依然对生活持乐观态度。他学会了自己改造炉灶，做饭更省时省事。当年，郑哲敏和学生们一起去北京怀柔做实验，只能乘坐敞篷卡车，一坐就是大半天。大多数年轻人都觉得不舒服，但郑哲敏身体素质极好，从不叫苦叫累。几年前，郑哲敏身体不太好，在医院被误诊，所有的同事、朋友都怀着悲痛的心情去医院探望他。没承想，郑哲敏表现得十分平静。他挂着吊针，还与同事们在病房里进行学术研讨，甚至还为学生批改论文。所幸，后来进行复检，发现他的身体并没有大问题。

尽管对自己很“淡定”，郑哲敏却时刻牵挂着人民。2008 年，发生汶川大地震。郑哲敏虽身在美国，但十分关心国内的情况。他与国内的亲人通话询问灾区情况，果断提出要为灾区捐款。

发现新的方向，提出新的理论，创建新的学科，郑哲敏一生都在做开创性的工作。这源于他回国前的信念：为祖国雪中送炭。他不甘于沿着前人深深的脚印前行，郑哲敏要走的路都是没人涉足的泥泞小路，要解决的问题都是国家急需解决的棘手问题，要开展的项目都是为经济建设保驾护航的。他始终秉持着一颗拳拳赤子心，放眼中国科技发展的未来，引领中国的力学研究稳步向前。作为爆炸力学的开创者、爱国奉献的实践者、严谨治学的引领者，郑哲敏的奉献精神、科研毅力与处世之道都值得我们不断学习和发扬！

（作者：王润秋、李　斌）

王小谟

造出世界最强预警机

王小谟（1938 年 11 月 12 日—　），中国工程院院士，著名雷达工程专家，中国现代预警机事业的开拓者和奠基人。

他先后主持研制了中国第一部三坐标雷达等一系列世界先进的雷达，并率先发展国产预警机装备，构建了预警机装备发展体系，主持研制了我国第一代机载预警系统，引领国产预警机事业跨入国际先进水平行列。

▲ 中国现代预警机事业的开拓者和奠基人王小谟

王小谟说：“感谢国外对我们的技术封锁，让我们走出一条自力更生之路。”

兴趣盎然的人生

王小谟出生在上海金山。他自小聪明伶俐、卓尔不群，还喜欢京戏。这使许多人感到好奇，其实，并不奇怪。他说：“兴趣是培养出来的。我为什么喜欢京剧呢？因为我小时候住的是大杂院，好几个邻居没事儿就唱戏，所以，我们小孩儿就跟着喜欢京剧了。后来想听戏，但没钱买戏票，也没有收音机，就想自己装一个，到读高中时已经能自己装收音机了。就这样，我对无线电的兴趣又给培养起来了。其实，我中学毕业的时候可以选择的职业很多，又想参加空军，又想参加海军，想象很丰富，没有说非要干哪一行不可。你干了这一行，认识到它的重要性，就会有兴趣了。”由于王小谟的嗓音圆润，唱起来有板有眼，他中学时，一个昆曲剧团慧眼识英才，相中了王小谟。是不是由此走上艺术表演的道路呢？这着实令王小谟兴奋了好长一段时间。

不过，在1956年，王小谟高中毕业的时候，还是听从家人的建议，考入北京工业学院（今北京理工大学）雷达专业。1961年大学毕业后，王小谟进入第四机械工业部（后改制为电子工业部）的研究所，从事雷达科学技术的研究工作。

刚到工作单位，王小谟激动了好一阵子。他回忆说：“那时候，一方面自己年纪也不大，才二十几岁；另一方面，全国有很多单位给我们做配套工作，我的心情可以说是既自豪，又深感责任重大。当时，在20世纪50年代末60年代初的时候，我们国家的无线电水平并不是十分落后，不比日本差。所以，我当时就下定决心，一定要制造出世界一流的雷达。”

王小谟暗下决心，要成为一只翱翔在科学技术高峰上的雄鹰！遗憾的是，没过几年，正当王小谟满腔热情投入科研工作的时候，“文化大革命”开始了。1966年，王小谟被扣上“反动学术权威”的帽子，从科研一线被“发配”到研究所的计算机房，担任管理计算机的工作。被无端剥夺了从事科研工作的权利，这对于一个年轻的科技工作者来说，无疑是很大的屈辱和不幸，但这并没有让王小谟灰心丧气。他相信，这场灾难只是暂时的。他扫去了心中的郁闷，也就坦然面对工作和生活中的不公正。王小谟利用这段时间学习和掌握了计算机技术。在机房里工作两年后，他成为计算机的专家，再次回到魂牵梦绕的科研工作一线。

大山沟里的坚持

1969年，王小谟投身三线建设（三线建设指的是自1964年起，在中国中西部地区的13个省、自治区进行的一场以战备为指导思想的大规模国防、科技、工业和交通基本设施建设）。他被分配到第四机械工业部第38研究所工作，在那里开展雷达研究。雷达是“千里眼”。王小谟对曾经走过的艰难的雷达研制艰难历程回忆说，早在20世纪50年代末期，中国就在苏联专家的帮助下开始研制三坐标雷达。后来，中苏关系恶化。到王小谟参加工作的1961年，苏联专家已经全部撤走了，留下的一堆资料也是参差不齐。当时，王小谟唯一能看的就是苏联人留下来的这些资料，但把这些资料变成现实还是非常难的。由于王小谟在工作上不懈努力，在他参加工作两三年后，单位就让他负责新型雷达的研究。王小谟和他的同事们不负众望，在世界上第一个提出“脉内扫频”方案，这比英国人类似的方案还要早一年。后来，由于“文化大革命”爆发，王小谟他们的雷达研制工作被迫中断。遗憾的是，英国在1970年研制出脉内扫频雷达，在国际上非常流行，而中国只拿出一个样机就下马了。由此，导致中国的新型雷达研制工作落后了一大截。这件事对王小谟的刺激非常大，他认为：“我们中国人并不笨，而且比外国人勤奋得多。他们能想到的方案，我们也想出来了，但我们为什么落后了呢?！这在我的心底是非常不服气的。”

王小谟来到贵州三线之后，原来一起研制雷达的一部分同事也一同到了贵州38所，继续为研制雷达而努力工作。对于这段不平凡的经历，王小谟回忆道，在人生的历程之中，会遇到很多困难。王小谟25岁就成为雷达项目的副总工程师，结果遇上“文化大革命”，刚刚提出的设计方案用不上了，他还被赶到计算机房去管理计算机。那时候，王小谟一方面感到很遗憾，因为研究成果没派上用场；可另一方面，他也告诉自己，要静下心来。这样，他就踏踏实实地开始自学计算机知识。功夫不负有心人。后来，他在机房里学的计算机知识在研制新型雷达时都派上了大用场。这也算是“失之东隅，收之桑榆”吧！

云贵高原可以说是“天无三日晴，地无三尺平”，工作和生活条件非常艰苦。在贵州的山沟沟里，38 所确定了雷达研制新项目，要搞一种三坐标雷达。能坚持生活在崇山峻岭之中，本身就不简单，何况还有如此重要的项目。这种新型雷达与过去的两坐标雷达不同：后者只能测到距离和方位；而三坐标雷达不仅能够测到方位、距离，而且还能测到高度。三坐标雷达如同神枪手打靶，在 200 公里以外还可以打出每发都中 10 环的优异成绩！这种性能强和技术指标高的雷达，研发自然是非常艰难的。王小谟与他的同事们坚守在贵州的深山沟，这里只有 38 所这么一个单位，孤零零的！山沟里的条件自然是十分艰苦的，交通很不方便，进趟城买东西要走一个多小时的山路。但是，在这种艰苦的环境中，干扰反而比较少，甚至什么娱乐活动都没有，业余时间也都用在了雷达研制工作中。王小谟和同事们在深山沟里坚持了 20 年，克服了难以想象的重重困难，终于将新型雷达研制成功。

自主研发预警机

中国预警机第一次公开亮相是在国庆 60 周年阅兵式上。由王小谟主持研制的预警机作为领航机，引领机群飞过北京天安门广场。预警机是空战指挥员的眼睛、神经和大脑，它集远程侦察、空中导航和空战指挥等重要功能于一体，已经成为现代战争中不可或缺的信息化装备。由于技术高度密集、系统十分复杂，过去只有美国、俄罗斯、以色列 3 个国家全面掌握预警机的制造技术。如今，中国弯道超车，成为“预警机俱乐部”中后来居上的一员。

预警机是增强低空、超低空预警探测和空中指挥引导能力的重要装备。没有预警机，战斗机看不了多远，只能单打独斗。预警机是体现国家综合实力和科技水平的标志性装备。拥有预警机是我国空军多年以来的梦想。早在 20 世纪 70 年代，我国就曾经启动预警机的研制工作，但终因国力有限和技术基础薄弱未能成功。搞雷达出身的王小谟，也从 70 年代开始就跟踪预警机上的雷达技术。1986 年，王小谟担任 38 所所长。他与十几位老专家积极酝酿，在了解已有研究状况之后，综合分析了国内的科研水平，主张自主研制预警机。王小谟根据当时中国的技术水平，提出预警机的预先研制方案，并亲自主持研究技术攻关路线和研制计划，撰写了完整的技术报告，为国家决策研制预警机提供了依据，并获得国家批准和支持，正式立项开展预警机研制工作。作为项目负责人，王小谟主持完成数字阵列雷达预警机地面样机的技术攻关，为研制新型预警机奠定了基础。他曾提出世界首创的三面有源相控阵新型预警机方案。王小谟他们克服了许多困难，坚持自主研发，攻克了预警机最为关键的机载雷达技术以及预警机相关配套设备研制难关。

王小谟是一位具有战略眼光的科学家。早在预警机研发的起始阶段，他就意识到，中国疆域广大，除了装备大型预警机外，还应形成中国自己的预警机装备系列。他描绘的预警机体系化发展蓝图是：“下一代预警机将不再是几个单项第一，而是全面领先，由中国引领国际预警机的新潮流。”他还提出，中国不仅要拥有自主研发、具备自主知识产权的预警机，而且可以利用国产飞机实现预警机出口。他主动承担原型机的设计工作，作为总设计师主持完成了原型样机的设计与制造工作，推动并实现了出口中国预警机装备的目标。

必须具备顽强拼搏精神

大多数预警机都有一个显著的特征，在飞机上背负着一个大圆盘，那就是预警雷达的天线罩。这个天线罩被西方人视为整个预警机项目中最具挑战性的技术核心。王小谟带领他的研制团队不仅设计、制造出世界上最大、最复杂的雷达天线罩；而且，我国预警机全部使用国产关键元器件，电子设备中的高速数据处理器和专用芯片也全部使用自主研发的国产货。“现在，从基础元器件到全套设备，我们已经全面掌握了预警机的制造技术”，王小谟非常自豪地说。

为了研制预警机，在缺少经验和技术的情况下，国家调集最优质的人力资源来保障工程实施，中国军工电子领域和航空领域的优秀人才都投入到研发工作之中。“自力更生，创新图强，协同作战，顽强拼搏”的预警机精神，激励着中国的科技人员为研发国产预警机而努力拼搏，

▲ 王小谟主持自主研发预警机

并使他们突破了数百项关键技术，取得了数十项重大专利。今天，中国科技人员已经实现了预定的目标：中国的预警机是世界上看得最远、功能最多、系统集成最复杂的机载信息化装备。

王小谟对于未来预警机的发展前景也有清晰的构想，要取消飞机背上的大圆盘，采用更小的、可贴在机身上的雷达天线。他认为，中国人要保持预警机世界领先水平，对下一代预警机应该设定更高的目标：不仅有信心把预警机做成“不戴帽子”的，而且，预警机要向小型化、网络化、多功能化发展，还要使用方便，价格也要更加便宜。王小谟还提出，针对中国的实际情况，可以按需设计和制造出各种专用的预警机，同时还要考虑柔性设计的新款式。就像造汽车一样，争取每两年就提出一款，并且年年都要有创新。在王小谟与他的团队不懈努力下，中国国产预警机既有高端产品，也有高低搭配；既能服务于国内，也可出口国际市场。目前，我国已经成为世界上第四个能够出口预警机的国家。

王小谟经常说，要发扬创新图强精神，要非常重视对年轻人的培养。“新竹高于旧竹枝，全凭老干为扶持。”王小谟甘当人梯，充分发挥传帮带的作用，先后培养出 18 位中国预警机系统或雷达系统总设计师，为中国自行研制预警机奠定了坚实的基础。中国预警机科研团队成员的平均年龄只有 30 多岁。在这些年轻人中，许多都成为项目副总设计师或总设计师。王小谟身体力行，大胆使用年轻人，对青年人才很有信心。他认为，要敢于给他们“压担子”，当然，关键时候还要帮一把。这种大胆重用年轻技术人才的做法是王小谟培养人才的一个“绝招”。在这种“绝招”下，44 岁当选为中国工程院院士的吴曼青、38 岁担任预警机项目负责人的中国工程院院士陆军都已经成长起来，成为中国雷达事业和预警机事业的领军人物。

鞠躬尽瘁，坚守一线

王小谟一生致力于雷达技术研究与工程应用。早在20世纪60年代，他就主动学习借鉴国际先进雷达技术。20世纪80年代，王小谟主持开展低空雷达技术攻关，研制成功中国第一部中低空雷达，在国际雷达装备同台竞技中为国产雷达赢得了声誉。此后，王小谟负责研究预警机。目前，中国预警机已经初具规模，引起国际社会的一片赞誉。

2006年，王小谟在担任预警机研制工程总顾问时，始终坚守在科研最前线。每一次上机往往需要连续工作4到6个小时，40多摄氏度的高温、近百分贝的噪声干扰，都没能阻止年近七旬的王小谟坚持在试验现场。在预警机研制的关键时刻，王小谟遭遇突如其来的车祸，腿骨骨折；祸不单行，住院期间又被诊断出身患淋巴癌。68岁的王小谟面对这一连串打击，依然以镇静平和的心态坦然面对。在医院里，他照样乐呵呵地拉京胡、唱昆曲、搞设计，跟普通人一样，怎么看也不像一个病号。他的得意弟子陆军院士去医院探望老师时，内心是极度忐忑的，可

▲ 王小谟接受专访

是一进病房，看见王小谟一边淡定地进行化疗，一边还在与学生和同事们讨论预警机的技术方案。这种情景不仅使陆军不再担心，而且一下子就踏实下来了。

为了安慰家人、朋友和学生们，王小谟平静而坦诚地说："我这辈子也没有什么遗憾的了，做的是自己想做的事，去的是自己想去的地方。国家给了我足够多的荣誉，我应该知足了。"也许是因为有良好的心态，又积极配合治疗，半年后，奇迹出现在王小谟身上，癌细胞竟然全部消失了。出院后，他又回到预警机研制第一线。同事们对他竖起了大拇指，他则笑着说道："我又活过来了。"

正是拥有这样乐观面对逆境的健康心态，在长达近 60 年的科研征程中，王小谟创造了一个又一个令人瞩目的成就。2013 年 1 月 18 日，国家科学技术奖励大会在北京隆重举行，授予王小谟 2012 年度国家最高科学技术奖。得奖后，他深情地抒发了自己的感想：预警机研制工作并没有到头，后面的路还很长。对我们这些搞装备的工程师来说，国家的需求就是研发者的奋斗目标。如果一辈子做好了研制雷达这一件事，

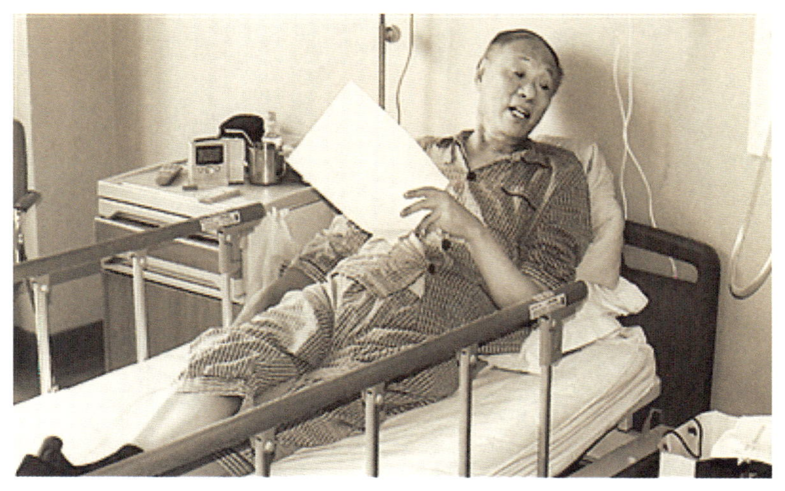

▲ 王小谟在病房坚持工作

还能把最先进的雷达技术应用到预警机上，从而把设计图纸变为装备现实，还能有什么遗憾呢？我作为一个研究团队的带头人，得到国家如此高的大奖，实际上是对整个科研团队的肯定。

（作者：王洪鹏、刘树勇）

张存浩

让高能化学产生聚变

张存浩（1928 年 2 月 23 日—　），中国科学院院士，我国高能化学激光、分子反应动力学的开拓者和奠基人。

他接手的第一份工作，是解决中国当时石油资源匮乏和抗美援朝战争对燃料供应需求的尖锐矛盾。20 世纪 60 年代，中国急需独立自主发展国防技术，他迅速转向火箭推进剂和燃速理论研究。70 年代，他又转入化学激光的基础和应用研究。从水煤气合成液体燃料到国防尖端的火箭推进剂，再到开创高能化学激光和分子反应动力学研究领域，他始终把自己的研究方向紧紧贴合在国家最需要的地方。

▲ 中国高能化学激光、分子反应动力学开拓者和奠基人张存浩

张存浩说："我为自己树立的最大人生理想，就是报国。国家的需要就是我科研的方向！"

生于乱世，出身豪门

张存浩出生在天津的一个书香世家，祖籍山东无棣。张存浩的一生经历丰富，甚至带着一些传奇色彩。他的家世极为显赫，祖父张鸣岐曾经是清朝的两广总督，而外祖父龙济光则是清末民初的一个大军阀。他的伯父张锐留洋求学，在美国哈佛大学学习市政学，是一位著名的市政管理专家。他的姑姑张锦 23 岁便在美国取得化学博士学位；姑父傅鹰同样留洋求学，是我国著名的物理化学家和化学教育家。张存浩自小便在这样的家庭环境中成长。

1937 年全民族抗战爆发后，华北地区首先沦陷，张存浩的成长轨迹逐渐发生了改变。张存浩的母亲龙文瑗深知教育对一个人成长的重要性，为了避免儿子受到日本奴化教育的影响，毅然决然地把当时只有 9 岁的张存浩，交给张锦和傅鹰夫妇带到大后方抚养。从 1937 年起，张存浩便跟着姑姑张锦和姑父傅鹰一同生活、学习。而张锦、傅鹰也倾尽心血，认真教导，抚养张存浩长大成人。张锦和傅鹰的行为也在慢慢影响着张存浩的成长。他们两人放弃美国的优渥待遇毅然归国，献身祖国的教育和科研事业。这种行为彰显出的爱国主义精神和民族自豪感，深深地影响了幼年的张存浩，在他心里埋下了一颗小小的种子——报效祖国。

求学坎坷，学成报国

张存浩的求学道路充满了坎坷和苦难。抗日战争期间，张存浩跟随张锦、傅鹰辗转于重庆和福建。1938 年，年仅 10 岁的张存浩考入闻名全国的重庆南开中学，这所学校由我国著名教育家张伯苓创办。1940 年，张存浩转学至福建长汀中学。在此学习 3 年后，他考入厦门大学化学系，次年又转学到重庆中央大学化工系。1947 年毕业后，张存浩考入南开大学化工系读研究生；次年赴美留学，就读于艾奥瓦大学化工系；不久转入密歇根大学化工系，1950 年获得密歇根大学化学工程硕士学位。张存浩深受张锦和傅鹰影响，逐渐养成了严谨的学习态度，同时十分注重理论与实践相结合，这为他日后的科研生涯打下了良好基础。

1950 年，抗美援朝战争爆发，中美两国关系急剧下降。刚刚取得硕士学位的张存浩敏锐地预料到美国很可能会阻止中国留学生回国，这样就会导致他科研报国的理想无法实现。在这样紧张并且动荡的国际形势下，张锦极力主张张存浩在美国取得博士学位后再计划回国事宜，但张存浩心中那股熊熊的报国之火已经点燃，强烈的家国情怀驱使他放弃了在美国继续深造的机会，同时也拒绝了美国多家单位给出的优厚工作待遇。张存浩于当年 10 月，回到了当时还是一穷二白的祖国。

从美国回来以后，张存浩和他的家人临时住在北京，而他回国的消息已经在学术界传播开来。很短的时间里，张存浩就收到包括北京大学在内的 4 家著名高校和研究院所发来的工作邀请。张存浩刚刚回国，对国内的科研情况不十分了解。就在他犹豫去哪家单位工作时，我国著名的物理化学家张大煜联系上了他。张大煜当时担任东北科学研究所大连分所的所长，而这家研究单位就是现在中国科学院大连化学物理研究所的前身。其实也是机缘巧合，那时，张大煜正好到北京为研究所招聘合适的人才，在偶然的机会下看到了张存浩的相关材料。看到他的学习、科研经历后，张大煜敏锐地判断出他一定是一个有能力的科研人才，因此记下了张存浩的联系方式。两个人取得联系以后，张大煜更加觉得与张存浩相见恨晚，这也坚定了他之前对张存浩的看法。在邀请张存浩到东北科学研究所大连分所工作时，张大煜这样对他说：“党和国家为了加快新中国建设，在东北重要工业基地之一大连设立了研究所，配备了很好的科研设备，只是缺少科研人员，希望你能去看一看。当然，我更希望你能到那里工作！”面对比自己年长20多岁的前辈这样看好并且重视自己，甚至亲自登门诚挚邀请自己去研究所工作，张存浩十分感动，于是立即同意了张大煜的工作邀请，当晚便和张大煜一同乘火车前往大连分所。到了研究所以后，张大煜首先带着张存浩全面参观了所里的具体情况。张存浩惊奇地发现，这里的情况确实如张大煜所说，配备的实验仪器在国际上都十分先进；而且，除了他以外，所内已经有很多从国外留学归来的研究员，大家都在紧张而有序地进行着科学研究。看到这里张存浩在内心对自己的工作地点已经有了十分明确的答案。他随后拒绝了北京多家高校和研究院所的工作邀请，正式决定到大连参加科研工作。就这样，到了1951年，23岁的张存浩告别北京的家人，独自一人来到大连，在东北科学研究所大连分所开启了自己科研报国的一生。

解决我国燃料危机

1951年，新中国刚刚成立，社会主义建设事业百废待兴，全国各个行业对石油的需求量很大。但是，中国当时只在玉门有一块很小的油田，年产量很低，远远不能满足祖国建设的各项需要。加之西方国家敌视新中国，对新中国进行全面封锁，国内燃料供应形势十分严峻。针对国内燃油缺乏的状况，上级决定，利用世界性热门课题——水煤气合成石油，自力更生解决燃油缺乏问题，并经过综合考虑，把这项艰巨的任务交给中科院大连分所。

张存浩进入研究所后被分配到燃料第一研究室，此时正是国内燃油紧缺的艰难时期。研究所接到上级分配的任务后，利用水煤气合成石油以解决国内燃油紧缺问题成为所内重点攻克的项目。在项目人选上，研究所领导通过认真分析，一致认为张存浩等几个年轻的研究员能力突出，一定能够完成这项重任。当所领导询问张存浩的意见时，他十分明白这个课题的难度，但他一想到国家正处在燃油缺乏的困境中，便没有丝毫退缩，毫不犹豫地接下了他科研生涯的第一项任务。对于水煤气合成石油，国外科研机构的研究已经进行了很多年，而这项实验成功与否，关键在催化剂。在整个化学反应过程中，之前常用钴催化剂，而钴这种原料对于当时的中国是十分稀缺和昂贵的，同时也存在转化率低、寿命短等缺陷。因此，要完成水煤气合成石油这个项目，首先要解决的就是寻找一种新型催化剂，同时针对现有工艺进行改进，以增加燃料的产出率。自此开始，在张大煜的指导下，张存浩和他的团队开始查阅大量资料，每有新发现就进行大量实验加以论证，每个人都是废寝忘食地进行研究。出乎所有人意料的是，张存浩和他的团队在很短时间内就研制出新的高效氮化熔铁催化剂，并建立了一套完整的氮化熔铁催化剂流化床水煤气合成油工艺体系，并且运用这套工艺体系完成了小试和中试。最终，张存浩课题组圆满完成了上级交给的任务。通过新的工艺，每立方水煤气可以生成燃料 200 克，远超当时国际最高水平的 160 克，还解决了催化剂寿命短这一难题。凭借这个项目的成功，张存浩和他的团队受到各级领导的高度赞扬。在 1955 年 9 月，张存浩当选为全国青年社会主义建设积极分子。

在此之后，随着水煤气合成石油的研究进一步深入，这个项目不断取得新的成果。而就在此时，大庆油田的发现，使得我国一下子从“贫油国”转换为“富油国”。相较于合成油，天然油的成本要低很多。鉴于当时的国力，合成油项目很快就被叫停。很多人都觉得十分可惜，但张存浩没有丝毫怨言，始终以国家利益为重，坚决服从组织安排，转头奔向国家最需要的研究方向。时至今日，再看当年的合成油项目，虽然

▲ 张存浩（站立者）在 20 世纪 50 年代的工作照

被叫停，当时诸多研究成果和学术思想却都没有白费，在后续的科研中都得到了很好的延续和发展，也为我国发展新兴产业发挥了不可磨灭的作用。

国防安全的守护者

20 世纪 50 年代末期，新中国面临的国际形势急转直下，迫使中国必须独立自主地发展国防尖端技术。面对敌对势力对中国的封锁与核威胁，中央作出决定——自己研制原子弹和人造地球卫星。火箭推进剂作为“两弹一星”最重要的燃料，成为当时必须攻克的难题。在之前合成油项目中大放异彩的张存浩再次进入各级领导的选人范围，最终经过层层考虑和筛选，一致决定指派张存浩作为火箭推进剂项目的负责人。此时的张存浩和上次一样，在关乎国家安全的问题上没有任何迟疑，毫不犹豫地接受了研究任务。

此前的合成油项目，还有国外的研究经验可以参考。而这次研制火箭推进剂，开始的时候让张存浩一筹莫展。对火箭和发动机没有任何了解，张存浩就这样带领自己的团队进驻金家沟，开始了对火箭推进剂的研究。这项研究在国外都是绝对机密的，大家都只能靠自己不断摸索。因此，在张存浩和楼南泉两个人牵头下，首先针对火箭推进剂和发动机燃烧两个方面进行探究，从最基础的理论知识做起，通过不断努力，完善了火箭发动机燃烧的相关理论框架，进而开展推进剂的实验和研究。火箭推进需要燃烧放能，就需要为火箭研制出新的燃料，这成为当时研究过程中的一大难题。通过一系列研究论证，张存浩和同事们在研制新型高能燃料和推进剂方面进行了大量实验。而火箭推进剂实验的危险程度难以估量，每当进行可能存在爆炸风险的实验时，张存浩总是冲在第一个。他心里很清楚，自己作为专业人员都没有百分之百的把握，别人去做实验就会有更大的风险。就在这样危险的实验环境下，张存浩带领

▲ 张存浩在工作中

团队把生死置之度外，在火箭试车台上进行了数千次原型试验，最终成功研制出火箭燃料的各项重要组件，尤其是火箭发动机高空点火器等固体液体发动机的关键零件。1968 年，张存浩团队成功研制出固体液体火箭发动机样机，同时解决了燃烧过程中可能影响安全的多项问题。除了研制出火箭发动机样机，张存浩通过不断研究，提出了固体推进剂燃速的多层火焰理论，较为全面完整地解释了固体推进剂的侵蚀燃烧和临界流速现象。到此为止，张存浩负责的火箭推进剂研制项目取得圆满成功。

从零开始，攻克高能激光壁垒

20 世纪 70 年代，面对国外研制高能激光的挑战，高能激光成为当年我国的重点战略前沿课题。我国已有多家科研单位针对高能激光进行了一系列的研究和论证，但种类繁杂并且功率不高，全国范围内最高的功率仅有 0.3 瓦，导致研制出的激光在实用性上并不强。在这样的背景下，中科院大连化学物理研究所决定成立化学激光研究室，同时任命张存浩为研究室主任。高能激光是一项真正的尖端技术。当时，中国经过多年动荡，整体科技水平已经有所落后，加之研究的难度非常大，这项任务对刚上任的张存浩来说，毫无疑问又是一次艰难的挑战。面对高能激光研究，张存浩再次犯起了难。对于这个从没有接触过的课题，他依旧从最基础的理论知识抓起，先系统地掌握光学相关理论知识。尽管缺乏相关研究资料，实验仪器甚至连最基本的光谱仪、示波器都没有，张存浩和他的团队没有任何消极情绪，所有人都全身心投入紧张的科研探索之中。张存浩当时面临的压力是其他人很难体会的，他从内心里希望这项研究任务能够尽快取得成果，因而，他天天到所里检查其他同事的工作，并且询问有没有进展。因为张存浩天天问、时时催，他获得了

"张着急"这个绰号。不出半年时间，张存浩就带领着团队把激光功率从最高 0.3 瓦提升至 100 瓦，并且研制出我国第一台超声速燃烧型氟化氢、氟化氘激光器，各项性能指标都已经达到世界前列。随后，张存浩又针对化学激光体系进行研究，研制出我国第一台连续波超声速化学激光器，使我国激光器整体性能进入世界先进行列。这些研究和成果不仅使得我国高能激光水平得到了大幅提升，更在一定程度上为我国后续化学激光发展奠定了坚实的基础，尤其是对开辟分子反应动力学领域产生了积极的影响。

在高能激光研究取得成功的基础上，1979 年，张存浩提出要发展波长更短的氧碘化学激光，这也是当时国际上最前沿的研究课题。而在国内，针对激光应用的研究有很多分支领域，激光研究的整体形势欣欣向荣。到了 1986 年，国家实施"863"计划，化学激光却不在计划之中。张存浩罕见地着急了，他不希望努力了 13 年的激光研究就这样结束，因此，他极力向相关负责人阐述化学激光在维护国防安全上的重要性。最终，正是在张存浩的强烈坚持下，化学激光在后续研究

▲ 张存浩（右二）在中国科学院大连化学物理研究所指导科研工作

中大放异彩，成为我国应用激光的首要来源。同时，氧碘化学激光研究取得的令世人瞩目的成就，也印证了当年张存浩坚持的科研方向是无比正确的。

一生报国，培养科研后备军

张存浩自回国之后便一心扑在科研事业上，他的贡献不仅在于取得多项关乎国防安全的科研成果，更多的是在科技领导岗位上的巨大贡献。他带领团队解决了诸多当时对于国家安全来说最重要的科研尖端问题，甚至很多当年的科研结果至今还有着深远意义。除此之外，张存浩在学科建设和基础研究方面也为我国的科研事业作出了卓越贡献，以一己之力为我国培养和引进了很多优秀的科研人才。科研生涯中，每当获得重大奖励，他总是把最大的功劳归功于奋斗在一线的学生和其他合作者，尽自己所能，把机会让给年轻人。张存浩对有能力的科技人才敢于大力提拔重用，努力帮助他们得到全方位的发展。这样的举措，为中科院大连化学物理研究所的发展培养了一大批有志青年才俊。

张存浩一生的科研经历深刻反映出中国国防科技发展的进程，他用一辈子的科研工作践行了自己最崇高的理想。张存浩荣获 2013 年度国家最高科学技术奖后，面对这份沉甸甸的荣誉真诚地说道："我认为，这个奖不该颁给我，而应该授予我们的集体。没有他们，我是什么都做不了的。"张存浩 60 余年的科研生涯如一日，只为实现他心中那个最纯粹的梦想，尽管这个过程中饱受挫折和质疑，但他从来没有退缩，永远都是用科研成果回应所有人。在新中国的科研历史长卷中，张存浩始终都是浓墨重彩的那一笔。他对中国科研事业发展起到了至关重要的作用，也为我国培养了一大批优秀的科研人才，这将是中国未来科技发展的一笔无尽财富。张存浩为了我国科研事业的进步数次转行，却毫无怨言，就是为了自己科研报国的梦想，真正实现了“一生报国，矢志不渝”。

（作者：王家乾、柯遵科）

程开甲

“中国核司令”

程开甲（1918 年 8 月 3 日—2018 年 11 月 17 日），“两弹一星”功勋科学家，中国科学院院士，著名理论物理学家、核武器技术专家，我国核武器发展的开拓者和奠基人之一。

他是我国核武器事业开创者之一、核武器试验科学技术体系创建者之一，40 年隐姓埋名，先后参与并主持了中国首次原子弹、氢弹、导

▲“中国核司令”程开甲

弹核武器和增强型原子弹等不同方式的多次核试验，为我国核武器事业和国防高新技术发展作出了卓越贡献。

程开甲说："我这辈子最大的幸福，就是自己所做的一切，都和祖国紧紧地联系在一起。"

庆幸一生为祖国尽力

程开甲出生于江苏吴江盛泽镇。他的大学学业，是在日本帝国主义侵华战争环境下的流亡途中完成的。他在英国爱丁堡大学获得博士学位后，于1950年8月毅然回到百废待兴的新中国；回国后，先后在母校浙江大学及南京大学任教。他出版了国内第一本《固体物理学》，提出了普遍热力学内耗理论，推导证明了狄拉克方程，提出并发展了超导电双带理论和凝聚态电子理论，在物理学方面颇有建树、成果丰硕。但让人难以琢磨的是，这位程开甲教授没有与任何人打招呼，就突然从大家的视野中消失了。原来，程开甲由钱三强"点将"，经中共中央书记处批准，被任命为核武器研究所主管技术工作的副所长，投身于上不告家庭妻儿、下不告亲朋好友的研制原子弹绝密工程。他在核试验领域默默坚守，隐姓埋名40年。

程开甲这位百岁老人，一直没有停歇对事业的追求，将人民共和国的核武器事业与自己的创新、拼搏、奉献人生紧密相连，一直到生命的最后一刻，仍在始终陪伴他不离不弃的小黑板上推导公式、验证数据。他自从1963年第一次踏入号称"死亡之海"的罗布泊，到后来回到北京从事高层科技工作，在茫茫戈壁工作、生活了20多年。在这20多年里，程开甲作为我国核试验技术的总负责人，参与并主持决策了包括我国第一颗原子弹、氢弹、增强型原子弹、"两弹"结合，以及首次空投、首次地下平洞试验和首次地下竖井试验在内的30多次核试验任务。他

▲ 2000 年，程开甲在家里大黑板上演算

结合核装置爆炸机理，进行了深入研究与计算，为核武器的设计与改进、核装置性能的诊断与发展提供了重要依据。他开创了中国的核爆炸及其效应理论，为核武器战场应用奠定了坚实的基础。

程开甲的一生，为国防奉献，为事业奉献，为人民共和国的繁荣强盛奉献，生命不息，奉献不止，正如他在 93 岁高龄时写下的视为座右铭的条幅所说：“人生价值，在于奉献”。程开甲隐身无人区 20 多年，在核武器的研制和试验中，开创、规划、领导了抗辐射加固技术新领域研究以及定向能高功率微波研究，天天与数据打交道，工作中的每项理论推导和验证都体现了辉煌与成就，但几十年里没有以个人名义公开发表过一篇论文。程开甲默默无闻、淡泊名利的奉献，不仅仅是科学探索，也实现了他一辈子坚守的“荣誉是集体智慧结晶”的诺言。

当属中国获奖第一人

程开甲从读小学、读中学、读大学、在英国爱丁堡大学深造，直到晚年，一生获奖无数。他曾经荣获国家科学技术进步奖特等奖、一等奖，国家发明奖二等奖，但最引人瞩目的是五项大奖：1999年，荣获党中央、国务院、中央军委授予的“两弹一星功勋奖章”；2014年，荣获党中央、国务院颁发的国家最高科学技术奖；2017年，在庆祝中国人民解放军建军90周年之际，荣获中央军委颁授的“八一勋章”；2018年，在庆祝改革开放40周年之际，被追授“改革先锋”称号；2019年，在庆祝中华人民共和国成立70周年之际，被追授“人民科学家”国家荣誉称号。集国家级最高荣誉五项大奖于一身者，程开甲当属中国第一人。

1999年9月18日，荣获“两弹一星功勋奖章”后，他说：“写在立功受奖光荣榜上的名字，只是少数人，而我们核试验事业的光荣属于所有参加者。这是因为，我们的每一次成功都是千百万人共同创造的，我们的每一个成果都是集体智慧的结晶。”

2014年1月10日，荣获2013年度国家最高科学技术奖后，他说：“我是代表研究所和基地的全体指战员以及曾为核武器事业作出贡献的

▲ 1999年9月18日，程开甲荣获“两弹一星功勋奖章”

全体同志们接受奖励的，功劳是大家的。我们的核试验是研究所、基地所有参加者，有名的、无名的英雄们在弯弯曲曲的道路上一步一个脚印去完成的。在核试验的历史上，有很多人做了非常有价值的工作，我们应该给他们摆摆功。”

2017 年 7 月 28 日，荣获国家首次颁发的“八一勋章”后。他说：“我永远忘不了过去中国被人看不起、受人欺侮的滋味。有了原子弹，中国人才真正挺直了脊梁。我们为核武器事业而献身，为的是让我们的祖国能硬邦邦地站在世界人民面前。今天，我们做到了！”

2018 年 12 月 18 日，党中央、国务院在北京人民大会堂隆重召开庆祝改革开放 40 周年大会，表彰了改革开放时期不同行业的 100 位杰出代表，核武器事业的开拓者之一程开甲被追授“改革先锋”称号。习近平指出：创新的事业呼唤创新的人才。实现中华民族伟大复兴，人才越多越好，本事越大越好。知识就是力量，人才就是未来。我国要在科技创新方面走在世界前列，必须在创新实践中发现人才、在创新活动中培育人才、在创新事业中凝聚人才。对于这一点，程开甲在世时曾经深有感触地说：“只有创新才能获得真正的成功。”

程开甲对于这些荣誉的诠释是：“我只是一个代表，功劳是大家的。各项国家级奖励是对整个核武器事业和核武器研制团队的肯定。”

“空投、平洞、竖井、朔风、野地、黄沙，戈壁寒暑成大器，于无声处起惊雷！一片赤诚、一生奉献，一切都和祖国紧紧相连。黄沙百战穿金甲，甲光向日金鳞开！”这是感动中国 2018 年度人物颁奖盛典上给对程开甲的颁奖词。

“你的名字无人知晓，你的功绩永世长存”

程开甲曾经说：“在地下核试验早期，我先后多次进入开挖后的平洞，目的就是要亲自掌握第一手资料，对平洞试验方案做到心中有数。因为洞内极其恶劣的高温、高放射性和坍塌危险，大家极力劝说不让我进去，我是坚持一定要进入核武器爆炸后的现场的。我曾经进过核爆炸后的测试走廊，进过测试间，进过坑道，也进入核装置爆炸后的爆心。每看到一个新现象，我对地下核爆炸现象和破坏效应都会有新的认识，与只听汇报的感受大不相同。我每次进洞，都会有新收获，进而对试验方案有进一步的考虑和设计。”

普通大众对核武器的认识，大多是第二次世界大战末期，美国用飞机向日本广岛和长崎投放原子弹后造成的毁灭性破坏。核辐射不同于化学炸药爆炸。核武器的强冲击波、光辐射、早期核辐射、放射性沾染与核电磁脉冲等，会对人体造成潜伏性的永久杀伤和破坏。

程开甲是研究核物理，从事核武器设计的科学家。核武器对人体的伤害，他比谁都清楚。然而，在真正的核爆炸过后，他只穿身防护服，戴上大口罩、手套、安全帽，拿着手电筒，就从被核爆炸严重挤压得直径只有 80 厘米、10 多米长的测试廊道爬进核装置爆心。

20 世纪 70 年代初期，为了快速获得第一手实际资料，程开甲提出地下核试验爆炸后要立即展开现场挖掘。完成这项任务，要经历“三高一险”，即温度高、压力高、放射性强度高；爆炸产生的强大冲击力使周围岩石破碎，掘进施工中稍有不慎，极易出现突发性塌方危险。程开甲这位将军科学家，不畏个人安危，明知有风险，偏向险中行，一次又一次冲进核爆炸现场，一次又一次闯入核爆炸爆心，却躲过了一次又一次险情，一次又一次得到了看似得不到的真实数据。

程开甲为了能够实时掌握核试验情况，“一次竖井核试验，为察看竖井核试验爆后爆心的地表现象，核装置刚一爆过，我即直奔爆心地面表层现场。随身携带的一支钢笔样的放射性剂量探测器尖叫不停，虽然也会担心强核辐射影响身体，但我得到了第一手的感性认知，至今仍觉

▲“两弹”元勋程开甲、朱光亚亲切交谈

得非常值”。

确实，那次程开甲的警卫员同他驱车赶往爆心时，听到身上的辐射剂量探测器“哔哔”作响报警，忍不住问：“首长，您就真的不担心身体受辐射?”程开甲语速极快却坚定地说：“哪有不担心的道理？但我更想掌握第一手的实际情况，更牵挂核试验的结果，那也同样是我的生命呀！你说我能不去?”

可是，就算他不惧怕核辐射，经过核爆炸冲击的地质、地形、地貌却变化得无法认知，随时都会发生不测。战争年代的冲锋陷阵被称为将生死置之度外。这种核试验场上的壮举，比战争年代的硝烟更浓、胆魄更烈！也许是程开甲对核武器事业的挚爱感动了上苍，他受了那么多次、那么大剂量的核辐射，竟然健康地度过了百岁人生。

十年树木，百年树人，硕果累累

程开甲初到核试验场区时，生活条件极其艰苦。他一改在国外穿西装、住洋房、喝牛奶的习惯，住进寸草不生的地窝子里，与建设者们一起战沙暴、抗寒暑。不仅粮食短缺吃不饱，戈壁滩上的水更是珍贵，早晨的洗脸水留着一天里洗手，晚上的洗脚水沉淀了洗衣服。有时因为风沙、大雪，拉水车过不来，则几天没水洗脸。程开甲曾经这样形容当年的核武器试验场：“说起罗布泊核试验场，人们都会联想到千古荒漠、死亡之海。提起当年艰苦创业的岁月，许多同志都会回忆起走搓板路、住帐篷、喝苦水、战风沙。但对于我们科技人员来说，真正折磨人、考验人的却是工作上的难点和技术的难关。我想，我们艰苦奋斗的传统不仅仅是生活上、工作中的吃苦耐劳，更重要的是刻苦学习、顽强攻关、勇攀高峰的拼搏精神，是新观点、新思想的提出和实现，是不断开拓创新的进取精神。”就是在这样的条件下，1964 年 10 月 16 日，位于罗布泊万里戈壁上那座 102 米高铁塔顶端的原子弹发出一声巨响，升起了震惊世界的蘑菇云。

程开甲在言传身教带队伍、培养人才方面不仅有勇气，而且敢创新。为中国首次核试验立下大功的测量核爆炸冲击波的钟表式压力自计仪，就是程开甲鼓励当时的几名年轻大学生因陋就简研制的。我国第一台具有高难度的强流脉冲电子束加速器，也是程开甲当年大胆交给年轻人攻克完成的。不过，程开甲在信任和放手让年轻人大胆开阔思路、以创新思维攻关的同时，对布置任务后的落实并不放任，经常是第一天刚布置的事情，第二天就急着询问工作进展，常常还没到规定的完成时间就急着要听汇报、要讨论结果。对工作，他就是这么认真加急性子。

时至今日，从事中国核武器研制工作的人员一茬换一茬、一代接一代。所有与程开甲有过工作交集的中国科学院、中国工程物理研究院、有关高校和部队的人们一致认为：他在我国核武器设计、改进理论的深入研究，我国核试验基地尤其是基地研究所的组建和技术队伍建设、培养，试验现场核装置的测试、安全防护和工程技术的攻关等方面起到了关键作用，在我国核武器研制、试验、发展的全过程中功勋卓著，为我国核武器事业的发展作出了巨大贡献。

在人民共和国核武器研制日趋成熟、成果丰硕之时，程开甲的十年树木、百年树人实践也获得累累硕果。他领导研究的多项成果填补了国家多个空白。在程开甲的带领下，10 名院士和 40 多位技术将军脱颖而出。而这些院士和技术将军，个个都成为这个领域的学科带头人。这种滚雪球似的人才队伍建设，也是程开甲被祖国核武器研制进程证实的独特而有效的方式。

戈壁沙石马兰草，神圣事业马兰谣

程开甲一生担任过许多学术职务和行政职务。20 世纪 60 年代开始，他先后任南京大学物理系副主任、核武器研究所副所长、核武器研究院副院长、核武器试验研究所所长、核试验基地副司令员、国防科工委科技委常任委员、总装备部科技委顾问等职，但他头脑里压根儿就没有权力、权威这些概念。他扎根新疆马兰核试验基地几十年，年年月月、时时刻刻，满脑子都装满了核试验的那些事儿。在核试验方面，不论大的原理性方案，还是小的如电源、电缆、设备转接盒以至于封装螺丝钉，他都事无巨细，挂在心上；而办公条件、家庭住房、儿女就业这些一家之主应该考虑的事情，却总是抛在脑后。程开甲是一位典型的心系大家、舍弃小家的科学家。

其实，程开甲也有他浪漫的一面。他家里的摆设简单朴素，环顾客厅、居室四周，几乎没有几件像样的家具、家电，但房间醒目的地方摆着一架钢琴。那是一架伴随了程开甲几十年的旧钢琴，既是家里唯一的奢侈品，也是程开甲休闲时缓解疲劳的好伴侣。媒体上曾经传出程开甲 100 岁时端坐钢琴前弹奏《新年好》乐曲的视频，确有其事。那是在

2018 年春节，母校浙江大学派专人来家里给程开甲拜年。程开甲十分开心，一时兴起，欣然打开琴盖，先用手指划过琴键奏响一连串美妙音符，接着依然指法，手指灵活地弹出悠扬欢快的曲调，令各位年轻的校友赞叹不已。

几十年来，人们提到我国核试验基地都会想到马兰和马兰花，很少有人知晓红山。实际上，红山才是核试验基地的大本营。程开甲领导和参与的核武器试验诸项重大决策和各项重大技术方案，都出自这里。然而，那里的工作环境和办公场所，是从半地下的干打垒、地窝子开始的。程开甲作为核武器试验研究所领导，与基地全体官兵同吃同住同工作，率领科技人员在核试验场执行任务期间，一起喝苦水、吃风沙、住地窝棚。尤其是晚上醒来后，大小便都在戈壁荒漠中解决。冬天的夜晚，真有撒尿用棍豁、拉屎用脚踢的说法。

程开甲一生都以普通的科技工作者要求自己。他始终认为，是一代又一代为了祖国核武器事业艰苦奋斗、无私奉献的马兰人在默默地攻坚克难。他们的信念和坚守，他们的青春年华和满腔热血，都将永远传

▲ 2008 年春节，程开甲看望老搭档、中国核试验基地首任司令员张蕴钰

承。人民共和国核武器事业的丰功伟绩，归功于伟大的祖国，归功于伟大的人民。千千万万马兰人，如同一粒粒微不足道的原子。可是，原子在一定条件下汇聚反应在一起时，就能够爆发出比原子弹更强大的力量。这种力量足以放射出耀眼的光芒、巨大的能量，核物理科学把这种汇聚反应称为核聚变。创造中国原子弹、核聚变的马兰精神，永远值得祖国和人民铭记并弘扬。程开甲在 100 岁华诞之际，提笔书写了“马兰精神万岁”的条幅!

2018 年 11 月 17 日，被誉为“中国核司令”的程开甲，永远离开了他为之奋斗一生的人民共和国核武器事业。11 月 21 日上午，程开甲遗体告别仪式在北京八宝山革命公墓隆重举行，来自社会各界的悼念送别队伍长达数百米。现场庄严肃穆，花圈如云，挽联似瀑，向程开甲这位人民共和国功臣致以崇高的敬意。

（作者：王建蒙）

于　敏

氢弹爆响，惊天动地

于敏（1926年8月16日—2019年1月16日），“共和国勋章”获得者，“两弹一星”功勋科学家，中国科学院院士，我国著名核物理学家，我国核武器研究和国防高技术发展领军人物之一。

他突破了我国研制氢弹的技术途径，对我国核武器的发展、科技自主创新能力的提升和国防实力的增强作出了开创性贡献。他隐姓埋名28年，为国铸核盾、卫和平。惊天的事业、沉默的人生，这句话浓缩

▲“两弹一星”功勋科学家于敏

了他与核武器研制相伴的一生。

于敏说：“能把自己微薄的力量融入强国的事业之中，也就足以自慰了。”

隐姓埋名廿八载，一生不忘国重器

于敏出生于河北省宁河县（今天津市宁河区）芦台镇。1944 年，他考入北京大学工学院电机系，两年后转入理学院物理系，并于 1949 年以第一名的成绩从物理系毕业。本科毕业之后，于敏又考取了研究生。两年之后，他被钱三强亲自点名，从北京大学调入中国科学院近代物理研究所，研究工作正式从量子场论领域转入原子核理论领域。此时的于敏刚刚 25 岁。

进入中科院近代物理研究所一年之后，于敏就完成了他的硕士研究生毕业论文——《核子非正常磁矩研究》，这篇论文同时也是他学术生涯中的第一篇重要论文。于敏在原子核理论研究方面，先后取得了很多突破性的成就，诸如重原子核壳结构理论、粒子能谱研究等，填补了我国原子核理论方面的空白。他与杨立铭合著的《原子核理论讲义》，更是我国第一部原子核理论方面的学术专著。

从基础理论研究领域转入氢弹研究领域，对于敏个人来说，其实是巨大的损失，因为他当时在基础理论研究方面已经取得很多成果，如果坚持走下去，一定会成为一名成果丰硕的科研人员。但是，作为一名心怀祖国、始终把国家利益放在首位的科技工作者，于敏在大是大非面前，根本就没有过多地考虑个人得失。1961 年，他欣然接受组织的安排，收拾起行囊，放下过去的成绩，一头扎进氢弹的研究之中。谁也不曾想到，这一扎就是整整 28 个年头。氢弹研究的特殊性，让于敏在这 28 年中，只能处于隐姓埋名的状态。

1967 年 6 月 17 日，我国第一颗氢弹成功地空投引爆，最终爆炸的威力同于敏的理论计算结果基本一致。如此的一致性，足以说明于敏在氢弹研究方面的巨大成功。氢弹爆炸成功之后，于敏并没有停止研究的脚步。他很快就意识到惯性约束核聚变在国防和能源方面的重要意义，立即组织并指导深入开展这项研究。在新式核武器研制过程中，于敏率领团队成功取得相关关键技术的突破，使得我国核武器技术水平提升到一个新的层次。

1988 年，于敏与王淦昌、王大珩一起上书邓小平等中央领导同志，建议加速发展惯性约束核聚变研究，并将它列入中国高技术发展计划。这个建议，直接推动中国惯性约束核聚变研究进入发展的新阶段。

▲ 20 世纪 60 年代初，于敏在原子能研究所参加氢弹原理研究时留影

晚年的于敏，由于身体原因逐渐退出研究领域，卸任中国工程物理研究院副院长。但是，他仍然时刻心系祖国核武器事业的发展，经常以中物院科学顾问身份为中国核武器事业提供宝贵的咨询和建议。

于敏以一首《抒怀》为题的七言律诗总结了自己的一生：

忆昔峥嵘岁月稠，朋辈同心方案求，亲历新旧两时代，愿将一生献宏谋；

身为一叶无轻重，众志成城镇贼酋，喜看中华振兴日，百家争鸣竞风流。

荣誉加身平常心，功劳常念众人享

于敏28年隐姓埋名，党和人民并没有忘记这位奉献者的功劳。2015年1月9日，在2014年度国家科学技术奖颁奖大会上，中共中央总书记、国家主席、中央军委主席习近平弯下腰，将国家最高科技奖证书送到坐在轮椅上的于敏手中，并同他热情握手，表示祝贺。党和国家最高领导人如此“礼遇”老一辈科学家，让人印象深刻。

中国古代四大名著中的《三国演义》是于敏最喜欢的一本书，他非常崇拜诸葛亮这个人物。诸葛亮的《出师表》，于敏能够非常熟练地背诵出来。当年在荒漠之中进行氢弹试验的时候，空闲之余，他曾和另外一位科学家陈能宽你一句我一句地背诵整篇《出师表》：“臣受命之日，寝不安席，食不甘味……臣鞠躬尽瘁，死而后已……”于敏之所以对诸葛亮有着近乎虔诚般的崇拜，或许正是因为他在精神上与诸葛亮有着相同的地方吧！

于敏把一生毫无保留地奉献给了中国核武器事业，却对“中国氢弹之父”这个称号极力推让。他始终认为，成功研制氢弹的功劳并不是他一个人的。没有国家的大力支持、没有团队的密切合作，他自己一个人不可能做成这件大事。他也一直坚持认为，核武器事业是庞大的系统工程，是在党中央、国务院、中央军委的正确领导下，全国各兄弟单位大力协同完成的大事业。

于敏是一个喜欢安静的人，他毕生信奉诸葛亮那句“淡泊以明志，宁静以致远”的名言。他曾对身边人说，不要计较有名无名，踏踏实实地做一个“无名英雄”就很好。正如他的内心独白：“一个人的名字，早晚是要消失的。留取丹心照汗青，能把自己微薄的力量融入强国的事业之中，也就足以自慰了。”于敏对“宁静”更有着自己的解释：“非宁静无以致远。所谓宁静，对于一个科学家来说，就是不为物欲所惑，不为权势所屈，不为利害所移，始终保持严格的科学精神。”

一丝不苟技术控，“死神三顾”犹不惧

工作，几乎就是于敏生命的全部。在工作中，于敏从来都是不畏困难、勇往直前的。每次遇到难题的时候，他都带领研究团队进行反复讨论，非常谨慎地选择合理的技术途径，认真推算物理模型。有的时候，他为了获得一个准确的数据，干脆直接趴到地上，在图纸上面画出一条条特征线，再结合这些特征线跟大家作进一步的研究讨论。工作中的于敏经常不分昼夜，有时候半夜醒来，突发灵感，他就会立刻起床投入工作之中。在高原做实验期间，为了能够在第一时间得到实验数据，于敏经常彻夜守候在实验室里，实在累得不行了就裹着一件皮大衣，直接躺在实验室的地板上小睡一会儿。于敏这种近乎疯狂的工作状态，给他的身体带来了很大伤害。后来，出于对他身体健康的考虑，为了不让他自己出差在外的时候依然无休止地忘我工作，每

次出差，所领导都委派一位同事和于敏住在一起，专门负责监督他必须准时休息。

于敏对实验数据，有着非常苛刻的要求。他的同事们都知道，在于敏面前，任何一个数据都不能有含糊的地方。在一次核试验过程中，试验装置都已经安装就位，试验工作即将开始。就在这个时候，于敏突然发现之前的设计中有一个数据可能有点儿问题，于是立即向上级报告并请示立刻暂停试验。虽然这样做的后果很可能会让他不得不承担一定责任，但是，他并没有因此降低对科学严谨性的要求。或者说，于敏当时根本就没有想到什么个人得失问题。经过一天一夜的认真查找之后，研究团队终于弄清楚了，这个不利因素造成的影响是可以被另一个抵偿因素产生的作用抵消的。直到这个时候，于敏才放心地松了口气，如释重负。回顾历史，我们会发现，我国核试验的成功率一直都是远远高于世

▲ 1984 年，于敏在办公室看计算机纸带

界上其他国家的。应该说，这同于敏等老一辈科学家坚持的一丝不苟的科学精神有重要关系。

忘我的工作，确实给于敏的身体造成很大伤害，他曾经三次与死神擦肩而过。1969 年年初，在进行中国首次地下核试验及大型空爆热试验时，他身体虚弱到走路都很困难的程度，上台阶时要用手帮着抬腿才能慢慢地上去。由于操劳过度和心力交瘁，于敏在工作现场几度休克，幸亏抢救及时，才幸免于难。

1971 年 10 月的一天深夜，于敏突然感到身体十分难受，他赶紧喊醒陪伴在身边的妻子孙玉芹。孙玉芹见他气喘得很急，忙把他扶起来。不料，就在这个时候，于敏突然休克了过去。后来，经过医生及时抢救，他才转危为安。对这件事情，后来许多人想起来都有点后怕。如果那晚孙玉芹不在身边的话，也许于敏后来的一切就都不存在了。

1973 年，于敏在返回北京的列车上开始便血，回到北京后被立即送进医院接受检查。在急诊室输液时，于敏又一次休克在病床上。但是，所有这一切，都没有吓退于敏继续投身中国核武器研究的热情和斗志。

传统工具也立功，国产专家同样牛

氢弹的威力特别巨大，几十亿分之一秒的时间内，就能够产生比太阳温度还要高的大爆炸能量。所以，试验过程中，涉及的数学模型和需要进行的计算量都可以称得上是天文量级的。可是，当时于敏等人的计算工具并不先进，甚至可以说是落后。计算尺、手摇计算器，乃至算盘和稿纸，是计算工具中的主打。唯一的一台电子管计算机，还要用来保证原子弹计算工作的急需，每周分配给于敏所在氢核理论小组使用的时间只有 16 个小时。

时势造英雄，临危显真才。越是艰难的情况下，越能够将一个人的能力展现出来。于敏的厉害，就是在这个时候显现出来的。他最擅长的，就是从纷繁复杂的物理现象中敏锐而准确地抓住问题最本质的部分，再以逻辑推理和数学敏感性作出基本判断，从而避免计算过程多走不必要的弯路。

从 1965 年 9 月到当年年底这段时间里，39 岁的于敏带着他年轻的科研小组，来到上海华东计算技术研究所，利用这里的 J501 计算机开展增强型原子弹优化设计工作。那个年代的计算机可没有现代计算机这么先进，它需要将相应的数据结果以打孔形式呈现在一条纸带上，然后由研究人员通过研究这些纸带上的孔迹变化，去分析相关物理量的变化规律。有一次，正在认真分析纸带上孔迹的时候，于敏突然指着一处说道：“不对，这个物理量错了！”于是，大家开始查找错误的源头。结果发现，执行这个物理量计算的晶体管坏了。能从物理量对应的孔迹异常变化中找出计算机硬件的问题，于敏的洞察力就是这样厉害。

没日没夜地艰苦鏖战整整 100 天，打印出来的计算机纸带足有几十公里长。新的难题不断出现，新的设想随之而来。层层推进之中，于敏同科研小组对热核材料燃烧过程特点及规律的认识和把握不断深化，最终成功发现了自持反应的关键条件，攻克了氢弹原理设计的第一关。在中国核武器研究史上，这就是著名的“百日会战”。

原理设计取得成功，只是氢弹研究万里长征的第一步。从理论到实践，作为一项系统工程的氢弹研究，涉及方方面面的协同合作。“百日会战”之后，于敏带着二机部九院理论部的同志远赴青海，与那里的有关科研部门和科技人员合力攻关，终于在 1966 年 12 月 28 日顺利完成了氢弹原理试验。

1967 年 6 月 17 日上午 8 时 20 分，新疆罗布泊上空出现了两个太阳，中国首次大气层全当量氢弹空投试验获得成功。实测数据表明，爆炸威力达到330万吨梯恩梯当量。

于敏在中国氢弹研究中具有不可或缺的重要性，但很多人或许不知道，这位著名核物理学家是地地道道的“国产专家”。于敏的“国产专家”这个称号，出自日本物理学家朝永振一郎之口。那是在1957年，以朝永振一郎为团长的日本原子核物理和场论方面的学者代表团来华访问，于敏的才华给对方留下了深刻印象。于是，朝永振一郎好奇地询问：“于先生是在国外哪所大学深造的？”

于敏幽默地说：“我产自中国自己的大学，是纯粹的中国造。”

朝永振一郎由衷地赞叹：“你不愧是中国的‘国产专家’一号！”

事实上，在23位“两弹一星”功勋科学家中，只有于敏和“东方红一号”人造地球卫星总体技术负责人钱骥两人没有外国留学背景。不过，对于没有留洋背景这件事情，于敏的内心里其实还是感觉有些遗憾的。他认为，科学是需要开放交流和开阔视野的，如果能够有机会留洋，还是不应该错过的。但是，于敏同时认为，一个人留学之后必须“回国给国家作贡献”，而且“不要到老了才回来，落叶归根只能起点肥料作用，应该在开花结果的时候就赶快回来”。

谈到于敏在氢弹研制中的贡献，何祚庥院士曾经以“足球队”作比喻。他说：“球队在场上踢球，起关键作用的人员往往是场外教练和举足射门的前锋，于敏正是这支足球队的教练兼前锋。关键时刻，临门一脚、应声入网的总是他。”

于敏带领科研队伍完成了核装置的理论设计，定型为我国第一代核武器并装备部队，荣获1985年度国家科学技术进步奖特等奖；在核武器小型化突破中，主持研究并解决了一系列关键技术问题，为我国新式核武器的研制奠定了可靠基础，荣获1987年度国家科学技术进步奖特等奖；在中子弹突破中，是主要领导人和参加者，荣获1988年度国家

▲ 1999 年 9 月 18 日，于敏代表受表彰的 23 名“两弹一星功勋奖章”获得者在北京人民大会堂发言

科学技术进步奖特等奖；在核武器基础理论发展中，揭示了武器核反应内爆过程的运动规律，解决了辐射与物质的相互作用及弛豫过程、辐射波与冲击波的传播规律等一系列基础问题，荣获 1982 年度国家自然科学奖一等奖。

于敏还曾荣获“五一劳动奖章”、“全国劳动模范”称号，被国家授予“两弹一星功勋奖章”，荣获 2014 年度国家最高科技奖。2018 年，在庆祝改革开放 40 周年大会上，党中央、国务院决定，授予我国“国防科技事业改革发展的重要推动者”于敏“改革先锋”称号，颁授“改革先锋”奖章。2019 年，于敏被追授国家最高荣誉“共和国勋章”。

“离乱中寻觅一张安静的书桌，未曾向洋已经砺就了锋锷。受命之日，寝不安席，当年吴钩，申城淬火，十月出塞，大器初成。一句嘱托，许下了一生；一声巨响，惊诧了世界；一个名字，荡涤了人心。”这是感动中国 2014 年度人物颁奖盛典给于敏的颁奖词。

功成不自傲，脚步不停息

1967 年 6 月 17 日，一声巨响，宣示了中华民族从此拥有了核盾利器，使我国继美国、苏联、英国之后，跻身世界核武大国行列。

于敏一生获奖无数，各种荣誉纷至沓来。他家客厅正中悬挂的“淡泊以明志，宁静以致远”，是他始终保持谦逊态度的座右铭。他对荣誉的解读是：“我们国家没有自己的核力量，就不能有真正的独立。面对这样庞大的题目，我不能有另一种选择。”

当年，在物质资源极端匮乏、生活条件异常困苦、工作环境十分艰难的情况下，黄皮肤、黑眼睛的中国人凭着浓厚的家国情怀、顽强的拼搏精神，加上无可比拟的勤奋与智慧，创造出一个又一个震惊世界的科学奇迹。多年后，邓小平感慨地说：“如果六十年代以来中国没有原子弹、氢弹，没有发射卫星，中国就不能叫有重要影响的大国，就没有现在这样的国际地位。这些东西反映了一个民族的能力，也是一个民族、一个国家兴旺发达的标志。”

在氢弹研究上取得了丰硕成果的于敏，并没有停下前进的脚步，他心中装着的始终是中国的核事业。1986 年，于敏和邓稼先对世界核武器发展趋势进行了分析，认为美国的核战斗部设计水平已接近极限，即便做再多的核试验，也不会有多大的提高了。这种情况下，为了保持在世界上的核优势，同时限制其他国家的核发展，美国很可能会加快核裁军谈判的进程，推动全面禁止核试验。如果在此之前，我国该做的热核试验还没做、该掌握的数据还没掌握，我国的核武器事业可能就会功亏一篑。

于敏他们想到向党中央提出建议，但邓稼先不幸到了直肠癌晚期。于是，那段时间里，于敏频繁地出现在解放军总医院，与病床上的邓稼先一起，字斟句酌地写下了《关于中国核武器发展的建议书》。正是这

▲ 1984 年，于敏（右）和邓稼先在一起研究工作

份极具前瞻性的建议，为中国核武器事业赢得了宝贵的 10 年时间，在世界全面禁止核试验之前达到了实验室模拟水平。后来，于敏又提出，用精密计算机模拟技术保证核武器的安全、可靠和有效。这个建议被采纳并演化为我国核武器事业发展的指导思想。

正如宋朝诗人吕声之诗中所言："更看谋略称筹幄，会见精神坐折冲。"于敏的谋略，"折"掉了美国的阴谋。因此，于敏又被视为不断推动我国核武器事业发展的战略家。从某种程度上看，他甚至做到了像诸葛亮那样，运筹帷幄，料事如神。

（作者：韦中燊、周广刚）

赵忠贤

探寻超导世界新高度

赵忠贤（1941 年 1 月 30 日— ），中国科学院院士，物理学家。

他是我国高温超导研究的奠基人之一，带领中国的超导研究从起步直到跻身国际前列。世界超导研究史长达 120 多年，其间高温超导研究有两次重大突破，赵忠贤及其合作者都取得了重要成果。

赵忠贤说：“我们要做的，就是不懈努力，制造、修改每一把钥匙，

▲ 中国高温超导领军人赵忠贤

直到打开科学这扇大门。”

培养科学兴趣，初立人生理想

赵忠贤出生于辽宁省新民县。他对自然科学产生兴趣的萌芽，也许源于小学的一节实验课。一位姓苏的老师将一只小老鼠放进透明的玻璃罩中。刚开始，老鼠的状态没有太大变化。随后，苏老师往玻璃罩内注入了部分氧气，老鼠便异常活跃。过了一阵儿，玻璃罩内的氧气被消耗得越来越少，老鼠也越发无精打采了。这个探究氧气对生命的作用的实验令赵忠贤印象深刻，激发了他对自然科学的好奇。

1956 年，党中央发出“向现代科学进军”的号召。赵忠贤正在上中学，对一本杂志格外着迷，就是从苏联翻译过来的科普杂志《知识就是力量》。这本杂志里有很多对前沿科学技术的介绍，例如火箭、半导体、人造地球卫星等等。这些新奇的知识使他成为一名科技爱好者。同时，他爱上了物理这门学科，积极参加物理课外小组活动，自己动手做矿石收音机和一些物理实验。这或许就是赵忠贤以后向物理学方向发展的前奏。而后发生的事情，更是让他直接踏进了物理学的大门。

上高中时，赵忠贤的文科和理科成绩都很优秀。高考即将来临，正值“大跃进”运动的尾声。学校所在街道开展“清洁卫生的大跃进”活动，为了给活动造势，要求学校的管乐队参与。作为管乐队成员的赵忠贤一心扑在马上就要到来的高考上，对于这种形式主义的活动有些不满，说了几句不合时宜的风凉话。于是乎，他被批评反对“清洁卫生大跃进”，毕业评语也因此受到影响，个人政治操行成绩降为“良”。这个变化对他的求学选择产生重大影响，赵忠贤失去报考梦寐以求的解放军军事工程学院（即“哈军工”）的资格。

报考志向的计划被打乱，赵忠贤向时任学校副校长的班主任申诉，得到了理解，删掉了毕业评语中反对“清洁卫生大跃进”的内容，并把个人政治操行成绩改成“优”。赵忠贤正为选择什么大学犹豫不决时，他在校长的办公桌上看到中国科学技术大学的招生简章，封面是火箭围绕着地球。赵忠贤发现，他慕名已久的许多科学家都在这所大学任教，该校的科系设置也都与国家的尖端科学技术有关。于是，他毫不犹豫地报考了中国科学技术大学。这个插曲也许是一种“因祸得福”。1959 年，赵忠贤如愿以偿地考入中科大物理系，打开了他进入物理学科之路。

中国科学技术大学汇聚了一批久负盛名的科学家，都非常投入地给学生授课，中国“两弹一星”元勋钱三强也曾到中科大演讲。大师们严谨的治学风范、渊博的专业知识，如春雨般滋润着赵忠贤的心田，也在潜移默化地影响着他。他们就是赵忠贤的榜样，激励他努力学习报效国家，为发展中国科技事业而奋斗。

赵忠贤在中科大学习的 5 年间，正值中国的 3 年困难时期。他和同学们在刚盖好的主楼上课。那时，冬天天气酷寒，主楼还没有暖气供应。有时候，老师上课讲到一半，就会暂停授课，让学生们集体跺脚取暖，稍微暖和之后，再开始讲课。就在这个艰苦的学习环境中，赵忠贤开始接触超导。低温世界充满神秘感又妙趣横生，很快就深深吸引了赵忠贤。赵忠贤每天除了认真学习书本知识外，还根据学校实验室的条件，试着开展自己设计的实验研究。

进入超导领域，立志为国奉献

1964 年，赵忠贤从中国科学技术大学毕业，随后进入中国科学院物理研究所，开始从事低温物理领域的研究。虽然当年的设备和仪器都比较落后，科研人员的研究经费也比较少，但赵忠贤感到满足和快乐，因为他进入了自己热爱的低温超导领域。他和年轻的同事们互帮互学，比如，看一本超导领域的外文书，每人认真阅读其中一章并负责主讲，大家再一起讨论，每天晚上 11 点多才回宿舍歇息。赵忠贤参加的第一个课题是研制超导计算机器件，1967 年年初被抽调去参与这项国防任务，作为任务负责人参加研制微型制冷机。任务完成后，他于 1972 年夏返回中科院物理所，继续从事超导研究。

1974 年，赵忠贤得到了宝贵的出国学习机会。他先是去英国国家物理实验室学习，随后进入剑桥大学冶金及材料科学系，开始了有关第 II 类实用超导体的研究。赵忠贤非常珍惜这一难得的机会，每天几乎三点一线，把实验室当作了真正的“家”。他每天都用 10 多个小时的时间做实验，揣摩、研究细节。功夫不负有心人，赵忠贤仅在一年的时间里就有所发现。他发现第 II 类超导不可逆量子磁通线在运动过程中，从非线性到线性区转变的临界点与临界电流呈线性关系。刚开始，他的指导老师、超导物理学家艾维茨博士并不太相信这个研究结论。当这个结论最终被证实的时候，艾维茨称赞赵忠贤完成了博士生在 3 年内也可能

▲ 赵忠贤年轻时在做实验

完成不了的研究工作。1975 年，赵忠贤的同事代他在国际会议上介绍了这一发现。1978 年，基于赵忠贤早期工作的最终研究成果，在第 15 届国际低温物理大会上报告，随后又被法国的一家学术刊物发表。

1975 年，赵忠贤回国后，选择探索高温超导体研究。在中科院物理所和中国物理学会的支持下，在他和国内低温超导领域有关专家的共同倡议下，继 1976 年 6 月的全国超导大会之后，从 1976 年年底到 1986 年 11 月，我国连续举办了 6 次关于高转变温度超导体的全国性学术会议。每次会议上都可以看到赵忠贤忙碌的身影，他不仅参与组织工作，还踊跃参加学术研讨。他是第 5 次会议的领导小组组长。这一系列会议，参加者学术活跃、内容深入，成为中国在超导领域不断提高水平、凝聚力量、明确方向、奋起直追的系列会议，为后来的科研突破打下了基础。

1977 年，在全国自然科学规划会议上，超导技术研究被正式列为凝聚态物理研究的重点项目。中科院物理所于 1979 年成立超导材料实验室，赵忠贤担任实验室副主任。为了推广和普及与超导有关的科学知识，他撰写了一系列关于超导体的科普与评论文章，并在国内科技杂志上发表。1977 年，他关于探索高临界温度超导体的文章在《物理》杂志上发表。他所做的这些努力在中国科技界引起了积极反响，推动了我国超导领域的研究。

探索未知，创造新高

赵忠贤一直着眼于世界前沿的研究成果，将目光放在中国超导研究的发展道路上。他嗅觉敏锐，勇于探索，立志要为中国的超导研究创造新的高度。

1986 年年底，赵忠贤凭借锐利的洞察力和决断力，带领团队在 Ba

（Sr）-La-Cu-O 体系中获得了 40K 以上的高温超导体，并观察到 70K 的超导迹象。为了重复这个结果，整个团队曾经夜以继日地在实验室中奋斗。团队最终取得的成果令大家兴奋不已，国外的研究也相继获得基本相同的结果。这一研究成果对传统理论提出了挑战，在物理学界引起极大震动。一时间，中国的高温超导研究和“北京的赵”频频出现在世界科技刊物与世界科技论坛上，中国的超导研究得到世界瞩目。

1987 年 2 月，赵忠贤团队独立发现液氮温区超导体，在世界上首先公布其元素组成是 Ba-Y-Cu-O。最开始，赵忠贤发现某些杂质会影响超导实验的结果。于是，他认定，一些特殊的杂质可能在超导现象中产生作用。随后，赵忠贤团队另辟蹊径，把某些杂质引入超导实验。在整个验证过程中，赵忠贤团队经历了无数次失败。作为领头羊的赵忠贤鼓励大家继续前行，并带头在实验室里不眠不休地理清思路、设计实验。经过一次次的试验、连续的伏案钻研，令赵忠贤他们振奋不已的成果终

▲ 赵忠贤在实验室

于诞生了。

1987 年，赵忠贤受邀参加美国物理学会的学术会议。会议持续了 7 个多小时，他是 5 位受到特别邀请的报告人之一。这 5 位特邀报告人分别是：瑞士的缪勒、日本的田中、中国的赵忠贤、美国的朱经武和巴特洛格。赵忠贤在会上作了报告，接着又作为特邀学者出席了有关高温超导的新闻发布会。中国科学家能够在世界科技平台上拥有如此特殊的待遇，在当时实属罕见，这标志着中国高温超导研究已跻身国际前列。会议组织者激情地说道："是赵忠贤他们开动了引擎！"语音刚落，整个大厅爆发出雷鸣般的掌声。此时此刻，赵忠贤内心非常激动。"北京的赵"指的是中国人，中国姓赵的人太多了。能为祖国争光，是一件难忘而骄傲的事！赵忠贤因对液氮温区超导体研究的先驱性贡献，于 1987 年获第三世界科学院物理奖，并在 1989 年获国家自然科学一等奖。

2008 年，赵忠贤已经 67 岁。一般人在这个年纪早已经享受退休时

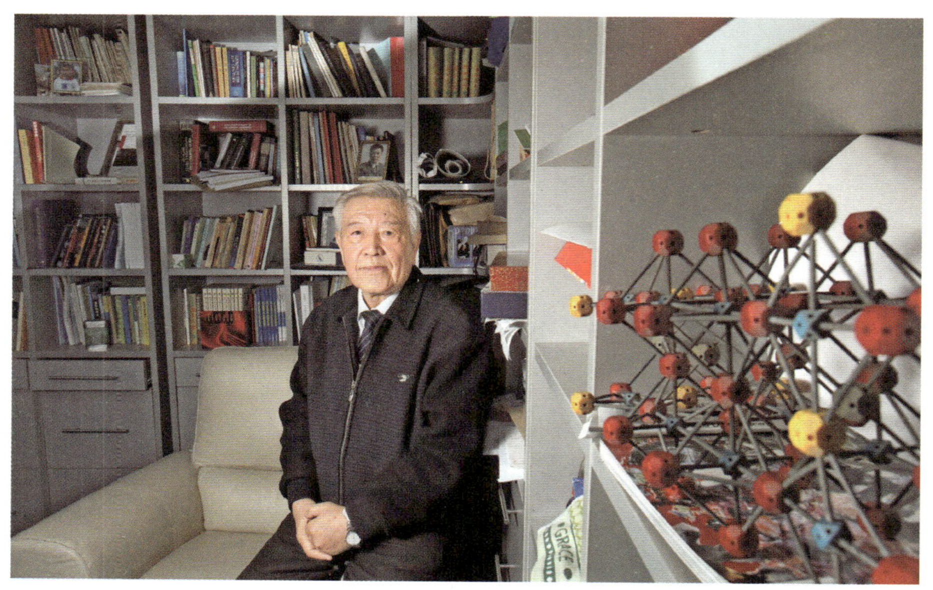

▲ 赵忠贤在办公室

光，但他依然带领年轻人奋斗在科研第一线。在铁基超导体探索的初始阶段，为了完成最重要的3篇论文，他曾3次带领年轻人通宵达旦地工作。赵忠贤独特地提出了高温高压合成结合轻稀土替代的研究方案，率领研究团队合成了绝大多数临界温度在50K以上的铁基超导体，并创造了铁基超导临界温度55K的纪录。赵忠贤团队和国内其他团队的先驱性工作，使中国在超导研究领域再次登上世界巅峰。

美国《科学》杂志对中国包括赵忠贤团队的科研工作进行了连续报道。赵忠贤因为发现了铁基高温超导体，在2013年荣获国家自然科学奖一等奖，并在2015年获得国际超导材料领域的重要奖项——马蒂亚斯奖。而且，这些研究成果具有潜在的应用价值，使铁基超导材料走向现实应用更近了一步，也使铁基超导材料成为最具发展前景的新型高温超导体之一。

我国不仅在新型高温超导材料探索和物理研究方面，而且在超导应用方面，不断取得重大进展。近些年来，在推动超导材料应用方面，常常能看到赵忠贤的身影。2017年1月9日，赵忠贤获得2016年度国家最高科学技术奖。

超然的人生境界

超导被认为是20世纪最伟大的科学发现之一，指的是某些材料在温度降低到某一临界温度，即超导转变温度以下时，电阻突然消失的现象。具备这种特性的材料被称为超导体。

赵忠贤50多年如一日，在低温与超导研究中呕心沥血，凭借着对事业的热爱和执着，坚持不懈地从事低温物理与超导电性研究。他在超导体的磁通钉扎与临界电流问题以及非晶态合金的超导电性方面取得了重大进展，特别是自1976年开始从事探索高温超导体的研究后，历经

10 多年的努力，与同事们一起，让中国高温超导研究跻身世界前列。

赵忠贤常年专注于超导事业，在不断探索和挑战中追求一种人生的“超导”状态。用他的话说，超导不仅仅是科技事业中追求的目标，也是从事超导研究的科技工作者超然的人生境界。

对于丰硕的成果和获得的各种荣誉，赵忠贤一直看得很淡。他始终坚信，自己这一生只要努力做好一件事情就足够了，那就是探索超导体、开展超导机理研究。1987 年，物理学家柏诺兹和缪勒获得了诺贝尔物理学奖。当时就有人为赵忠贤鸣不平，认为如果中国的科研条件再好一点的话，获得诺贝尔奖的就是赵忠贤。赵忠贤听了以后不以为然。他说，即使中国的科研条件好，获奖的仍然应该是柏诺兹和缪勒，因为他们是开创者，是为我们打开窗户的人。在荣誉和成绩面前，赵忠贤是超然和豁达的。有一个朋友说，赵忠贤在 1997 年成为中共中央候补委员，如果他再努一把力，就可能担任更高的官职。赵忠贤听了一笑而过。他认为自己做不了行政工作，更适合踏踏实实地埋头搞科研，只有这样才能发挥他最大的作用。过了一会儿，他又说：“有一所名牌大学曾考虑请我当校长，但我真的没有那个本事。我就想本本分分地做好超导研究工作。”

赵忠贤总是能够发现新的研究方向，从而将中国超导研究引领到新的高度。对他而言，要搞好一项研究必须具备两个条件：第一就是要有投身于科技事业的决心和坚忍不拔的毅力。赵忠贤时常鼓励学生们要坚持。他告诉学生们，不要只关注论文，而是要脚踏实地去解决科技问题。即使当前毫无眉目，感到十分棘手，也不能轻言放弃。如果已经选择走科研这条路，就要坚持探索困扰自己的科技问题，大不了花上 10 年时间。终有一天，你的问题会迎刃而解。第二就是要有不断提高自身水平的能力，最重要的就是创新和驾驭知识能力。赵忠贤认为，科技工作者要向前人学习，要重见解、尚新知，更要有推动科技发展从而造福

▲ 赵忠贤为中国科学院物理研究所全体共产党员上党课

人类的责任感和使命感。

赵忠贤尽管把一生都奉献给超导研究，但他依旧不忘普及科学知识。他坚信，人类文明长河需要每一滴水的参与，每个人的努力就是一滴水。他愿做铺路的石子，为实现中华民族伟大复兴中国梦尽自己的一份力。他对于科普与科技馆事业的关注和奉献，就源于这样的梦想。专注于科技事业，又时刻关心科普工作，把促进青少年茁壮成长作为己任的科学家，无疑是伟大且无私的，赵忠贤就是其中一位。在他看来，探索科学是一件让人很享受的乐事。通过科学研究，人们可以获得新知识，激发更大的好奇心，从而提升生活的乐趣。科学普及和科学研究同样重要，因为科普就是科研的入门法宝。1974 年在英国留学的经历，对赵忠贤关注科普起到了重要作用。留学期间，赵忠贤去过几次伦敦科学博物馆。他看见博物馆里有许多少年儿童在专心致志地参观、学习，不禁联想到，中国青少年如果也有一些这样的科技博物馆，对于中国未来的科技发展一定大有裨益。赵忠贤欣赏的两位诺贝尔奖获得者——热纳和夏帕克也致力于教育改革与科学普及，这激发了赵忠贤坚持为科普做些工作。他时刻关注科普和科技馆事业，发表文章，提出建议，渴望将孩子们培养成热爱科学的爱国青年。

2001年，赵忠贤当选为中国科协副主席。为了考察中国的科普情况，他经常去参观各地的科技馆，并与馆内的工作人员交流，针对科技馆的一些问题认真给出意见。在他看来，科技馆为了吸引少年儿童，可以适当增加展览的趣味性；但是，如果只单纯强调趣味性而丧失了科技展品应有的科学性，那真是得不偿失。因此，科技馆应该以趣味性为辅、以科普为主，着重向参观者普及展品中体现的科学技术知识，这样更有利于提升国民的科技文化素养。

现如今，超导研究仍然是一个充满未知和挑战的领域。中国超导研究能够在短时间内获得世界瞩目，一次次创造新的高度，离不开赵忠贤的努力和奉献。他着眼于世界科技发展，为中国科技事业铺路，虽获得最高荣誉，但仍低调沉稳，始终坚持实事求是的原则。他坚守着自己的科技事业，怀揣着一颗爱国之心。这样一位科学家，无疑是中国科技事业奋斗者和全国人民的榜样！

（作者：王润秋、王洪鹏）

屠呦呦

获诺奖的青蒿女神

屠呦呦（1930 年 12 月 30 日— ），“共和国勋章”获得者，中国中医科学院终身研究员、首席科学家，著名药学家，抗疟药青蒿素和双氢青蒿素的发现者。

她创建的低温提取青蒿素抗疟有效部位的方法，成为发现青蒿素的关键性突破。青蒿素的发现标志着人类抗疟药物发展的新方向，挽救了

▲ 中国首位诺贝尔生理学或医学奖获得者屠呦呦

约590万名儿童的生命，她也因此获得2015年诺贝尔生理学或医学奖。她是第一位获得诺贝尔科学类奖项的中国本土科学家。

屠呦呦说：“科学研究不是为了争名争利。”

出身名门，矢志医药创新

屠呦呦出生于浙江省宁波市，祖籍江苏无锡。她是家里5个孩子中唯一的女孩。“呦呦鹿鸣，食野之苹”，《诗经·小雅》中的名句寄托了屠呦呦父母对她的美好期待。

屠呦呦获诺贝尔奖的消息传来后，人们对她的身世发生了浓厚兴趣。屠呦呦的父亲屠濂规，曾经在上海太平洋轮船公司工作。屠家祖先于南宋开庆元年（1259年）从江苏常州府无锡县迁居至宁波，至今绵延达700余年。这期间，屠氏家族出过吏部尚书、太子太傅赠太保屠滽，文学家和戏曲家屠隆，博物学家屠本畯等等，既有高官显贵，又有文人墨客。屠呦呦的近几代世祖，都与清朝南洋水师有关，并且都有军功。因此，屠氏家谱在1919年修编时，封面书名由左宗棠季子、书法家左孝同题签。

比起屠呦呦的父族，屠呦呦的母族更是不遑多让，称得上当时宁波的豪门望族。屠呦呦的外公姚传驹，曾任中国银行东三省分行行长等职，《鄞县姚氏宗谱》还收录了他撰写的《呈大总统请改革弊制由》《上熊秉三先生希龄书》等文章。屠呦呦舅舅姚庆三是一位经济学家，从法国留学回来后，初任国民经济研究所研究员，后来任上海金城银行总管处分行经理、香港甬港联谊会会长，更成为国内最早研究和传播凯恩斯《通论》的学者，家学渊源深厚。

不过，出生于财阀豪门和书香门第相结合家庭的屠呦呦，最终走上的却是医学研究之路。1951年，屠呦呦考入北京大学，在北大医学院药学系学习，专业是生药学。大学4年期间，屠呦呦努力学习，取得了优良的成绩。在专业课程中，她尤其对植物化学、本草学和植物分类学有着极大的兴趣。1955年，她毕业后被分配到卫生部中医研究院（现中国中医科学院）中药研究所工作。

1963年，屠呦呦与李廷钊走进了婚姻殿堂。李廷钊与屠呦呦是宁波效实中学的同学，曾在马鞍山钢铁厂、北京钢铁学院（现北京科技大学）和冶金部等单位工作。有朋友戏称，他与屠呦呦的结合是现代（钢铁）和传统（中药）的融合。婚后，他们育有两个女儿。2015年12月10日，在瑞典首都斯德哥尔摩的市政厅，李廷钊和屠呦呦一同出席了诺贝尔奖晚宴。

重视中医典籍，发现抗疟灵丹

研发青蒿素的契机其实是因为援越抗美战争。当年在越南战场上，疟疾是一个致命且无形的杀手。这种传染性疾病肆虐时，最高可以导致一个兵团近三分之一的人失去战斗能力。当时，用于治疗疟疾的奎宁、喹诺酮都因为疟原虫的抗药性而失去作用。为了阻止这种非战斗性减员，越南领导人胡志明在1967年向中国求援。同年5月23日，在毛泽东、周恩来等中国领导人亲自指示下，中国政府启动“523”项目，旨在找到具有新结构、克服抗药性的新型抗疟药物。

1969年，中国中医研究院接受了抗疟药研究任务。彼时正值“文化大革命”时期，科研人员极为短缺。时年39岁的屠呦呦还是助理研究员，就被任命为研究组组长。屠呦呦领导课题组从系统收集整理中国历代医籍、本草、民间方药入手，在2000余方药的基础上，编写了以640种药物为主的《抗疟单验方集》，并对其中的200多种中药开展实验研究，历经380多次失败，利用现代医学和方法进行分析研究、不断改进提取方法。

很长一段时间里，青蒿这种不起眼儿的菊科植物都不是最受关注的药物。直到有一天，屠呦呦读到东晋葛洪所著《肘后备急方》对青蒿截疟的记载："青蒿一握，以水二升渍，绞取汁，尽服之。"这句话给了屠呦呦新的研究思路。在青蒿提取物实验药效不稳定的情况下，通过改用低沸点溶剂的提取方法，富集了青蒿的抗疟组分，屠呦呦团队最终发现了青蒿素。她敢于为科学献身，自愿成为第一试药人，不幸导致肝中毒。屠呦呦受中国古籍启发发现的这种全新抗疟药，为拯救无数人的生命作出了贡献。当时，全世界约一半人口处于罹患疟疾的风险之中，屠呦呦和青蒿素的巨大影响绝不能被低估。正如诺贝尔奖评选委员会评价的，她的工作"至今每年让数百万人的生存和健康状况得以改善"。

屠呦呦能够获得成功，跟她的性格有很大关系。屠呦呦有个特点：只要是她决定要做的事情，就会坚持做到底。正是这种严谨求实的态度最终成就了她。屠呦呦从中国古代典籍中获得启示，经历了大量繁复和冗杂的实验之后，才抓住了问题的关键——提取的温度。生药中某些物质共存时，温度升高会破坏青蒿素的抗疟作用。1971 年，青蒿抗疟终于被发掘成功。1972 年，从有效部分里分离得到抗疟有效单体，命名为青蒿素。青蒿素是一种具有高效、速效、低毒等优点的新结构类型抗疟药，对各型疟疾特别是抗性疟疾有特效。青蒿素的发现，挽救了全球特别是发展中国家数百万人的生命。

过去，很多人对中国古代科技史的研究不够重视。屠呦呦获得诺贝尔奖，让更多人看到了中国古代科技史的重要作用——可以为新的科学理论提供佐证和启迪。人类世代相传，总是在继承前辈的基础上有所发现、有所发展，没有继承就没有发展。科学有积累性，适当地回头看一看，整理和研究科学发展的历史，有利于更好地发展现今的科学。著名科学史学家席泽宗院士在《科学史与现代科学》中指出："除以思想方法和资料运用与现代科学相交叉外，科学史还以本身的研究工作为现代科学提供借鉴。”古今中外，很多科技工作者从古代典籍中吸取智慧，为科学前沿问题寻找可资借鉴的解决方案。

我国古代科学独具特色，其中的中医药学已有几千年历史，它基于整体观的系统医学理论、丰富的中草药及其组方，至今仍闪耀着智慧的光芒。防疫尽明古今之道，救治无囿中西之分。回溯中国古代抗击瘟疫的历史，以及新中国成立以来在历次抗疫斗争中中西医结合共同防治疫病的典型事例，尤其是2020年以来对新冠肺炎疫情的防治，说明中国是一个勇于并善于抗击疫病的国家，中西医结合是中国人在历次抗疫过程中摸索出来的有效方法。屠呦呦在青年时期就培养了对中华传统医药学的热爱，她正是从古老的中医药文献中获得灵感，研制出抗疟疾的青蒿素，并且至今仍在科学探索的道路上孜孜以求。

▲ 20世纪80年代，屠呦呦在做实验

2019年6月，屠呦呦团队针对青蒿素在全球部分地区出现的抗药性难题，经过不断攻坚，在抗疟机理研究、抗药性成因、调整治疗手段等方面取得新进展，提出应对青蒿素抗药性难题切实可行的治疗方案，并在青蒿素治疗红斑狼疮等适应症、传统中医药科研论著走出去等方面有了新进步，获得世界卫生组织和国内外权威专家的高度认可。

围绕国家需求，秉持科学担当

屠呦呦在艰难时刻仍然秉持科学理想，砥砺前行亦不忘回望过去，她的成就跨越东西方。诺贝尔生理学或医学奖评委会秘书长沃尔本·林达勒评价说："屠呦呦不论是从学术上还是生活上都是一个很了不起的人。作为获奖人，她的经历是独一无二的。"

屠呦呦从中医药这一伟大宝库中寻找创新源泉，从浩瀚的中国古代医籍中汲取创新灵感，从现代科学技术中获得创新手段，与她领导的研究团队坚持不懈，克服困难，联合攻关，成功地从中草药青蒿里提取出青蒿素，并研制出系列青蒿素类药品，展现了中国科学家的学术精神和创新能力，在世界抗疟史上具有里程碑意义。

屠呦呦的事迹是中国科学家精神的完美体现，具有很好的爱国主义教育功能。一方面，中国古代卓越的科技成就在世界科技史上留下了光辉篇章。发掘并弘扬中国古代科技对世界文明的贡献，以"随风潜入夜，润物细无声"的方式影响人们，可以使中国人不妄自菲薄，从而树立起攀登科技高峰的自信心。另一方面，屠呦呦在艰苦的条件下，不忘初心，围绕国家需求，克服重重困难，对待科学一丝不苟，几十年如一日，致力于严重危害人类健康的世界性流行病疟疾的防治研究。我们应该学习屠呦呦这种埋头苦干、潜心钻研、坚韧不拔、持之以恒的工作作风，去掉浮躁，淡泊名利，始终围绕科学目标脚踏实地地勤奋工作。

“青蒿素研究成功，是当年研究团队集体攻关的结果”，屠呦呦说，中国医药学是一个伟大的宝库，青蒿素正是从这一宝库中发掘出来的。中西医各有所长，若二者有机结合、优势互补，应当具有更大的开发潜力和发展前景。

“科学要实事求是”，这是屠呦呦一直以来坚持的原则。她坦言，目前青蒿素抗疟的疗效比较客观，但对青蒿素抗疟的药物深层机理还要继续研究。“只有掌握青蒿素的抗疟机理，才能更充分地发挥药效、更合理地应用这种药。”屠呦呦认为，“荣誉越多，责任越大。我们还有很长的路要走。”

从青春年少到耄耋之年，尽管一袭青丝变成了满头白发，但严谨求实、矢志创新是她不变的追求。这就是屠呦呦身上彰显出来的值得我们永远学习的科学精神。

▲ 20 世纪 80 年代，屠呦呦在实验室

太空命名呦呦星，事迹编入教科书

屠呦呦长期致力于中医药研究工作，带领团队攻坚克难，成为用科学方法促进中医药传承创新并走向世界的辉煌范例。屠呦呦研究发现了青蒿素，给人类带来了一种全新结构的抗疟新药，解决了长期困扰人们的抗疟药失效难题，挽救了全球数百万人的生命，为人类治疗和控制疟疾这一重大寄生虫类传染病作出了重大贡献，也标志着人类抗疟取得的新成就。

“以屠呦呦研究员为代表的一代代中医人才，辛勤耕耘，屡建功勋，为发展中医药事业、造福人类健康作出了重要贡献。”这是中共中央总书记、国家主席、中央军委主席习近平给予的高度评价。“春草鹿呦呦：青蒿一握，水二升，浸渍了千多年，直到你出现。为了一个使命，执着

▲ 20 世纪 80 年代，屠呦呦指导助手做实验

于千百次实验。萃取出古老文化的精华，深深植入当代世界，帮人类渡过一劫。呦呦鹿鸣，食野之蒿。今有嘉宾，德音孔昭。”这是感动中国2015年度人物颁奖盛典对屠呦呦的颁奖词。

因为发现青蒿素这一巨大贡献，屠呦呦团队获得了一系列荣誉。为奖励她的杰出成就，经中科院国家天文台提议和国际天文学联合会批准，屠呦呦获得永久性小行星命名。

小行星是各类天体中唯一可以根据发现者意愿进行提名并得到国际命名的天体。其命名是世界公认的记载褒奖杰出人士的一种方式，目前，我国已有包括国家最高科技奖获得者在内的80余位科学家获此殊荣。

除了获得小行星命名，屠呦呦及其科研团队的杰出贡献和事迹还被统编三科教材选入，正式走进了中小学生的课堂与生活。初中历史教材在《中国历史》八年级下册第18课“科技文化成就”中，对屠呦呦科研团队的先进事迹进行了专题介绍。小学《道德与法治》教材五年级上册“骄人祖先灿烂文化”单元中，也对屠呦呦的事迹进行了简述。在2019年秋季学期开始使用的统编高中语文教材，已将屠呦呦于2011年获得拉斯克临床医学奖的获奖感言及同年发表的论文，改编成课文《青蒿素：人类征服疾病的一小步》。中小学教材选入屠呦呦的事迹，成为一种精神符号，蕴含的爱国、创新、求实、奉献、协同、育人等高尚品格汇聚成中国科学家精神，引导青少年理解新时代的中国科学家精神，鼓励他们继承敢于创新、爱国奉献的优良传统和爱国之心，为祖国的文化传承和科技发展努力学习、拼搏奋进。

屠呦呦是新中国培养的第一代药学家，她所有的工作都是在国内完成的。屠呦呦获得诺尔贝尔奖，是我国科技实力、综合国力和国际竞争力被举世公认的一个标志性成果，极大增强了我国科技界建设创新型国家和世界科技强国、实现中华民族伟大复兴中国梦的自信心。

青蒿名扬天下，中国摘得桂冠

2015 年 10 月 5 日，瑞典卡罗琳医学院宣布将诺贝尔生理学或医学奖授予屠呦呦。这是中国大陆第一次将自然科学类诺贝尔奖收入囊中，是中国医学界迄今为止获得的国际最高奖项，也是中医药成果获得的世界最高奖项，是亿万中国人民的骄傲。

20 世纪六七十年代，在非常艰苦的科研条件下，屠呦呦团队与 60 多家科研单位的 500 多名科研人员合作开展研究，开辟了治疗疟疾的新途径。

屠呦呦发现的青蒿素，还有以双氢青蒿素、青蒿琥酯等衍生物为基础的联合用药疗法（ACT），被认为是 20 世纪热带医学的显著突破，产

▲ 2015 年 10 月，瑞典国王卡尔·古斯塔夫向屠呦呦颁发 2015 年诺贝尔生理学或医学奖

生了巨大的经济和社会效益，为中医药科技创新和人类健康事业作出了重要贡献。

屠呦呦在瑞典卡罗琳医学院诺贝尔大厅发表演讲，呼吁全世界关注中医药学。“青蒿素的发现是中国传统医学对世界的礼物。”她说，“中医药从神农尝百草开始，在几千年的发展中积累了大量临床经验，对于自然资源的药用价值已经有所整理归纳。通过继承发扬、发掘提高，一定会有所发现、有所创新，从而造福人类。”

屠呦呦是首位华人诺贝尔生理学或医学奖获得者，也是首位接受本土高等教育且在中国大陆进行研究工作的自然科学类诺贝尔奖得主，她全部本土化的履历成为一大焦点。人们进一步发现，屠呦呦不仅没有留洋背景，还没有博士学位和院士头衔，被称为“三无”科学家。

这引发了关于科技成果如何评价的讨论。评价人才，学历和论文只是一个方面。相关学术成果，必须写在祖国大地上、必须做进人民心坎里、必须写在人类史册上才能更长久。2020 年年初，新冠肺炎疫情暴发后，科技部发布通知，要求各科研单位在疫情防控任务完成之前，不应该把精力放在论文发表上。科研人员要勇挑重担、敢于担当，把研究精力全部投入到各项攻关任务上来，把论文写在抗击疫情的第一线，把研究成果应用到战胜疫情的过程中。早在 2016 年 5 月 30 日，习近平就在全国科技创新大会、中国科学院第十八次院士大会和中国工程院第十三次院士大会、中国科协第九次全国代表大会上的讲话中指出：广大科技工作者要把论文写在祖国的大地上，把科技成果应用在实现现代化的伟大事业中。屠呦呦，无疑是终身践行这一理念的杰出代表。从屠呦呦一生的经历中，我们可以看到这位老人展现的奋力拼搏、勇攀高峰的科学精神，以及崇高的为民情怀和不辍的科学坚守。

与邻国日本相比，我们获得的诺贝尔奖少得可怜，仅仅是实现了零的突破。诺贝尔奖是科技创新实力的象征。要实现中华民族伟大复兴中国梦，我们应该将思考的重心放在如何培育良好学术研究环境和科研机制上，以激励我国更多的科学家获得诺贝尔奖。

（作者：邢小英、刘亚兰）

王泽山

中国当代火炸药王

王泽山（1935 年 9 月 10 日—　），中国工程院院士，中国火炸药军民融合道路的开拓者。

他 60 多年来专注于研究火炸药，带领团队发展了关于火炸药的理论与技术，突破了多项世界性的瓶颈技术，一系列重大发明应用于武器装备和生产实践，书写了我国火炸药实力进入世界前列的传奇。

王泽山说："我一辈子只做一件事，就是火炸药的研究。这是国家给我的使命，我必须完成好；这是强国的责任，我要担当。"

▲ 中国当代火炸药王——王泽山

不忘初心，投身军工，结缘火炸药

王泽山出生于东北。那时候，东三省已经沦陷，他在战火纷飞中度过了自己的童年。王泽山之所以与火炸药结缘，跟他的成长经历有密切关系。

王泽山的父亲思想活跃，对时局多有评论，常有独到的见解。王泽山很小的时候，中国东北地区处在日本扶植的伪满洲国统治下，并强迫国民接受奴化教育，因此，他一开始甚至以为自己是“满洲国”人，但父亲经常教育他：“你是中国人，你的国家是中国。”父亲的话深深地镌刻在王泽山幼小的心里。在那个纷乱的时代，他明白“没有国家就没有我们，就做奴隶，被人欺负。怎么才能好？要有自己的国家，而且要富强，要强国”，“不想做亡国奴，就必须强国，就必须有一个强大的国防”。这就是王泽山为国家奉献一生的初心。从此，他暗下决心：“绝不做亡国奴”，并立志为繁荣祖国、壮大国防，学习成才，贡献才智。

火药是中国人引以为傲的四大发明之一，但在近代几百年的时间里，我国的火炸药技术落后了。1954 年，19 岁的王泽山高中毕业。这时，抗美援朝战争的硝烟刚刚散尽。每一个中国人都明白，强国方能御辱，强国必先强军。血气方刚的王泽山也不例外。

▲ 血气方刚的王泽山

“我们任何人都不希望有战争，愿世界充满和平，但中国的近代史告诉我们，落后就要挨打，没有自己强大的国防，就相当于没有自己的国门。”带着这样的理想，王泽山报考了解放军军事工程学院。大多数考生在蓝天大海的召唤下填写了与空军、海军相关的专业，他却出人意料地选择了一个冷门专业——陆军系统的火炸药专业，他是班上唯一自愿学习火炸药的学生。大家都知道，这个研究领域的范围狭窄、危险性高、出成绩慢，但王泽山树立了“国家需要的，就要有人去做”这一信念，并成为他终身的使命。这个19岁的青年坚信：专业无所谓冷热。只要祖国需要，任何专业都一样可以光焰四射。他对自己许下一个承诺：一辈子只做好一件事。从此，火炸药研究成了他的毕生使命。

哈军工注重宽广而深厚的基础教学，执行6学时一贯制，就是每天上午授课6学时，下午的时间自己支配；每周6天上36学时课。课程设置多、覆盖面广，学时也多。仅数学课就有400多学时。战术课要学到师一级指挥的水准。实验课、课程实习、毕业实习、毕业设计等实践内容，也相当丰富。

在这样紧张的学习环境中，王泽山仍能有序安排自己的活动时间，常到图书馆看数学、物理、化学等各类杂志，扩充知识。一次，进行物理化学考试，曾石虞教授看了王泽山的试卷后说：“我应该给你高分，因为你对绝对零度下的物质状态与性能有着教学内容以外的理解。”

那时的哈军工，知名教授给学生们上课，并亲自答疑。由于学生人数少，他们与教授们有更多的接触机会。陈伯萍教授是理论力学课的教师。在一次答疑时，王泽山还有一些数学问题不清楚，陈伯萍说：“有数学问题也可以去找我。”后来才知道，陈伯萍曾是数学教研室的教授和主任。

教有机化学课的谭自烈在一次课前对王泽山说：“你的实验太不认真。”原来，在做醇酸转化实验时，王泽山用一个带孔的软木塞封存实验的中间产物，被实验员检查发现了。另外，王泽山前一期的一位同学，在研究高能推进剂时发生了事故，献出了宝贵的生命，他们很怀念他。这两件事对王泽山严谨作风的养成有重要影响。他渐渐地形成了一种习惯，就是在每次实验前，都要对方案的可靠性进行认真思考和检查。

大学毕业后，王泽山留校任教，继续进行推进剂的教学和研究工作。“文化大革命”开始后不久，王泽山争取到一个机会，参加当时一项特殊而又紧迫的研究任务。借此，他不仅接触到较先进的计算机技术和国外科技资料，而且几乎有 3 年时间摆脱了“文化大革命”的政治旋涡，能够专心致志地搞学问，并将计算机技术、诺模图设计原理引入我国的火药教学、科研和火药装药学体系中，发展了火药及其装药解析设计、表解设计和诺模图设计的理论与设计方法。“文化大革命”刚结束，他的学术著作就问世了。他在有关发射药应用理论的著作中，提出了一种新的装药技术和设计计算方法，使原本复杂的问题变得清晰、简单。

党的十一届三中全会召开后，迎来了祖国发展的春天。此时，王泽山也到了不惑之年。伴随各类运动和宝贵青春时光的流逝，他走过了人生的前半程，但他仍感到很充实。从做学问的角度看，他那时已经成熟了，研究目标也更具体。从那个时候开始，王泽山也迎来了自己科学研究的大爆发时代。

坚持不懈，科研事业不断创新

“兵者，国之大事，死生之地，存亡之道，不可不察也。”王泽山深知，科技兴军，任重道远。为了完善火炸药的效能、提高我军的武器装备水准，他通过现代技术，将中国人发明的火药在效能、工艺等方面推进了一大步，解决了众多久未攻克的世界级难题，完成了在旁人看来几乎不可能完成的任务。

20 世纪 80 年代，摆在王泽山面前的是一道严峻的课题。从战备的角度而言，火炸药轮储是国家国防战略的需要，每年都会产出万吨以上的火炸药。但这些火炸药的存储周期一般是 15 年到 20 年，进入和平年代，一旦火炸药过了存储期，如何处理就成为一个令人头疼的难题。世界各国都在努力研究报废弹药的处理方法，但由于弹药种类多、剂型复杂、风险极大，研究进展缓慢。

“过去，我国的报废弹药基本以火烧、炸毁、倾注进河海等方式为主，但由此带来严重的资源浪费、环境污染和爆炸事故。”王泽山解释道，“制造弹药的初衷是为了保家卫国、打击敌人，如果报废弹药这个问题解决得不彻底，最后反而成了自己的危险源。就像身边存在着一座火山一样，一旦喷爆，将一发不可收拾。”

“国家有难题，我们岂能当旁观者?”王泽山带领团队立足军民融合，针对不同类型的废弃火炸药，从系统工程的方法入手，提出了资源化利用的技术途径，并发展了有关理论。其中，包括对废弃火炸药状态和价值的评估分析、处理过程的优化；火炸药从弹药中安全分离和粉碎、改型或改性以及组分分离提取，以供军事上再利用、制造民用火炸药或化工产品等技术。

王泽山的研究，使利用废弃火炸药制备民用炸药，成为资源化治理的一条基本途径。其治理量可与产出量相当，能及时处理掉废弃火炸药，并不留隐患。利用分离和精制技术，还可以获得多种工业原料。对于因武器退役而报废，但性能经评估分析并没有失效的火炸药，经过改性与改型处理，可以在军事方面再利用，发挥它们的最大价值。王泽山引领了我国废弃火炸药无公害处理、再利用的研究方向，为保证国家火炸药战略轮储机制正常运行、消除社会安全隐患和环境污染源提供了基础。这项变废为宝的科技成果，使他在 1993 年获得了国家科学技术进步奖一等奖。

在王泽山身上，一个任务的完成同时代表着另一个任务的开始。他在攻克废弃火炸药再利用难题之后，又敏锐地观察到环境温度对武器装备的影响问题。

我国幅员辽阔，各地的温度差异很大。王泽山举例说：“同样是在冬天，东北地区的气温会低至零下三四十摄氏度，南京的气温在零摄氏

▲ 王泽山（右二）在实验室

度以上，而海南岛的气温则会到零上 20 多摄氏度。这样的温度差异对军械性能发挥会产生重大影响，从而最终影响到军队的战斗力。”

如何避免武器装备参数随着环境温度的变化而变化？或者说，如何避免环境温度影响装药效果？实际上，这也是困扰了世界军械行业上百年的难题。

于是，王泽山又带领团队开始向低温度感度技术发起冲击。在既缺乏系统理论支撑，又遭遇国际技术封锁的情况下，他与团队不断尝试，打破原有规律，构建了火药燃速与燃面的等效关系，并发现了能够弥补温度影响的新材料，解决了长储稳定性问题，显著提高了发射药的能量利用率。这项低温度感度发射装药与工艺技术的发明在应用于我国武器装备之后，使武器性能彻底摆脱了环境温度的影响，并荣获 1996 年度国家技术发明奖一等奖。时至今日，其材料工艺、弹道和长储等性能仍全面优于国外技术，真正实现了王泽山追求的“领跑”。

这时，王泽山已经 61 岁，算得上功成名就。很多人劝他不要再那么拼了，可以“适当休息休息，享受晚年生活”了。然而，已经把自己的一生与火炸药绑在一起的王泽山笑称：“自己的科研人生里没有‘退休选项’。”他依然把关注的目光投向火炸药领域，向着更新的目标冲击，因为在王泽山看来：“关于火炸药，我们需要加深的认识和亟待攻克的难题还有很多。”

当时，世界各个军事强国都争相投入大量经费用于高性能火炮研发。长期以来，可广泛应用于大口径火炮发射的全等式模块装药技术困扰着世界军械领域。王泽山介绍说：“目前各国火炮使用的，主要是两种单元模块组合的双模块装药。通常情况下，为了满足火炮远近不同的射程要求，模块装药在发射前需要在不同的单元模块间进行更换，如此操作既烦琐又费时。”所以，使用同一种单元模块，通过模块数量的不同组合，来实现火炮对于远近不同目标的打击，一直是国际军械领域梦寐以求的技术。

然而，要想研发出这种全等式模块装药技术绝非易事。通过研究，王泽山发现，为了提高大口径火炮的射程，国内外通常的做法是采用延伸炮管长度和增大火炮膛压这两种技术手段。但是，延伸炮管长度就意味着降低火炮的机动性，而增大火炮膛压也就意味着增加对炮膛内壁和弹丸的压力。这两种手段都无一例外地会带来一些无法避免的弊端。王泽山决定换一种思路，独辟蹊径地创立了补偿装药理论和技术方案，选择从火药炸药本身的角度出发，闯出一条前所未有的新路来。

这项具有普遍适用性的全等式模块装药技术，在不改变火炮总体结构和不增加膛压的前提下，通过有效提高火药能量的利用效率来提升火炮射程。也就是说，通过装药的巧妙设计，来调节火炸药在药室中的爆炸燃烧状态，从而实现射程调节。这一技术可以最大限度延长火炸药在药室中的有效做功时间，从而提高炮弹炮口初速，达到增加火炮威力和射程的目的。

王泽山通过全面创新的装药设计，最大限度挖掘了化学能火炮的潜力，使得中国的火炮装药技术傲视全球。这一震惊世界的核心技术，使得王泽山在时隔 21 年后再次站在了国家技术发明奖一等奖的领奖台上，实现了“三冠王”的伟业。

“获得国家给予的种种荣誉后，我的精神比过去更富有，心胸更宽阔，感觉更幸福，接下来就是完善我的火炸药研究，取得新的突破。”王泽山语气坚定，充满信心。也正是他坚定不移的信念、坚忍不拔的毅力、坚持不懈的拼搏，成就了这份荣耀！

在 60 多年的研究生涯中，王泽山曾面对苏联撤销火炸药领域技术援助，没有专家、没有团队、没有平台，火炸药技术研究举步维艰的境地。然而，他始终坚持在艰苦的工作、实验环境中，亲手实验，取得第一手研究数据，克服实验周期长、出成绩慢的局面，通过无数次反复试

▲ 王泽山实现了“三冠王”的伟业

验，解决了废弃火炸药再利用过程中的一个又一个关键难题，将废弃的火炸药开发成民用产品，变废为宝、持续利用，并成功研发出远程、低过载与模块装药技术……这是王泽山对“国家有难题，我们不能当旁观者”科研信念的坚守，也是他始终心怀国家和人民的最好实践。

传道授业，永葆年轻“80后”

王泽山是中国乃至全世界目前在火炸药领域最顶尖的科学家，他为把我国的火炸药技术提升到世界先进水平，付出了一生的心血。2018年1月8日，82岁的王泽山获得2017年度国家最高科学技术奖。这是党和国家对王泽山一生科研成就的褒奖，也是王泽山为中国火炸药技术领域奉献一生的最好证明。

王泽山一生都执着地在祖国大地上奉献着光和热，不仅表现在火炸药领域取得的丰硕研究成果，为国防和民用火炸药事业作出的突出贡献，还表现在传道授业，在火炸药及相关领域培养了一大批优秀科技人才。

60多年来，王泽山培养了100多名学生，很多人已经成为科研的中坚力量，其中不少是中国火炸药学科、技术研究或生产管理等领域的专家，而王泽山的崇高精神也深深影响着他的每一位学生。他们从王泽山身上学到的，不仅是领先世界的专业知识，更重要的是以身作则、勤于思考、善于多问为什么的科学研究方式，不怕苦、能吃苦、始终坚持在科研一线的科学研究精神，坚持学习、永不停歇的科学研究态度！

王泽山表示，不间断地思考要成为追求超越的工作和学习方式，要多问为什么、追问怎么做、追寻问题的本质并拓展思考。只有这样，才能在现有的科研成果基础上，不断实现创新，做出与前人不同的科研工作。

王泽山一直是带队扑在试验一线、掌握第一手数据的人。曾师从王

▲ 王泽山传道授业

泽山的中国科学技术大学教授孙金华说:“从他身上，我们真正理解了什么是以身作则。”而这份体会，将会通过孙金华他们，传递给更多的青年科技工作者，传播在祖国的科研大地上！孙金华至今仍清楚地记得，在王泽山指导下开展第一个科研项目时，王泽山用简明的语言交代了项目的历史背景、重大意义，以及肩负的责任、目标和任务，同时，一对一地给他上了一堂关于科研方法论的课。

王泽山在工作中宽厚待人，从来不摆权威的架子，充分尊重团队其他成员的意见，认真倾听。荣誉面前，他也秉持一颗公平之心，与大家一起分享。在与校外单位联合开展的一些项目上，他毫不计较研究经费如何分配，成果也由大家共同享有。“你要对得住自己的身份，尊重科学，而不是通过这个占有什么、想要什么。”王泽山一直这么教育身边的人，“做人要诚恳和宽厚。大家在一起共事，首先要考虑到别人才行。”

在别人眼里，王泽山是位受人敬重的学术大家，但在生活上是异常简单的人。他身为院士，很多事情完全可以让秘书来安排并照顾自己。可是，王泽山从来没有为自己的生活和出行麻烦过秘书，更没有向学校提出过任何要求。由于需要频繁出差，他的手机里存了很多出租车司机的电话。在他看来，“要求学校派车，别人就要多跑一趟，有时候还会遇到晚点等各种状况，还不如自己叫车来得方便”。

自诩为“80后”的王泽山头脑灵活、精力充沛，依然奋战在国防科研事业第一线。在生活中，王泽山同样喜欢追求新事物、不服老，活出了“80后”的精气神儿。80岁生日过后，他仍然每天自己开着车上下班；走路、爬楼步履稳健，谢绝别人搀扶；坐在办公桌前，他能熟练操作各种数码电器，制作的电脑Flash（动画、视频）清晰整洁，做的演讲PPT（演示文稿）生动灵活；他用手机买车票、订宾馆、网上约车灵活自如，与同事、学生通过微信交流乐趣无限。王泽山说，这不仅仅是工作需要，更重要的是要跟上科学技术发展的步伐。对新技术和新事物的好奇与探索本身，既是一种学习和提高，也是一种积极向上的心态。追求和保持这些习惯，能够使人在心理上保持年轻，不局限于自己的小世界，与更广的学科领域、更多的科研技术人才密切联系。他不仅自己如此，而且把这种科学态度和亲身体会传授给身边的人。

获得国家最高科学技术奖后，500万元奖金怎么花？王泽山在接受记者采访时说：“第一，肯定是用于学科建设。还有一部分钱，用于培养年轻人，他们是祖国的未来，所以，我们应该在这个方面给予他们鼓励，设立相应的基金。”当被问到有没有打算把这笔奖金用于家庭或者个人，王泽山微笑着说：“我的生活已经很满足了。”

（作者：申　浩、孔晓蕾）

侯云德

竭尽一生战病毒

侯云德（1929 年 7 月 13 日—　），中国工程院院士，中国生物医学领域杰出的战略科学家，中国分子病毒学、现代医药生物技术产业和现代传染病防控技术体系的主要奠基人。

他开创了我国基因工程创新药物研发的先河，发明了中国干扰素。他主导建立了与举国体制协同创新的传染病防控技术体系，全面提升了我国对新发突发传染病的防控能力。

▲ 中国生物医学领域杰出的战略科学家侯云德

侯云德说："双鬓添白发，我心情切切，愿将此一生，贡献四化业。"

留学莫斯科

侯云德是江苏常州人。他从小就立下了要学医、要成为名医的志向，并在高考时顺利考取了 7 年制的上海同济大学医学院。

几年学下来，他打下了扎实的专业基础。1955 年，侯云德大学毕业，被分配到北京中央卫生研究院微生物系病毒室，成为一名从事病毒学研究的科技工作者。当时，国内病毒学的研究还非常薄弱。1958 年，在通过考试后，又经过两年的俄语培训，31 岁的他奔赴苏联医学科学院伊凡诺夫斯基病毒学研究所学习。

初到苏联，莫斯科给侯云德留下了美好的印象。他作为一名留学生，在导师戈尔布诺娃教授的指导下，开始研究副流感病毒，并攻读副博士学位。

侯云德终日埋头读书、做实验，渐渐地，在研究所有了些“名声”。有人遇到问题，就会推荐给这位中国留学生解决。当时，研究所发生了一件从未有过的“怪事”：小白鼠一下子全都死了。由于原因不明，大家都束手无策，就把查找“真凶”的任务交给了侯云德。在进行初步了解后，他开始系统地查阅文献，并将目标锁定在乙型副流感病毒——仙台病毒上。这种病毒普遍存在于小鼠和猪体内。幸运的是，侯云德成功地从小白鼠的细胞中分离出该病毒，并首次发现了仙台病毒在血清学上存在的两个型别。

▲ 留学苏联期间的侯云德

接着，侯云德又一步步地深入挖掘，在国际上首次阐明了仙台病毒的机理，并证明了仙台病毒对人体的致病性，还率先建立起一种病毒溶血抑制试验，用于全面研究具有溶血活性的病毒抗原关系。而后，侯云德于 1961 年写成了一篇有关副流感病毒的学位论文。也正是鉴于他对仙台病毒的突破性研究成果，苏联医学科学院组织了一次无记名专家投票。与会专家们一致认可侯云德相关研究及其论文在病毒学领域的卓越贡献，并且使苏联高等教育部第一次“破例”越过副博士学位，同时忽略以往申请正、副博士学位必须间隔 6 年的惯例，直接授予他博士学位。在举行学位授予仪式后的晚宴上，侯云德的导师戈尔布诺娃教授显得非常激动。她说道：“侯云德是我从事科研工作 30 多年来遇到的唯一一位如此优秀的科学家。这不仅是我的骄傲，也是病毒所的荣誉！”

当时，病毒学是新兴专业。侯云德不断地阅读和做实验，不知不觉在 3 年半的时间里竟发表了 17 篇论文。这使苏联《病毒学杂志》的编辑也很好奇，亲自到研究所确认：侯云德是谁？他投来的论文怎么会这么多呢？更重要的是，侯云德关于仙台病毒的研究，是国际上同时期对细胞融合研究的重要工作。

研究黄芪的抗病毒机理

从苏联学成归来后，侯云德就投身于中国病毒学的研究。他先与呼吸道病毒打交道，又开始着手研究呼吸道病毒感染病原学。所谓病原学，是指研究疾病形成原因的学问。

在回国后的一年多时间里，他首次分离出Ⅰ型、Ⅱ型、Ⅳ型等 3 种副流感病毒，首先发现Ⅰ型副流感病毒存在广泛的变异性，并阐明了 1962—1964 年间北京地区呼吸道主要病毒的流行情况。

在“文化大革命”期间，侯云德不甘把时光白白浪费，仍坚持进行病毒学研究。为了能够减缓病毒性疾病如流感的蔓延速度，在治疗方法上要有所突破，使患者尽快摆脱病痛的折磨。他和同事们对几十种中药材进行研究，分析它们是否具有防治副流感病毒的功效。他们发现，黄芪可以抑制某些病毒的繁殖，还可以诱生干扰素，增加细胞的活性，因此具有一些抗病毒的功效。在临床上试用，证实了黄芪与干扰素协同作用产生的功效。接着，为阐明黄芪抗病毒感染的机理，侯云德又发现，人脐血白细胞具有较强的干扰素诱生能力。他敏锐地意识到，人体自身的干扰素可能成为一种有效的抗病毒药物。为此，侯云德的研究小组快速投入到抗病毒药物的研制中。1976 年，他的团队在国内首次研制成功临床级人白细胞干扰素，他们还将这种技术推广到北京和四川等地。随后，人白细胞干扰素得以批量生产，并用于临床。侯云德对于黄芪抗病毒性和干扰素的作用进行的开拓性研究，是非常有价值的。病毒学研究的目的就是要发现病毒、认识病毒，更要预防病毒和控制病毒。

为民众谋福祉

侯云德对干扰素的研究是从研究副流感病毒开始的。不管是对病毒全基因序列的研究，还是进行基因工程创新药物的研发，侯云德研究了当时已知的最大动物病毒——痘苗病毒，他对痘苗疫苗株基因组结构与功能的研究达到了很高的学术水平。

20 世纪 70 年代中后期，侯云德对人白细胞干扰素的诱生及纯化进行了深入研究，发现人脐血白细胞具有较强的干扰素诱生能力，从而选育出高产病毒株，最终研制成功临床级干扰素制剂。

70 年代，基因工程技术在国际上刚刚出现。侯云德决心为国内干扰素研究闯出一条路，他和同事们边学边干，发展借助基因工程技术的中国现代医药生物技术。他们反复进行试验，解决了一个又一个难题，利用病毒诱生技术，从上万毫升的人血白细胞中提取出干扰素信使核糖核酸（mRNA）。为此，1979 年，侯云德建立起鲫鱼卵母细胞内的干扰素信使核糖核酸翻译系统，为研究工作打开了一个全新的局面。此项研究成果得到国际干扰素大会的高度评价，并顺利入选 1981 年出版的国际权威书籍《酶学方法》。但是，人白细胞干扰素用人血制备而成，耗费 8000 毫升血才能制备出 1 毫克干扰素，产量太低、价格太贵，并使干扰素难以广泛应用。侯云德他们想建立一个生物医药“工厂”，大批量生产干扰素。侯云德设想，如果能将干扰素基因导入到细菌中去，使用这种繁衍极快的细菌作为“工厂”来生产干扰素，将会大幅度提高产量并降低价格。此后，侯云德花了 5 年时间，运用基因技术使干扰素基因成功导入到细菌中繁衍。

1982 年，侯云德发表了有关干扰素的克隆与表达的论文，成为我国基因工程研究的开创性文献之一。此后，他的团队一直对重组干扰素基因表达载体进行研究。90 年代，侯云德研制成一种具有肿瘤细胞导向性的脑啡肽干扰素。他还在干扰素基因的改造、导向干扰素的研制、妊娠干扰素及中国人基因组干扰素等位基因等方面，作出了突出成绩。

▲ 侯云德指导科研团队攻关

这样，中国的基因工程技术渐渐开始有了雏形，使病毒学研究迈入了分子时代。侯云德团队首次克隆出人 1b 型干扰素基因，随后，又研发出国际上独创的国家级Ⅰ类新药产品——重组 1b 型干扰素。经过 10 余年的持续努力，侯云德研制出包括 α1b、α2a、α2b、γ 等亚型的基因工程干扰素系列产品；其中，重组 α1b 型、α2a 型干扰素于 1992 年获得国家新药证书。重组 α1b 型干扰素是国际上独创的一类新药产品，也是我国第一个基因工程多肽药物。它的疗效确切，而且副作用更小，能有效治疗乙型肝炎、丙型肝炎、毛细胞性白血病、慢性宫颈炎和疱疹性角膜炎等多种国内常见疾病。为表彰这一划时代的特殊贡献，1993 年的国家科学技术进步奖一等奖被颁发给侯云德和他的团队。

在基因工程干扰素领域，侯云德独创的Ⅰ类国家级新药自然是行业翘楚。作为国内首屈一指的专家，他是早期最有贡献的开拓者之一。

侯云德曾联合全国生物技术领域的其他专家，出色完成了多项高技术研究工作。在 10 余年间，中国就在基因工程疫苗、基因工程药物等几个领域取得了较大进展，生物技术研发机构增加了十数倍，一批基因工程药物上市，生物技术产品的销售额增加了百倍，中国生物技术研究、开发和产业化的整体水平也步入国际先进行列。在基因工程药品的研发事业中，1 种国家级Ⅰ类新药（重组人干扰素 α1b〔商品名为运德素（R)〕）和 6 种国家级Ⅱ类新药相继问世，侯云德携团队在我国医药发展领域再创辉煌。

回顾这段发展历程，侯云德自豪地说道："我们研制的干扰素是由中国人基因研制而成，更适应国人体质；同时，副作用更小，治疗的病种更多。"然而，在 20 世纪 80 年代，中国几乎全依赖国外进口药物，国内缺医少药，特别是许多农民看不起病、用不起药。在侯云德的办公室，他的办公桌抽屉里面，满满的都是各种各样的获奖证书。他希望这些科研成果能早点变成药品，让老百姓都能用得上，也用得起。1992 年，在侯云德领导的国家重点实验室科研楼的地下室，建立了一家公司，他亲自担任公司首任董事长。这个新建成的公司很快就设计和建成我国第一条通过 GMP 认证的基因工程干扰素生产线，首次实现了基因工程药物的大规模生产。

具有我国自主知识产权的重组人干扰素 α1b 已累计使用数千万剂，成功治疗了数百万慢性乙型肝炎患者和儿童呼吸道病毒性疾病患者。

为了使药品生产系统达到成熟的商品化、产业化和国际化水平，侯云德将他的团队研制的 8 种基因工程药物转让给国内数十家企业，从而大幅降低了一些药品的价格，使数以万计的患者得到救治，产生了可观的经济效益，为科技成果的转化作出了表率。武桂珍认为："侯先生为我国生物医药技术原始创新、成果转化，以及生物医药产业化的整体水平步入国际先进行列，作出了巨大贡献。"

2003 年，在非典暴发和流行期间，侯云德在国际上首先发现干扰素对控制非典冠状病毒传播有效果。干扰素 α2b 被国家食品药品监督管理局批准作为抗非典储备药物，为中国抗击非典作出了重要贡献。

防控传染病，打一针就行

从 2008 年起，侯云德开始担任艾滋病和病毒性肝炎等重大传染病防治重大专项技术总设计师。他领导专家组设计了中国应对重大突发疫情的总体规划，并进行了周密部署，在多次传染病疫情防控中作出了贡献。侯云德率领团队在国际上率先研制成功灵敏性和特异性均为最优的甲型 H1N1 流感病毒诊断试剂，为尽早发现、最快隔离并控制疫情创造了条件；首次确证用传统中药汤剂治疗甲流安全有效，从而引入中医药治疗手段，严格遵照科学的医学方法获得突破，明显缩短了甲型流感的治疗病程，成为用中医药防控传染病的一个范例。中国对甲型流感的成功防控产生了巨大的社会和经济效益，大幅度降低了中国的发病率和病死率。其中，病死率比国际上的报道低 83%，并产生经济效益 2000 多亿元，有效保障了人民健康、社会稳定和经济发展，获得了世界卫生组织和国际科技界的高度赞赏。

在全球突发甲流疫情之时，世界卫生组织将警戒水平提升至最高级别 6 级。“我们火速召集国内 10 家顶尖疫苗生产企业的负责人来开会，一天天倒排，看最快什么时候能拿出疫苗”，侯云德回忆。抗击甲流疫情过程中，他们取得了突破性的研究成果，在国际上首先研发成功甲流疫苗，并在甲流大规模暴发前上市使用，全国累计接种超过 1 亿剂次，有效遏制了甲流疫情的蔓延，实现了人类历史上首次对流感大流行的成功干预。

2013 年，中国在全球首次确认并成功应对人感染 H7N9 禽流感病毒疫情，4 天内就成功分离和确定了病毒。中国应对新发传染病疫情的能力已处于世界先进水平，成为继美国、英国、日本及澳大利亚之后第 5 个，发展中国家首个全球流感参比和研究合作中心。

在抗击传染病疫情的战场上，侯云德提出了应对突发急性传染病的集成防控体系思想，重点布置了病原体快速鉴定、五大症候群监测、网络实验室体系建立等任务，成功阻隔了中东呼吸综合征、西非埃博拉等多次重大疫情，增强了国内传染病综合防控平台建设，对构筑我国现代传染病防控技术体系发挥了重要作用。

围绕接种甲流疫苗究竟是一针还是两针，世界卫生组织曾建议注射两针。卫生部组织专家讨论时，侯云德则提出不同观点：“新型甲流疫苗，打一针就够了!”“一针接种”的方案在别的国家是没有先例的。结合疫苗临床试验结果，以及多年来在病毒研究、免疫记忆规律等方面的认识，同时考虑到中国庞大的人口与药品生产效率的滞后性，侯云德作出决断——实施“打一针”的策略。后来，世界卫生组织也根据中国经验修改了“打两针”的建议，认为接种一次疫苗预防甲流是可行的。

吐尽腹中丝，愿作春蚕卒

侯云德从事医学病毒学研究 50 多年，写下了一段段人生传奇，在干扰素等细胞因子及痘苗病毒基因组结构与功能研究方面卓有成就，为我国医学分子病毒学和生物技术的发展作出了重大贡献。

侯云德在科学生涯中，孜孜不倦地研究病毒学，为中国生物技术发展谋篇布局，在生命科学领域卓有建树，并打造了传染病防控巨网，铸就了重大传染病防控之“盾”。

侯云德在国内外杂志上发表科学论文 400 余篇，主要著作有 9 部。他于 1981 年编著了《干扰素及其临床应用》一书，这是我国干扰素研究方面的第一部论著，概括了我国学者的研究成果，被评为 1978—1981 年度全国优秀科技图书。他在 1985 年主编的《病毒基因工程的原理与方法》，是中国学者根据国内经验编写的第一部基因工程技术专著，对于推动基因工程技术在我国医学病毒学界的应用起到重要作用。1990 年，他编著了《分子病毒学》一书，反映了 20 世纪 80 年代国际上分子病毒学的研究进展，也是当时我国病毒学界最为全面、系统的病毒学专著。1994 年 10 月，第三届亚太医学病毒大会确认他对医学病毒学作出的突出贡献并授予荣誉奖励。

如此多的研究成果，使侯云德先后荣获国家自然科学奖二等奖 1 项、国家科学技术进步奖一等奖 2 项、国家科学技术进步奖二等奖 7 项、国家技术发明奖三等奖 1 项、原卫生部科技成果奖一等奖 10 项、何梁何利基金科学与技术进步奖、中国医学科学奖、第四届全国杰出专业技术人才称号、首届树兰医学奖等荣誉，以及国家新药证书 7 个。2018 年 1 月 8 日，他获得 2017 年度国家最高科学技术奖；2018 年 3 月，又获“影响世界华人大奖”终身成就奖。

1987—1996 年，侯云德连任 3 届中国“863”生物技术领域首席科学家，指导中国医药生物技术的布局和发展。由于在我国基因工程干扰素方面的开拓性贡献，他连续两届作为中国的代表当选国际干扰素协会理事。

对生活要求不高的侯云德，几乎把所有的精力都投注在工作上。“吐尽腹中丝，愿作春蚕卒；只为他人暖，非为自安息。”在他写的这首名为《决心》的诗中，这位老科学家的决心可见一斑。

（作者：孔晓蕾、刘树勇）

刘永坦

他为祖国海疆装上千里眼

刘永坦（1936 年 12 月 1 日—　），中国科学院院士、中国工程院院士，我国著名雷达与信号处理技术专家，对海探测新体制雷达理论奠基人和跨越发展的引领者。

他致力于我国海防科技事业 40 多年，带出一支作风过硬、能攻克国际前沿难题的“雷达铁军”。他率领团队实现了对海探测新体制雷达理论和技术的重大突破，在成功研制我国第一部对海探测新体制雷达的基础上，陆续攻克制约新体制雷达性能发挥的一系列国际性技术难题，使我国新体制雷达的核心技术领跑世界，实现了我国对海探测能力的跨越式发展。

▲ 我国著名雷达与信号处理技术专家刘永坦

刘永坦说：“我只是一名普通的教师和科技工作者，在党和国家的支持下做成了点事。荣誉不仅属于我个人，更属于这个伟大时代所有爱国奉献的知识分子。”

坚韧不拔，以国家需要为己任

刘永坦出生在江苏省南京市，先后就读、毕业于哈尔滨工业大学电机系和清华大学无线电系，1979 年至 1981 年在英国伯明翰大学电子工程系进行科研访问、留学深造。他是哈尔滨工业大学教授、博士生导师，哈尔滨工业大学研究生院院长、电子工程研究所所长，曾任中国科学院主席团成员、中国科学院信息技术科学部副主任，2019 年入选“中国海归 70 年 70 人”和“最美奋斗者”榜单。

2019 年 1 月 8 日，中共中央总书记、国家主席、中央军委主席习近平在北京人民大会堂为刘永坦颁发国家最高科学技术奖，新闻媒体

▲ 刘永坦（站立者左一）与他的团队在讨论科研问题

对刘永坦的报道陡然增加。他为了实现新体制雷达的理论创新和实际应用，40多年如一日，不屈不挠、不懈追求的事迹，让全国人民深为感动。他致力于我国对海远程预警技术研究和装备发展，自力更生研制了我国首部全天时、全天候、超视距、海空兼容的海防预警装备，创建了我国新体制超视距探测理论体系，实现了国家海防预警科技的重大原始创新，培育并凝聚了一支掌握海防科技主动权的战略创新力量，铸就了捍卫国家领土主权的海防重器，极大拓展了我国的海防战略纵深，为加快建设海洋强国作出了突出贡献。用一句通俗的话来讲："他为祖国的海疆装上了千里眼。"而用刘永坦自己的话说："雷达看多远，国防安全就能保多远。这样的雷达，别的国家已经在研制，中国绝不能落下，这就是我要做的事。研制国家需要的实用化新体制雷达，是我努力和奋斗的方向。"

雷达作为现代战争的重要手段，在对空和对海探测方面起着极为重要的作用。中国拥有漫长的海岸线，对海和对空雷达网络是掌控沿海安全动态的重要设施。但传统雷达受制于地球曲率的影响，探测距离最远也超不过40公里，一般情况下是将雷达天线放置在高处"登高望远"。而新体制雷达利用雷达探测的基本原理，即电磁波高频段可以在海面上绕射传播的特性，克服了地球曲率的限制，将电磁波传播到远超视线的距离。刘永坦领军研制成功的新体制雷达，不仅能够为祖国海疆装上千里眼，而且在航天、航海、渔业、沿海石油资源开发、海洋气候预报、海岸经济区发展等领域也能发挥重要作用。

刘永坦早在英国埃塞克斯大学和伯明翰大学进修、工作时，就对传统雷达萌发了全新的认识。传统雷达固然有千里眼之称，却有"看"不到的盲区，世界上很多国家都在不遗余力地研制新体制雷达。刘永坦将这种新体制雷达攻关称为由千里眼聚焦为火眼金睛的技术突破，而这个突破必将为祖国海疆的战略纵深防御作出贡献。刘永坦在英国两年时间的深造、研究工作圆满完成之际，伯明翰大学授予他名誉研究员称号。该校谢尔曼教授这样评价："由刘永坦先生完成的信号处理机，无论在理论上，还是在实际中，都具有重要意义。他的贡献是独创性的。"与此同时，伯明翰大学提出以优厚的待遇聘请他留校工作，但被刘永坦婉言谢绝。1981 年，满怀开创中国新体制雷达之路豪情的刘永坦回到了他深爱的祖国。

然而，宏愿实施之初，刘永坦除了基本理论和思路外，根本没有资料和路径可以参照，更别提可供借鉴的相关技术了。当时就有人向刘永坦善意相劝，国内的专门研究院所不论试验条件还是技术能力，比哈工大不知道强多少。它们都不敢碰的尖端科研项目，咱哈工大的一个系，以何胆识进军这块研制周期无法判断、研制经费难探深浅、技术团队尚未创建的"硬骨头"！还有人力劝刘永坦，这个项目不仅仅是理论研究，而且是将研究成果直接应用到实际中。理论研究与实际应用相叠加，何止是风险太大！搞不好，即使把时间和精力全都搭进去，到头来还是一事无成，落一身埋怨。刘永坦面对这些好言相劝并不是无动于衷，更不会盲目蛮干，而是以国家需要为己任知难而上。1982 年初春，刘永坦从仍是冰天雪地的哈尔滨专程赶赴北京，向上级主管部门和领导，详细汇报了当时发达国家新体制雷达的发展动态和他经过深思熟虑的大胆设想。这次会议让刘永坦信心倍增，因为他的汇报得到了上级机关的认同和积极支持，期望他早日把新体制雷达研制出来。

刘永坦生来就具有敢于迎难而上、挑战自我的气概。他带领刚组建起来的技术骨干团队，一边摸索创建研究体系，一边完善研究方向。经过 4 年努力，1986 年 7 月，迎来国家主管部门在哈工大举行的新体制雷达关键技术成果鉴定会。50 多位专家在会上一致认为，刘永坦团队的研究成果标志着新体制雷达关键技术的突破，证明方案可行，具备了进一步完善雷达系统设计并投入实际应用的条件。按常理，刘永坦和他的团队已经完成了科研课题的使命，完全具备结题申报国家奖励的条件，但刘永坦的目标并不是纸上谈兵，他要为国家研制具有实用价值的新体制雷达应用系统。

从那时起，刘永坦再一次开始了新的拼搏。然而，新体制雷达完全不同于传统的微波雷达，就连当时领域内顶级专家们在论证时也低估了新体制雷达工程化的难度。新体制雷达工程化应用需要增加新的试验设施、设备，需要购置必要的组件和仪器，但资金短缺这个难题首当其冲地摆在刘永坦面前。团队中有些成员感到前景渺茫，不免心灰意冷。在这关键时刻，若刘永坦稍有退缩，必将“全军覆没”。但刘永坦作为新体制雷达研制工作的领军者，不仅没有灰心丧气，反而振作起精神，重新修订了实施方案，决定在自筹资金的同时，努力争取得到国家相关部门对项目的支持和资金援助。

在那段时间里，刘永坦承担着比之前更大的压力和更繁重的工作。即便这样，他仍然毫不退缩。他率领科研团队在外场做试验一待就是几个月，每天工作十几个小时。风餐露宿不说，大量与科学技术本不沾边儿的社会问题常常让他手足无措、难以应对。这样的脑力、体力耗费强度，超出常人想象。刘永坦他们常常吃不上饭而用凉馒头、咸菜充饥，用一箱箱方便面填饱辘辘饥肠，在实验室的长条凳上打个盹儿已是常态。这样的生活凑合几天可以，长时间如此劳作，终于击倒了刘永坦这位铁打的汉子。疼痛难忍的腰椎间盘突出和高血压持续不降，让他行走困难、头晕目眩最终被送进医院。尽管这样，在关键技术试验出现问题时，他毅然拔掉输液针头，从病床上一骨碌爬起身，悄悄出现在试验现场，咬着牙与大家一起攻关。当找到问题症结，项目又一次出现希望的曙光后，刘永坦感觉自己的病情都得到了缓解。1989 年，他们成功研制出我国第一部对海探测新体制试验雷达，中国第一个新体制雷达站终于建成。

奋力拼搏，构筑万里海上长城

1990 年 4 月 3 日，刘永坦的新体制雷达团队首次实现了中国对海面舰船目标远距离探测试验的重大突破。1990 年 10 月，国家多个部门联合召开的鉴定会对这项研究成果进行评审后认定，居国际领先水平。1991 年，该项目获得国家科学技术进步奖一等奖。阶段性成果，使刘永坦研制实用型新体制雷达的信心倍增。获得国家级一等奖并不是刘永坦设定的目标。他认为，科研成果倘若不能真正应用，那无疑只是一把没开刃儿的剑，样子好看却不锋利。国家需要的，是能够真正应用于实际的产品和设施。面对人生的又一重要抉择，他又一次坚韧不拔地勇往直前。

1997 年，新体制雷达被批准正式立项，哈工大作为总体单位承担

▲ 刘永坦与本书主编王建蒙合影

研制工作，这在国内各高校中尚属首次。刘永坦动情地说："情怀和理想是一个爱国知识分子最重要的本质。我们团队的成员尽管清贫，尽管每次去外场常常要干好几个月才能回来休整几天，却依然干得有劲、觉得光荣。完成国家需要是我们内心的动力，能为国家强大作出贡献是我们的使命和荣耀。"

一场新的攻坚战又一次吹响了冲锋号角。为了解决国家海防远程探测的迫切需求，必须研制具有稳定、远距离探测能力的雷达。然而，从原理到工程实现，涉及电磁环境复杂、多种强杂波干扰等国际性技术难题。面对世界各国均难以逾越的技术瓶颈，刘永坦带领团队，历经上千次试验和多次重大改进，形成了一整套创新技术和方法，攻克了制约新体制雷达性能发挥的一系列国际性难题。2011 年，刘永坦团队成功研制出具有全天时、全天候、远距离探测能力的新体制雷达。与国际最先进同类雷达相比，这个系统规模更小、作用距离更远、精度更高、造价更低，总体性能达到国际先进水平，核心技术处于国际领先地位，标志着我国对海远距离探测技术实现重大突破。2015 年，这项研究成果获得国家科学技术进步奖一等奖。

刘永坦专注于新体制雷达研究超过 40 年。对常人来讲，这是何等枯燥与寂寞，但向刘永坦问到这个问题时，他满脸堆满了笑，像个孩子似的："要说枯燥和寂寞，好像还没有。科学研究本身就是一件忍得了枯燥、耐得住寂寞的事情。反倒是随着研究的深入，我对这个项目的兴趣和希望与日俱增。科学研究的最终目的是解决实际应用的工程问题，而解决工程问题需要理论支撑，需要突破现有的理论框架。面对这些具体问题，常常会出现困惑，最突出的困惑是找不到合适的数学模型。一旦有了数学模型，就可以将问题较好地解决，就好办了。其实，攻克数学难题就是要靠那么一股钻劲儿，只要能钻进去，就会求出解。"这里，笔者突然想到那句极具寓意的名言："数学是科学的仆人。"刘永坦就是将雷达与数学紧密结合，一步步走向科学巅峰的科学家。

新体制超视距雷达系统经过评审验收投入使用后，得到有关部门的广泛赞誉，不论在国防应用还是在民用领域，都向深入、成熟的方向发展。刘永坦带领他的团队，并没有停止研究的步伐。他们以小型化、高精度为目标，还在进行不停歇的努力。现在的土地价格非常昂贵，有些地方的土地费用远远高于这套系统的设备费用。如果能够将系统设备小型化，节约出来的土地费用简直是天价，这使得整套系统在实际应用中的推广价值非常明显，而由此引发的技术难题又需要加倍拼搏与攻关。

面向国家未来的远海战略需求，刘永坦主持的对海远程探测体系化研究，逐步进行分布式、小型化等前瞻技术的自主创新，为构建由近海到深远海的多层次探测网、实现广袤海域探测提供有效的技术手段。刘永坦在漫长的新体制雷达研究岁月，从一个个枯燥的数学公式里找到一

▲ 刘永坦（左二）与他的团队在工作中

个个人间乐趣，也从一个个科学试验的成果中，磨炼出不断追求、不断创新、不断攀登的内心世界和科学家的人格魅力。

习近平指出:“重大科技创新成果是国之重器、国之利器，必须牢牢掌握在自己手上，必须依靠自力更生、自主创新。”刘永坦多次表达:“国家把这么重要的项目交给我们做，这是我们最大的荣耀。”几十年来，他就是聚焦新体制雷达这个方向，始终不渝地带领团队凝神专注在这个领域攻关、攀登。他坚守为国奉献的初心，坚持敢为人先、创新创造。正如他于国家科学技术奖励大会上获奖后，在北京人民大会堂主席台面对亿万电视观众的感言:“我亲身经历了国家从站起来、富起来到强起来的伟大历史进程。我始终坚信，国家的需要是我们科研项目的最强大动力。我们科技工作者一定不忘初心、牢记使命，攻坚克难、追求卓越，在加快建设创新型国家和世界科技强国的时代浪潮中，创造出更多让人民激扬振奋、让世界刮目相看的奇迹。”

数十年教书育人，桃李满天下

1953 年，全国高中毕业生迎来一年一度的高考。这一年，全国高等院校全面实行教育体制改革，向苏联学习高等教育的办学经验。哈尔滨工业大学由于特定的历史渊源，成为全国高校的标杆，1953 年的高考录取分数线高于北大、清华。这一年，不满 17 周岁的男生刘永坦和女生冯秉瑞，以当地高考的高分成绩，一个从南京、另一个从成都来到哈尔滨工业大学求学。当年，冯秉瑞从成都到哈尔滨，需要坐汽车、倒火车，乘大卡车翻越秦岭，路过北京都不敢停留看看新中国的首都，一路颠簸 12 天，才到达北国之都哈尔滨。到学校报到后，她被安排在偏僻的沙漫屯，一听这名字就可想而知。简陋的宿舍、冬天白雪皑皑的严寒，以及众女生一起洗澡的大澡堂子，令冯秉瑞这位妙龄少女目瞪口呆。而从南京来的刘永坦，怀着“我们年轻人，有颗火热的心”的梦想，风尘仆仆来到哈尔滨，被安排住在同样偏僻的男生平房宿舍。这个习惯于睡南方木板床的小伙子，与诸多同学睡在同一条大土炕上，本来就很不自在，晚上躺在火炕上活生生就是一种被烧烤的感觉。这些都能以锻炼意志来适应，但浑身干燥、鼻子流血却难以被“意志”所抑制。即使这样，这两位年轻人以“意志”的力量战胜了身心的抑制，以优异成绩完成了在哈尔滨工业大学的学业。他们结成伉俪后，在哈尔滨扎根 60 多年。刘永坦做了一辈子无线电和雷达学术研究与教学工作，冯秉瑞则搞了一辈子计算机教学。他们这对夫妇教书育人，默默无闻、脚踏实地，一茬又一茬、一届又一届，培养出的硕士、博士如桃李满天下。

刘永坦谈起当年被公派英国深造，眼神里饱含对夫人冯秉瑞付出辛劳的歉疚。当时在英国，不仅经济条件不允许刘永坦回国探亲，就连电话也很少从英国打回来，一是当时中国电话还没有普及，二是昂贵的电话费确实支付不起。而冯秉瑞慈祥的脸上虽然有嗔怪、有委屈，却话语平静地说：“我一人带着三个儿子真是不堪回首，无奈之下，把老大送到南京一直跟着他奶奶，老二那年不到 10 岁，老三还在上幼儿园。我这边要备课上讲台，那边孩子要吃、要喝、要洗、要闹。尽管这样，三个儿子都很争气，都考取哈工大完成了大学学业，并且都靠自己的努力考取了到国外留学深造的资格。”

那时候，工资很低，这两位名牌大学的教师也面临捉襟见肘、生活拮据的窘境。刘永坦去英国深造，身上连件像样的外衣都没有，他们只好到布店用布票买了布回到家自己剪裁缝制。他们是从物资短缺的那种艰苦日子走过来的，至今都衣着简单，生活非常简朴。但是，刘永坦获得国家最高科学技术奖的 800 万元奖金后，这两位一辈子教书育人的老人家连磕呗儿都没打，毅然决定在哈尔滨工业大学建校 100 周年时，一分不留，全部捐献给学校。然而，2020 年 6 月，哈工大举行百年校庆时，周围的同事并没有看到刘永坦举办捐款仪式那热闹的一幕。原来，刘永坦觉得，在哈工大百年校庆这么盛大隆重的场合，自己不应该凑热闹、出风头。校庆活动结束之后，刘永坦与冯秉瑞才一起将他们这辈子最大一笔巨款悄悄捐给学校。哈工大经过认真研究后，将这笔捐款设立为永久性的“永瑞基金”。

在捐赠仪式上，刘永坦发表感言说：“我个人的成长发展，离不开党和国家长期的培养与教育，离不开学校和同志们的帮助与支持。在获奖那一刻，我就有了将奖金全部捐出，回报国家、回报学校的想法，也得到了家人的一致支持。永瑞基金的设立旨在聚焦国防电子工程领域，助力学校培养更多杰出人才，打造更多国之重器。”

▲ 2019 年，刘永坦、冯秉瑞夫妇与本书主编王建蒙、副主编马京生（右一）合影

刘永坦与冯秉瑞踏实做事、低调做人、一生勤俭、淡泊名利的品质是一种境界，是难以用贫富来诠释、无法以物质和金钱来衡量的一种精神。

刘永坦与冯秉瑞在哈工大做学问，60多年如一日，基本上都是在校园里度过的。冯秉瑞说："别说黑龙江的旅游景点，就是哈尔滨市里的许多名胜，我俩至今还有很多没有去过。比如每年一次的哈尔滨冰雕节，据说已经连续举办好几十年了，但我们也是一年推一年，没去观赏过。不过，我们这辈子在校园里也有许多乐趣。比如有一年，我们作为双教师，幸运地得到一张自行车票。我俩带着二儿子，像过节一样，一起把自行车买回来。那年还没有三儿子，一辆自行车就能把我们一家三口都拉上。老二坐在自行车大梁上，我坐在后车架上，永坦开心地施展车技，第一次就毫不犹豫地把我们全家给摔到一边。不过，虽然衣服擦破了、身上摔青了，但家里毕竟添置了大件物品，仍然是其乐融融。"

刘永坦在哈工大担任了20多年研究生院院长，每年毕业的硕士、博士以及在不同岗位成为栋梁之材的难以计数。在他的学生中，出现了一个个院士、将军、大学校长、教授、国防军工院所总师、高科技公司创始人和高管等才俊，这才是刘永坦引以为豪的。刘永坦从教60余年，一直致力于电子工程领域的教学工作，先后讲授过10多门课程。在新体制雷达攻关最繁忙的时期，他也没有停过给本科生和研究生讲授的4门课。其间，他主编的《无线电制导技术》一书成为全国统编教材；1999年，他的专著《雷达成像技术》获得首届国防科技工业优秀图书奖和全国普通高等学校优秀教材一等奖。

（作者：王建蒙）

钱七虎

为国铸就地下钢铁长城

钱七虎（1937 年 10 月 26 日—　），中国工程院院士，中国著名防护工程专家、军事工程专家。

他建立了我国现代防护工程理论体系，解决了核武器空中、触地、钻地爆炸以及新型钻地弹侵彻爆炸等若干工程防护的关键技术难题，完成了我国防护工程领域的时代跨越。

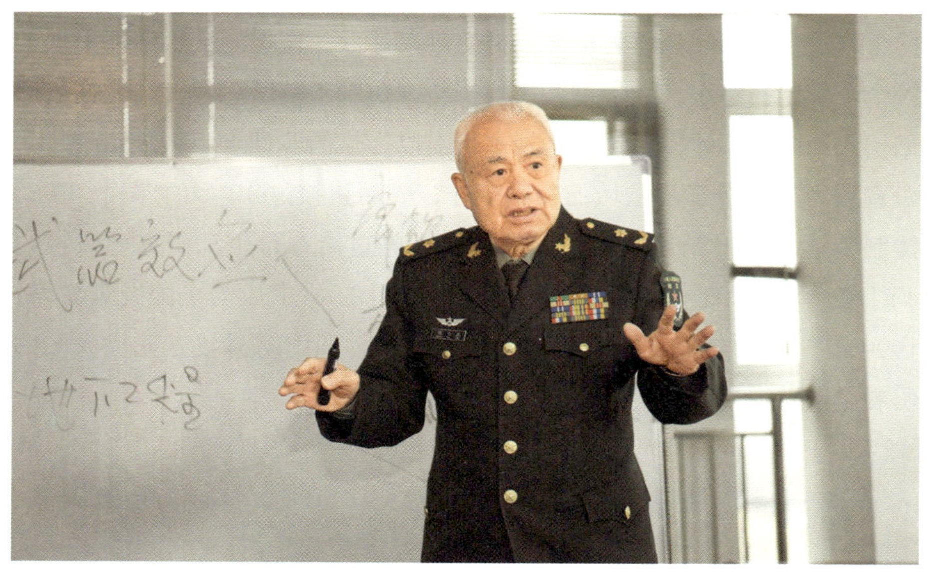

▲ 中国著名防护工程专家、军事工程专家钱七虎

钱七虎说："科技强军、为国铸盾，是我的毕生追求。"

信党，爱党，跟党走

钱七虎出生在抗日战争期间的逃难途中。新中国成立后，依靠政府的助学金，他完成了中学学业。强烈的新旧社会对比，在他心中深深埋下了矢志报国的种子。1950 年，抗美援朝战争爆发。仅有 13 岁的钱七虎积极报名参加军干校，走上了"为党、国家和人民贡献一生"的爱国之路。

1954 年，在上海市上海中学读书的钱七虎，学习成绩优异，毕业的时候，6 门课程中 4 门满分。如此优秀的毕业成绩，让他获得了到苏联留学的机会。但是，就在这个时候，钱七虎听到一个消息：国家急需一批军事技术人才，解放军军事工程学院需要在应届中学毕业生中招收一批优秀学生进行专门培养。是成为令人羡慕的留学生，还是响应国家号召赴哈军工，一道人生选择题摆在了钱七虎面前。不过，他并没有太多犹豫，就毅然作出了决定：留在国内，承担国家责任。正是这样一个决定，让钱七虎与防护工程结下了一生之缘。

1954 年 8 月，钱七虎怀揣着满腔的爱国热情，迈进了解放军军事工程学院的大门，成为哈军工组建后招收的第三期学生。在这里，他依然表现得非常优秀，18 岁就成为一名光荣的中国共产党党员。其实，当时的防护工程专业非常冷门，"没人选它，因为要跟黄土、铁铲打交道。但是，我始终服从组织分配，让我学什么就学什么"。钱七虎如是说。他非常珍惜宝贵的大学学习时间，在校 6 年只回过一次家，年年都被评为优秀学员。

1960 年 9 月，钱七虎顺利毕业。他是这一年哈军工唯一的一名 6 年全优毕业生，因此获得了到苏联莫斯科古比雪夫军事工程学院继续学习深造的机会。钱七虎一直不曾忘记的，就是临行前教导员对他的告

▲ 钱七虎（前排右）在中国人民解放军军事工程学院就读期间，与同学合影

诫:“国家在这困难时期，还花钱送你们出国留学。你要对得起党和人民，要好好学习。”留学苏联的4年里，钱七虎始终没有忘记这位老红军语重心长的话语。不仅如此，他更是将它真正落实到自己的行动上。4年时间里，钱七虎如饥似渴地学习，愣是没去过莫斯科一处景点——“到处要排队，多浪费时间哪!”1965年，钱七虎学成归来。从那时起，为国家铸就坚不可摧的地下钢铁长城，就成了他毕生的事业追求。“我信党、爱党、跟党走，这是我一生中最坚定、最重要的选择!”这是钱七虎的心声。

20世纪70年代，中国大西北人迹罕至的戈壁滩上传来一声巨响，一团巨大的蘑菇云在荒漠上空骤然升起……当人们欢呼、庆祝的时候，一群身着防护服的科研人员第一时间冲进核弹爆炸中心，冒着受辐射的危险开始了爆炸现场的各项勘查研究，年轻的钱七虎正是这群人中的一个。他进行的是一项全新事业——核弹爆炸防护工程研究。这项事业意义重大，面临的风险也非常巨大，但是，面对困难和风险，钱七虎浑然不惧、一往无前！因为工作需要，他与妻子袁晖劳燕分飞16年，这对非常恩爱的夫妻却都没有丝毫怨言。在他们心中，国家的利益永远被放在第一位。

直到现在，钱七虎仍孜孜不倦地为国家和军队贡献着智慧与力量。南水北调、西气东输、港珠澳大桥……诸多关乎国计民生的防护工程，都能看到钱七虎奔波的足迹。他说："我已经80多岁，为国家健康工作了50多年。作为一名科技工作者，我认为只有始终不忘初心、心怀感恩，把个人理想与党和国家的需要、民族的前途命运紧密联系在一起，才能有所成就、彰显价值！"

▲ 钱七虎留学苏联莫斯科古比雪夫军事工程学院期间，在莫斯科红场与苏联工人合影

处理好个人与集体、群众的关系，才能顺利前行

钱七虎选择的专业，注定是一个吃苦的专业；钱七虎选择的道路，注定是一条充满挑战的道路。从事防护工程数十年，他的确遇到了很多困难。刚回国那会儿，国家正处于困难时期，大型防护门的变形研究在国内依然处于空白状态。为了解决这方面的问题，加班加点是常态，钱七虎却从来没有抱怨过。那时候的条件，真的是非常艰苦，钱七虎回忆说："当时，没有大型计算机，就用穿孔纸进行数据输入。由于穿孔机打孔不圆，经常引起停算，我后来索性进行手工穿孔。"

在困难面前，钱七虎始终是一个勇敢的斗士，他说："困难吓不倒我，贪图安乐、享受是猪圈的理想！"钱七虎不仅自己践行着这样的工作理念，更将这种理念传递给青年学子们，他认为："只有不畏艰难，才能攀登高峰；只有不断前进，才能有所创新。科学道路上有很多困难，人生道路上也会有很多挫折。只有把个人的志愿和理想与国家、民族的事业结合起来，正确处理个人和组织、集体的关系，才能不断前行。"

钱七虎是这么说的，也是这么做的。在困难面前，他迎难而上，想办法克服困难、解决问题；在荣誉面前，他却坦然处之，永远把个人利益放在最后。

获得2018年度国家最高科学技术奖后，钱七虎将国家颁发给他的800万元奖金全部捐了出去。这样的事情虽然在外界看来是不可思议的，在钱七虎眼里却是一件稀松平常的小事。谈到捐献的初衷，他说："我就是在国家的资助下成长成才的。现在有很多贫困学生，如果能像我一样完成学业，将来会给国家作出更大贡献。"

奋斗一甲子，铸盾六十年

在钱七虎看来，如果说核弹是军事斗争中锐利的“矛”，那么，防护工程则是一面坚固的“盾”。1965 年，他在苏联莫斯科古比雪夫军事工程学院获得工学副博士学位，学成回国。钱七虎说，铸就钢城铁盾，是国家给他的任务。

在核爆现场，钱七虎往往有着敏锐、独到的眼光。比如，他发现核弹爆炸后，飞机洞库的防护门虽然没有被严重破坏，里面的飞机也没有受损，但防护门发生严重变形，从而导致无法开启。反复研究之后，钱七虎利用有限元法进行工程机构的计算，最终成功解决了大型防护门变形控制等设计难题。

为了减少防护门的开关时间，钱七虎创造性地提出气动式升降门方案。这个想法是好的，现实却十分残酷。要想使厚重的大型防护门顺利而快速地开关，并不是一件轻松的事情，试验一次次宣告失败。不过，面对失败，钱七虎并没有丝毫退缩，他说：“气动试验做了几十次，用了整整一年时间。失败了总结一下，就接着准备下一次试验，每一次试验过程都是学习、提高的过程。”功夫不负有心人，钱七虎终于成功地设计出当时国内跨度最大、抗力最高的飞机洞库防护门。

后来，为了系统深入研究防护工程问题，钱七虎带领团队几乎跑遍了全国各地的著名高校、研究所和厂家，先后成功研制出我国首套爆炸压力模拟器、首台深部岩体加卸荷试验装置，提出了 16 项关键技术方案，解决了困扰世界岩体力学界多年的数十个技术难题。

钱七虎做研究，不仅不畏困难，同样也能够做到与时俱进。在取得一系列成果之后，他又投入到抗深钻地核武器防护的系统研究之中。经过近千次细致的推导计算，他创造性地提出建设深地下防护工程的总体构想。后来，他和他的团队又构建了破碎区受限内摩擦模型，研究了地

▲ 钱七虎组织教员研究讨论重大课题

冲击诱发工程性地震的不可逆运动规律和深部施工灾变孕育演化机理，为抗深钻地核武器防护工程的设计与建设提供了理论依据，也为确保我国战略工程安全装上了“金钟罩”。

“奋斗一甲子，铸盾六十年。”陆军工程大学校长王金龙在评价钱七虎的时候这样说。钱七虎参与并见证了我国防护工程研究与建设从跟跑到并跑，再到有所领跑的全过程。

“国之所需，就是我的兴趣所在”

“做科研工作，不能仅仅着眼当下看得见的事情，更应该站在国家的全局进行前瞻思考。哪些事情对国家和人民有利，我们的兴趣和爱好就要向哪些事情聚焦。”这席话，不仅是钱七虎的心声，更是他做研究工作的信条。钱七虎始终认为，作为中国工程院院士，他有责任、有义务关心并研究国家的建设和发展问题。这同样是一名科学家必须具备的情怀和担当。

珠海机场要扩建，雄踞三灶岛南端的炮台山成为天然障碍。障碍，自然就需要去除，新时期愚公移山的重任落到钱七虎身上。1992 年 12 月 28 日，珠海三灶岛。那一刻，全国人民都在静静关注着一场前所未有的大爆破，爆破的主持者就是钱七虎。

“我虽然很有信心，但也免不了有些忐忑。爆破要求一次性把半座山搬到海里面去，还要确保山外不远处村庄里的房屋不倒塌，这对精度、力度要求极高。”钱七虎回忆当时的情景时，坦率地说道。

炮台山爆破是一个前所未有的巨大挑战，更是一块没人敢啃的“硬骨头”。为此，钱七虎甚至立下了军令状。炮台山爆破后来被称为“天下第一爆”，它的成功不仅吹响了珠海经济特区改革发展的新号角，更开辟了我国爆破技术新的应用领域。成功的背后，是艰辛的付出。钱七虎先后 7 次深入珠海调研，度过了无数个不眠之夜，与其他技术人员反复讨论设计方案，不放过每一个细节。

港珠澳大桥的海底隧道，全长约 6 公里，建成后要确保伶仃洋能通行 30 万吨邮轮。其中，海底沉管对接是工程施工中的难题。钱七虎综合考虑洋流、浪涌、沉降等各方面因素，提出合理化建议，帮助管道顺利完成对接。

谈起自己的兴趣爱好，钱七虎笑着说：“到一线工程去。国家需要什么，科学家的兴趣就应该在哪里，要站在国家全局考虑问题。”

耄耋之年的钱七虎，仍积极为决策部门出谋献策。据统计，他先后向国家部委提交 27 份研究报告，主持了北京、深圳、南京、青岛等几十个城市地下空间规划的评审。在制订雄安建设规划的相关会议上，他大力提倡综合管廊与地铁建设、地下街和地下快速路建设相整合。

▲ 2008 年，钱七虎（左三）主导建设南京长江大桥隧道工程

“‘忙’是我一生的写照，忙了就快，走路快、吃饭快，现在还是忙忙忙、快快快。”如今，80 多岁的钱七虎，依旧步伐矫健、思维敏捷。60 多年的戎马生涯，让他身上散发着军人特有的坚毅品质。

钱七虎非常自豪自己科技工作者的身份，但他对目前科技界的一些不良现象也提出了批评。他认为：“现在，科技界存在许多浮躁的现象。如果一心想着那些光环、名利，科技创新工作肯定做不扎实。科学研究必须沉下心来坐 10 年冷板凳，而不是只做‘短、平、快’的项目。科技工作者要树立远大的理想，把个人前途和国家命运、中华民族伟大复兴结合起来。”

甘为人梯的教育家

作为一名科研人员，钱七虎不惧艰难、刻苦钻研，取得了一项又一项重大技术成果。作为一名师者，钱七虎同样不遗余力，毫无保留地将自己所学传授给学生，为国家培养出一批防护工程方面的专业人才。

从事防护工程研究和人才培养工作60余载，钱七虎始终关注国家大事、关注民生问题。只要是对国家有好处的事情，需要他参加，钱七虎从来都当仁不让。这种情怀、这种精神，他更是不断地传递给自己的学生。

钱七虎多次对他的学生们提到："每一项国防工程都要耗费国家和人民的巨量资金与心血。我们作为设计者和建设者，一定要严谨再严谨，容不得一点点差错。"对于每一个项目，钱七虎都要到现场察看、取样；为做好岩爆灾害的预测、预报和预警，更是多次带领课题组成员，下到险象环生、随时可能发生岩爆灾害的地下工程一线。钱七虎用他的以身作则，为学生们做了最好的示范引领。

几十年来一心扑在事业上，钱七虎对妻子和两个孩子照顾得很少，对母亲也没能好好尽孝。对此，他深感愧疚。为了弥补遗憾，他分别从母亲和妻子的名字中取字，在家乡江苏昆山设立了"瑾晖"慈善基金，由20世纪90年代起，将院士津贴、全部奖金累计近百万元，用来资助贫困失学儿童和孤寡老人。对他来说，帮助别人的父母，就是弥补对自己母亲的遗憾；帮助别人的孩子，就是弥补对自己孩子的亏欠。这，就是钱七虎矢志不渝的家国情怀。

钱七虎是院士，是军人，也是一名教师。"他特别爱才。重庆有一位技术能力突出的教师，钱老师非常关注，想起什么问题，抓起电话一聊就是半个多小时，而他自己孩子的电话却记不住。"

"钱老师对学生的生活很关心。有一年大年初二，他带着家人来看望我刚出生的儿子，了解我们有什么困难。"钱七虎的学生回忆说。

生活上热心，学术上严谨。提起师从钱七虎的经历，很多学生都体验过"痛苦而有收获的煎熬"。对学生们的论文，他总是不厌其烦地逐字逐句推敲。“写论文不仅仅是为了拿到学位。科研成果是要运用到实践中去的，来不得半点儿马虎，理论和技术都要经得起实践检验。”钱七虎说。

数十年来，钱七虎甘为人梯，以培养人才为人生乐事，创建了我国防护工程学科和人才培养体系，先后指导博士研究生 50 余名、博士后 40 余名，帮带国家级科技人才 10 余名。其中，有多人被评为“长江学者”“杰青”“勘察设计大师”。

钱七虎把名利看得很淡。获奖排名的时候，钱七虎不让把他排在首位，有的根本不让排上他的名。钱七虎甚至宣布：所有他参加的项目，他一律署以技术顾问的身份，不当项目组组长；所有报奖，他一律不排名。钱七虎指导学生完成的文章，学生要署他的名，他规定：凡是署他名的文章，必须经他最后审阅；凡是非他执笔的，一律不许署他为第一作者。

这就是钱七虎，一个甘为人梯的教育家，一个时刻把国家利益放在最前面的爱国者。

（作者：韦中燊、朱建伟）

黄旭华

我的一生属于核潜艇

黄旭华（1926 年 3 月 12 日— ），“共和国勋章”获得者，中国工程院院士，中国第一代核潜艇总设计师，中国核潜艇事业的开拓者和奠基人之一。

他毕生致力于我国核潜艇事业的开拓与发展，从主持设计人民共和国第一代攻击型核潜艇开始，到战略导弹核潜艇研制成功，默默无闻投身核潜艇事业 60 多年，为我国海基核力量实现从无到有的历史性跨越

▲ 中国核潜艇事业开拓者和奠基人之一黄旭华

作出了卓越贡献。

黄旭华说："这辈子没有虚度，我的一生属于核潜艇、属于祖国，无怨无悔！"

一生结缘核潜艇

黄旭华出生于广东省汕尾市海丰县一个中医世家，年幼时看到病恹恹的人从他家离开不久便成为一个健康者，憧憬自己长大后要以更高的医术排除病痛、拯救病人。1937 年全民族抗战爆发那一年，黄旭华小学毕业，随家人从广东辗转来到广西。看着父母给别人治病，他明白了一个道理：医术能够救人，却不能救国。从而，这个少年萌发了要造飞机、造军舰的梦想，认为只有掌握了科学技术才能抵御外来侵略者。1945 年，黄旭华考入国立交通大学（现上海交通大学）造船系。在那里，他为日后从事核潜艇研制打下了厚重的专业基础。

1958 年 6 月 27 日，聂荣臻元帅向中共中央呈上《关于开展研制导弹原子潜艇的报告》。这份绝密报告很快就得到毛泽东主席的批准，人民共和国拉开了核潜艇研制的序幕。就在此后不久，黄旭华接到一个电话，要他前往北京出差。他二话没说，简单收拾了一下行李，就踏上从上海到北京的火车。黄旭华马不停蹄赶到北京上级机关后，接到了"国家要开展核潜艇研究，决定你参加这项工作"的指令。这一人生重要转折点，使黄旭华一生结缘核潜艇。

然而，以当时中国的科学技术水平、经济基础能力和工业制造环境，要造核潜艇，谈何容易！在学习造船专业的黄旭华头脑里，不仅对核潜艇很陌生，连核潜艇究竟长什么样儿也一无所知。研制最为神秘的核潜艇，在国外严密封锁的情况下，不可能获得任何参考资料。毛泽东主席发出"核潜艇，一万年也要搞出来"的号召。没有条件，就创造条件去摸索。有一句俗话叫“骑驴找马”，可是，当年连驴都没有，该怎么办？等是等不来核潜艇的，只有迈开步伐去闯。

黄旭华与同事们带着“三面镜子”进入核潜艇研制起步阶段：用“放大镜”跟踪追寻有效线索，用“显微镜”看清内容和实质，用“照妖镜”去伪存真、为我所用，从而拼凑出核潜艇的最初轮廓。在核潜艇设计之初那个年代，别说计算机，就连手摇计算器都没有。黄旭华他们愣是靠扒拉算盘珠子和拉计算尺，完成了数十万核心数据的计算，这在今天真是难以想象。即便在试验条件和设计环境已经非常优越的当今，黄旭华还在向年轻的科研人员传授这一简单易行的经验，既是进行传统教育，也是非常实用的一种基本思路和方法。

▲ 1988 年 9 月 15 日，顺利完成核潜艇试验任务凯旋后，中国核潜艇工程的总师们合影，右起依次为：黄旭华、黄纬禄、彭士禄、赵仁凯

核潜艇是集海底核电站、水下导弹发射场、浩渺海底城堡于一体的庞大工程。中国核潜艇的形状是采用常规线型还是水滴线型，一度困扰着黄旭华。美国研制核潜艇采取“三步走”方式，先采用适合水面航行的常规线型，同时建造一艘常规动力的水滴线型潜艇，在此基础上研制出水滴线型核潜艇。黄旭华在大量试验和论证基础上大胆提出“三步合并为一步完成”，在探索确定核潜艇方案之初，就选择了难度大但具有超前意识的水滴线型艇体。他们通过大量的水池拖曳和风洞试验，在取得一定试验数据，验证了艇体方案的可行性之后，直接以水滴线型核潜艇为目标开展研究、设计。中国核潜艇研制工程就是在这样一穷二白的基础上自力更生、锲而不舍、奋勇前进，在没有外援、没有资料、没有计算机的“三无”条件下，立项 3 年后开工，开工 2 年后下水，下水 4 年后正式列装，创造了世界核潜艇研制史上前所未有的奇迹，使中国成为当时全世界 5 个拥有核潜艇的国家之一。

惊涛骇浪，尽显报国之心

建造核潜艇是国家最高机密。项目启动之初，黄旭华作为核潜艇总体设计人员，合理解决了堆（艇用核反应堆）、艇（核潜艇总体）、弹（潜射弹道导弹）“三驾马车”的相互合作与配合问题，边研究、边设计、边生产，攻克了一道道难题。为了控制核潜艇的总体重量，保证艇体重心稳定，对所有上艇的设备，都采用一件件称重，再进行重量叠加的土办法。就是在这种极其简陋的设计、研制条件下，1970 年 12 月 26 日，中国第一艘攻击型核潜艇顺利下水，以国际核潜艇研制史上的罕见速度闻名于世。

黄旭华作为总设计师深知，建造一艘核潜艇，除了结构繁多、强度复杂外，内部的分系统更是细如牛毛，大到每一个系统，小到每一个螺钉弹簧、每一根电缆电线、每一处焊点焊缝都必须协调一致、稳妥可靠。不仅如此，黄旭华对核潜艇可谓了如指掌。一天下午，完成任务胜利返航的核潜艇在码头停靠，大家依次由艇舱钻出。笔者跟随在黄旭华身后，从架设在核潜艇与码头之间的简易浮桥上向岸边走去，还没有踏上地面，忽然听到身后艇上发出“当啷”一声清脆的金属声响。这种响声对一般人来说，根本不会触动神经，黄旭华却停下脚步，异常敏感地回过头，紧盯核潜艇发出声响的部位。因为浮桥狭窄得只能通过一个人，大家随即都向后转回到艇面。黄旭华非常严肃地把研制单位及核潜艇的主管人员召集在一起，责令他们立即查找发出金属声响的准确源头，即便连夜作战也必须彻底查清。他那不容置疑的命令式态度，绝对具有权威性。第二天清晨召开的调度会上，查找结果令大家大吃一惊。会议桌上，放着一个断成两截的大弹簧。这个大弹簧由酒杯粗细的钢丝形成，有水桶那么粗，一尺多高。这就是头一天金属声响的源头，是这个大弹簧断裂时发出的声响。问题点找到了。至于是设计不合理？理论计算不准确？材料选用不合格？材料在使用中疲劳过度？还是机械组合不匹配？这些假设的原因都将一一排查，从理论到实际、从设计图纸到模拟试验，直到水落石出、准确无误。黄旭华赞扬连夜排查的同志们态度认真、结果准确，而大家更是钦佩和折服黄旭华对核潜艇的熟悉程度。没有对核潜艇如同对自己身体一样的熟悉，没有发自内心的对祖国的热爱、对事业的忠贞、对核潜艇研制工作的高度责任感，怎能具有如此敏捷的感觉和如此高超的判断力？弹簧断裂这一事件，也引发了对核潜艇各个环节以致每个零件进行彻底检查。这是因为，核潜艇如果进入战备状态，将会长达几十天甚至几百天潜入海底，一直到完成打赢战争的严峻使命。其间，不要说一个弹簧，就是一个螺栓，都可能导致无法弥补的毁灭性灾难。

2012 年 11 月 28 日，时隔 25 年，笔者于北京远望楼宾馆同黄旭华

▲ 1988 年 3 月 4 日，黄旭华在核潜艇旁

再次见面时，他已是 86 岁的耄耋老人，一股亲近感袭上心间。笔者发现，黄旭华梳理整齐的满头银发竟无一根黑丝，就连浓浓的长寿眉也全白了，但双目炯炯有神，精神矍铄，身板儿依然硬朗，言谈话语和思路依然十分清晰。他用双手紧紧握住笔者的手。当笔者回忆起 25 年前从核潜艇发出的那声"当啷"声，他感慨万千地说："几十年来，在我们国家研究、建造核潜艇过程中有过太多的经历，单就核潜艇作为发射平台，解决水下发射问题就进行了上千次试验，在核潜艇发射导弹试验过程中发生的事情太多、太多了。你这个小同志记得如此清楚，真是记性好。"与其说笔者记性好，不如说是黄旭华对核潜艇从大系统到零部件的严肃认真和一丝不苟令笔者记忆犹新，是黄旭华那种平凡而伟大的精神令笔者难以忘怀。中国的核潜艇发展历程已经成为国家的一种精神力量，核潜艇精神激发了中华民族的聚合力，中华民族的聚合力又催生了

▲ 2012 年 11 月 28 日，在核潜艇精神高层论坛上，黄旭华与本书主编王建蒙亲切交谈

核潜艇的高速、稳步发展！正如黄旭华所说，几十年间，在研究、设计、建造、试验核潜艇过程中，核潜艇从潜入海下到浮出水面，进行各种状态的试验，其间发生的事情的确太多、太多。宝剑锋从磨砺出，梅花香自苦寒来。正是由于黄旭华等老一辈科学家起到表率作用，由他们率领年轻的一代又一代科技人员，发挥聪明才智，克服艰难险阻，才使得我国核潜艇技术水平在国际上具备如此高的地位。

下潜，核潜艇的作用就是深潜水下

1970 年，中国第一艘核潜艇顺利下水，中国拥有了自己的核潜艇，但核潜艇是否能够形成战斗力，必须经过极限深潜试验等关键环节的考验。

众所周知，地球表面，海洋面积超过70%。而到目前为止，人类对海洋的探索面积仅为5%；也就是说，95%的海洋属于人类未知。漆黑的深海神秘而恐怖，核潜艇在狂波巨澜的大海里更是沧海一粟。核潜艇在世界海洋航行史上险象环生，灾难不断。1963年4月，美国“长尾鲨”号核潜艇在美国科德角附近海域沉没，艇上129人全部遇难。这是世界上第一次核潜艇失事。1968年5月，美国“天蝎”号核潜艇在前往加纳利群岛途中，连同艇上99人全部沉没于大西洋中部海域。1970年4月，苏联载有核武器的K-8核潜艇在西班牙附近的大西洋海域沉没，艇上88人无一生还。2000年8月，俄罗斯“库尔斯克”号多用途核潜艇在巴伦支海参加北方舰队演习时沉入海底，艇上118人全部丧生。正是由于战略导弹核潜艇在战争中具备无可比拟的第二次核打击力量，能够真正形成核威慑，所以，核潜艇是一个国家大国地位的重要标志。所谓第二次核打击，指己方在突然遭遇对方大规模全面核攻击被严重摧毁后，己方剩下的核打击能力仍足以向对方发起毁灭性的大规模核反击。核潜艇是迄今最有效的承担第二次核打击任务的武器系统。另外，核潜艇具有海下航行时间长、隐蔽性能好、作战机动性强等特性，能够悄无声息地潜入海下，驶入对方近前，给予突发的毁灭性打击。半个多世纪以来，核潜艇沉没的事故多达20余起，600多名艇员丧生海底。

而中国核潜艇进行极限深潜试验时，黄旭华以不容置疑的态度，执意要登上核潜艇，与全体艇员同生死、共患难。作为核潜艇总设计师，他对核潜艇的可靠性、安全性尽管胸中有数，但对科学的认知是需要胆识的。纵观世界，在这种极限深潜试验面前，没有任何人敢拍胸脯说有绝对把握。既然是试验，就会有意想不到的风险。而黄旭华将自己的生命置之度外亲自登艇，不仅是对全体艇员的极大鼓舞，更体现了他对祖国和人民的极端责任心。

平时不善言谈、慈眉善目的黄旭华，在核潜艇下潜前，神情激奋地对参试的100多名登艇人员说:“开展极限深潜试验虽然有风险，虽然不能作绝对的安全保证，但我对艇上所有设备、材料都是清楚的。我们必须坚定信心。我决心与你们在一起，目的就是要大家消除任何疏忽和担心。我同你们在一起，就是让大家稳定情绪、克服恐惧。我们只要按照试验大纲和操作程序，细致缜密、严肃认真地工作，就一定会获得极限深潜试验的最后胜利!”

深潜水下几百米的核潜艇，受海水强大的压力挤压，如同用手紧握一枚鸡蛋。随着水压增大，核潜艇就像蛋壳随时会破碎一般。此时，30米、50米、100米、200米……核潜艇不断向大海深处下潜、再下潜，开始发出“嘎吱、嘎吱”的异常声响。漆黑的深海凶险莫测，一旦发生意外，核潜艇会葬身海底。但总设计师黄旭华为了祖国的核潜艇事业视死如归，毅然与祖国的核潜艇以及核潜艇的研究、操控人员生死与共，那种大义凛然感人至深、令人敬佩。黄旭华与全体艇员凭借魄力和胆识闯过了这道生死关，完成了人民共和国的海底核盾极限深潜试验，由此，黄旭华成为世界核潜艇总设计师登艇参加极限深潜试验第一人。

当核潜艇完成极限深潜试验浮出水面后，全艇群情沸腾。黄旭华也抑制不住内心的欣喜，即兴挥毫赋诗:“花甲痴翁，志探龙宫。惊涛骇浪，乐在其中!”

1988年9月15日，平静的海面冲出喷火的巨龙，震耳欲聋的轰鸣声响彻海空，这是潜藏在大海深处的核潜艇进行发射导弹试验。太平洋预定海域传来导弹准确落入的捷报，黄旭华止不住热泪盈眶，内心的激动无以言表。中国第一代导弹核潜艇完成了全部试验，中国成为继美国、苏联、英国、法国之后第五个拥有核潜艇水下发射导弹能力的国家，中国人民海军成为一个真正的战略性军种。

2020年1月10日，黄旭华荣获2019年度国家最高科学技术奖。

惊天动地与隐姓埋名

“时代到处是惊涛骇浪，你埋下头，甘心做沉默的砥柱。一穷二白的年代，你挺起胸，成为国家最大的财富。你的人生，正如深海中的潜艇，无声，但有无穷的力量。”这是中央电视台 2013 年度感动中国人物颁奖盛典给黄旭华的颁奖词。

黄旭华经常说，他几十年间一心扑在核潜艇上，对核潜艇充满激情，却对家人、亲人很无情。他自从参加核潜艇研制工作后，由于高度保密，与家人、朋友断绝了联系。为数不多的家信中，只能告诉家人自己在北京工作，除了报平安外，工作内容一个字都不透露。一别就是 30 年。他的父亲、二哥去世时，黄旭华都没能回家奔丧。老家人问他在干什么，不能说；家里有大事，他也不能回。兄弟姐妹甚至母亲，都对他难免心有郁结。还是母亲从公开报道中得知儿子的工作性质后，出面为他解围。黄旭华很遗憾，没有能力、没有条件把工作与家庭的关系平衡好，他称自己是一个不称职的儿子、不称职的丈夫、不称职的父亲，但这正是中国核潜艇人不懈努力奋斗的缩影。

这几十年间，黄旭华确实欠了家人、亲人太多的情分。他离家搞核潜艇时刚 30 岁出头，再见到亲人已经成了 60 多岁的白发老人。在黄旭华的内心里，他只能以“自古忠孝难两全”的古训来宽慰自己。从小，父亲、母亲就教导他要忠于国家、报效人民，默默无闻地潜心研究核潜艇就是对国家的忠。很多年来，黄旭华一到冬天，都会围上一条褪色的旧围巾，那是年迈的母亲亲手一针一线为他编织的。黄旭华每当把这条围巾围在脖子上，似乎就有了与母亲离得很近的感觉。

回忆中国核潜艇光辉而艰辛的发展历程，黄旭华动情地说：“我从事核潜艇研制 60 多年，欣喜地看到，梦寐以求并为之奋斗了一生的核潜艇终于造出来了。我作为一名老兵，参加了全过程，尽了应尽的责

▲ 黄旭华志在千里

任。这是我作为一个知识分子应当做的事情。我取得的成绩，也是大家共同努力的结果。他们付出的代价是巨大的，他们的功绩是不可磨灭的。岁月流淌，事业前进。现在，我们正面临新的挑战。世界新技术、高技术的浪潮，正引起科研、生产、经济等一系列深刻的变化。新形势要求我们勇于开拓，敢于正视现实提出的挑战。我虽年事已高，但作为一名院士，仍要志在千里。宋人欧阳修有一句话：'今年花胜去年红，料得明年花更好。'我决心与新老核潜艇人一道，像当年干第一代核潜艇那样，无所畏惧，一往无前，把核潜艇精神传承下去，同年轻人一起奋斗，创造新的辉煌！"

如今，中国第一艘核潜艇已经退役，但年逾九旬的黄旭华仍在服役。90 多岁的黄旭华每天依然在为核潜艇忙碌，除了外出开会，他每天都会来到办公室上班，常常抽出时间整理办公室积累如山的资料，为年轻的科研人员答疑解惑。他的愿望是，让新一代核潜艇人在国防重器发展过程中不断作出新的创举。

（作者：王建蒙）

曾庆存

让气象学成为先进科学

曾庆存（1935 年 5 月 4 日—　），中国科学院院士，著名大气科学家，数值天气预报理论奠基人之一。

他首创半隐式差分法，提出计算地球流体力学、大气运动适应过程和演变过程理论，建立大气遥感的最佳信息层理论和自然控制论，为现代大气科学和气象事业的两大标志——数值天气预报和气象卫星遥感作出了开创性贡献。

▲ 数值天气预报理论奠基人之一曾庆存

曾庆存说："寄语中华好儿女，要攻科技更精尖。"

一片丹心开日月

曾庆存出生于广东阳江一个农民家庭。"力耕田野少年贫"的曾庆存，曾撰文描述自己的童年生活："小时候家贫如洗，拍壁无尘。双亲率领我们这些孩子力耕垅亩，只能过着朝望晚米的生活。深夜劳动归来，皓月当空，在门前摆开小桌，一家人喝着月照有影的稀粥——这就是美好的晚餐了。"

在田间地头耕作了一天的农人，带着疲劳和月光回家，在结束这一天前，通常都会遥望夜空。这并不是一种浪漫，而是一种现实需要——他们希望能从遥远的夜空预测明天的天气，盼望一个好天气带给他们一个好收成。这样的情景，在中国发生了数千年，小时候的曾庆存对此并不陌生。

"我本农家一赤子，抬头引颈望丰年。"这是后来曾庆存在一次雪后写诗自述。"瑞雪兆丰年""好雨知时节"，农耕社会对天气的敏感和期盼，从这些民谣里可见一斑。

1946 年，曾庆存 11 岁时，一次台风登陆，风雨交加。读书不多的曾父，一直渴望孩子们能读书成才，趁着雨夜无事，决定考考两个儿子。曾父提议对对子，并先提一句："久雨疑天漏"。接着，曾庆存与哥哥应对。父子三人一边推敲，一边聊天，"从自然到人事，父子兄弟竟然联句得诗"。曾庆存回忆道，诗曰："久雨疑天漏，长风似宇空。丹心开日月，风雨不愁穷。"

1947 年，12 岁的曾庆存写了一首题为《春旱》的诗："池塘水浅燕低飞，岸柳迎风不带姿。只为近来春雨少，共人皆作叹吁嘘。"

无论是"风雨不愁穷"，还是"皆作叹吁嘘"，对于从小就在乡下长大、“力耕田野”的曾庆存而言，天气对农业收成和人们生活的影响，他感同身受。

1952年，曾庆存考取北京大学物理系。新中国成立之初，我国急需气象科学人才。北大物理系准备安排一部分学生学气象学专业，老师向班上同学鼓励道：而今万事俱备，只欠东风。意思是说，国家已为大家准备好学习条件，只待大家安心学习。曾庆存自然能理解这种安排，服从国家需要，很快就选择了气象学这个熟悉却又陌生的学科。

“我印象很深的有一件事：1954年的一场晚霜把河南40%的小麦冻死了，严重影响了当地的粮食产量。”曾庆存说，这件事让他更加深切地感受到，“如果能提前预判天气、做好防范，肯定能减轻不少损失”。

下决心破解世界难题

曾庆存是中国科学院大气物理研究所研究员，1956年毕业于北京大学物理系，1961年在苏联科学院应用地球物理研究所获得副博士学位。

上大学期间，曾庆存曾在中央气象台实习，每天看到气象预报员们废寝忘食地守候在天气图旁，进行分析判断并发布天气预报。20世纪，人们发明和应用气象仪器来测量大气状态，并将各地的气象观测数据汇总到一处，绘成天气图。但是，天气图还是严重依赖天气预报员的主观判断。

在天气图上，雨用绿色标注，雷用红色标注。“喜见春雷平地起，漫山绿雨半天红”，这是曾庆存对当时天气预报的印象。但他更多时候看到的是，由于缺少精确的计算，往往只能进行定性的分析判断和凭经验做预报，预报员心里都没把握。

经验性的天气预报，没法做到定量、定时、定点的判断。要做到这些，必须通过客观、定量的数值天气预报，这是 20 世纪 50 年代刚刚起步的一个领域。所谓数值天气预报，就是根据大气动力学原理建立描述天气演变过程的方程组，然后输入大气状态的初值和边界条件，用计算机数值求解，预测未来的天气。“找出气象变化的规律，然后用数学方法把它算出来。”曾庆存如此形容。

在中央气象台实习的曾庆存，心里有了一个愿望：研究客观、定量的数值天气预报，提高天气预报的准确性。

1957 年，曾庆存被选派到苏联科学院应用地球物理研究所读研究生，师从国际著名气象学家基别尔。在那里，曾庆存的学习劲头以及扎实的数学、物理功底，深得基别尔认可。博士学位论文选题，基别尔给曾庆存选择了一个世界性难题——应用斜压大气动力学原始方程组，进行数值天气预报研究。

大气动力学原始方程组是世界上最复杂的方程组之一。这是因为，大气运动本身非常复杂，包含涡旋和各种波动的运动过程及其相互作用；需要考虑和计算的大气物理变量也非常多，涉及温度、气压、湿度、风向和风速等。当时，科技界虽已尝试用动力学方法作天气形势短期预报，但都对方程组作了很大简化，预报精度比较低，达不到实用要求。要使数值天气预报真的实用，还得在原始方程组研究方面取得突破。这个世界难题当时无人能解。基别尔也在研究原始方程组，但碰到很大困难，尚未完成。

“他把这个题目给我时，所有的师兄都反对，认为我不一定研究得出来，可能拿不到学位。”曾庆存回忆。

要研究出原始方程组作数值天气预报，第一步需要了解大气运动的规律，第二步要思考用什么计算方法把它算出来。大气运动如此复杂，意味着计算量非常大；而且，必须保证计算的稳定性和时效性。“计算的速度必须追上天气变化的速度，否则没意义。雨已经下了，你才算出来要下雨，有什么用?”曾庆存说。

那时候，超级计算机的发展才起步不久。要想“追上天气变化的速度”将它计算出来，实现真正的预报，几乎是不可能的。这意味着，必须在计算方法上有更多突破。

曾庆存苦读冥思，每提出一个想法，就反复试验和求证。那时候，苏联的计算机也非常紧缺，机时很少。他经常通宵达旦，先做好准备工作，争取一次算完，然后立即分析计算结果，“灯火不熄，非虚语”。

1961 年，几经失败后，曾庆存终于从分析大气运动规律的本质入手，提出了用不同计算方法分别计算不同过程的办法，一试成功。他提出的方法叫作半隐式差分法，是世界上首个用原始方程组直接进行实际天气预报的方法。这个方法随即在莫斯科世界气象中心应用，使天气预报准确率得到极大提升。应用原始方程组是一个划时代的进步，当今的数值天气预报业务都基于原始方程组。半个多世纪过去了，半隐式差分法至今仍在国际上被广泛使用。

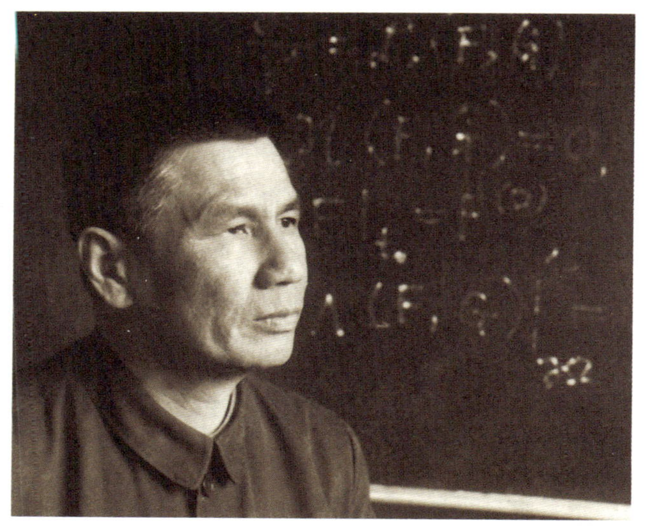

▲ 曾庆存旧照

这一年，曾庆存 26 岁。获得苏联科学院副博士学位的他，踏上了回国的路。

坚定不移走中国道路

再次踏上祖国的土地，曾庆存踌躇满志。他“热血沸腾，感而成句”，写下一首《自励》诗：“温室栽培二十年，雄心初立志驱前。男儿若个真英俊，攀上珠峰踏北边。”

攀珠峰，即追求科学的最高峰。攀登珠穆朗玛峰有“北坡难，南坡易”一说，“踏北边”除了寓意要“迎难而上”，还有何意？多年后，他如此解释：珠峰北边为中国领土，“踏北边”就是要“走中国道路”。

回国后，曾庆存进入中国科学院地球物理研究所气象研究室工作。由于当时没有电子计算机，他就集中注意力研究大气和地球流体力学以及数值天气预报中的基础理论问题，在数值天气预报与地球流体力学的数学物理系统理论研究方面取得重要成果。这在当时看来是十分抽象和“脱离实际”的，但后来证明，这对数值天气预报进一步发展是极为重要的。

不仅仅是数值天气预报，对于气象预报和气象灾害监测的另一个重要手段——气象卫星遥感，曾庆存也作出了开创性贡献。

我国开始研制气象卫星后，1970 年，曾庆存又一次服从国家需要，被紧急调任为气象卫星总体组的技术负责人，进入自己完全陌生的研究领域。当时，气象卫星在国际上尚处于初始阶段，温湿等定量遥感都没研究清楚。

那段时间，曾庆存很忙。自己生病，拖着病躯奔波于各地；对妻子和幼子无暇照顾，只能托寄于农村老家。他就像自己口中的“赛马”一样往前冲，终于解决了卫星大气红外遥感的基础理论问题，利用一年时间写出了《大气红外遥测原理》一书，并于1974年出版。这是当时世界上第一本系统讲述卫星大气红外遥感定量理论的专著，其中提出的最佳信息层等理论，正确解决了遥感水汽道通道的选取方法问题，是如今监测暴雨、台风等灾害性天气极为重要的手段。此外，他提出求解遥感方程的有效反演算法，成为世界各主要气象卫星数据处理和服务中心的主要算法，得到广泛应用。

1988年9月，我国第一次成功发射气象卫星。在发射现场的曾庆存，喜不自胜，赋诗一首："功成有志慰先贤，铁杵磨针二十年。神箭高飞千里外，红星遥测五洲天。东西南北观微细，晴雨风云在目前。寄语中华好儿女，要攻科技更精尖。"

此后，曾庆存开展了集卫星遥感、数值预测和超算于一体的气象灾害防控研究，有效提高了对台风等灾害性天气的预报预警时效和防控效果。近年来，他还带领团队积极参与全球气候和环境变化研究、发起

▲ 2016年，世界气象组织向曾庆存（左三）颁发第61届国际气象组织奖

和具体参与地球系统模式研究，并提出自然控制论等新理论。2016 年，他获得全球气象领域最重要的奖项——世界气象组织颁发的国际气象组织奖。

饿着肚子推公式

在气象领域取得如此众多的重大成就，曾庆存是怎么做到的？与他共事多年的中科院大气物理研究所研究员赵思雄，提供了一个答案。这个答案只有三个字：安、专、迷。

安，就是安心做事、安贫乐道。曾庆存刚回国时住只有几平方米的房子，除了床，几乎没有立足之地。但他心中的世界很大，在逼仄的空间里不分昼夜地工作，完成了长达 80 万字的大气动力学和数值天气预报理论专著《数值天气预报的数学物理基础》。曾庆存脚上穿的是在家门口农贸市场买的布鞋，头上戴的是多年前同事送的旧帽子。“陈景润是鞋儿破，你是帽儿破。”赵思雄常跟曾庆存如此开玩笑。很多人称曾庆存为“曾景润”。

专，就是专心做研究。曾庆存曾经跟友人提及“时人谬许曾景润”，希望大家不要再表达这种“善意”。他认为，所谓“曾景润”，只是潜心做学问的自然表现。“血涌心田卫紫微，管宁专注竟忘雷”，他写诗自述心意。三国时期隐士管宁读书、做事认真专注，因而与行为相反的同学华歆割席分坐。曾庆存要守护心中的“紫微”，唯有潜心和专注。

迷，就是痴迷。赵思雄说，“饿着肚子推公式”，这种事情在曾庆存身上没少发生。曾庆存一旦算方程和推公式入了迷，经常忘记吃饭和睡觉。

“现在就缺这种安、专、迷的精神。”赵思雄不无遗憾地说。

▲ 曾庆存饿着肚子推公式

真诚的“诗人院士”

曾庆存爱吟咏，出口成句。写诗，是他在科研工作之外的另一大爱好。在中科院有着“诗人院士”美誉的曾庆存，已经出版了两本诗集。“偶逢得句三生乐，无意栽花数朵开。”曾庆存说，写诗是他科研生活的一个调剂。

少长农村，在田野和山岗上，曾庆存“听惯了山歌村讴，自然地体会到山歌的优美含情和浓厚的生活气息，也很自然地就领悟了中华语言的韵律和优秀传统文化的丰富多彩”；上学后，“又学到文人的雅诗词，对诗的体会更为加深”。自此以后，他随时随处，触景生情，信口吟叹。

作为一位气象科学家，曾庆存把风云变幻写进了诗里。他以四季入诗，以节气入诗，以风、雪、雨、雷入诗。写风沙天气，“可怜桃李花开际，千里黄尘蔽日空”。写初冬寒潮，“恋枝黄叶忽稀疏，树动尘扬水不波”。写春季天气阴晴变化快，“桃花刚笑靥，杨穗又惊心”。写人工降雨试验取得成功，“诸葛佳谈传千古，东风今日始登坛。飞机撒药沉云滴，土炮轰雹化雨幡”。

曾庆存自谓“非专业诗人”，写的大多是“不登大雅之堂的诗篇”。不过，他知道这是自己的“诗言志”。他在诗中表达的“志”，是科学，是家国。这些诗篇，“都是一个中国科技工作者情感的真实流露和忠实的记录”，有“科学钻研心静寂”的宁静，有“华夏情钟腾热血”的激昂，有痛感我们还较落后、在国际上蒙受不公正对待而“异国魂销难入梦”的悲愤，也有发愤图强而“愚公有志垅山移”的决心。

纯正的科学良知

曾庆存在诗歌里表达了自己的追求：“科学钻研心静寂，苍生忧乐血沸腾。”这种追求，是“欲明事理穷追底”，是“不求闻达亦斯文”。

中科院原党组副书记郭传杰从曾庆存的诗歌和人生里，读出了“执着的爱国情结”和“纯正的科学良知”。

20 世纪 80 年代，我国基础研究处境艰难。中科院去各部门调研，听取科研人员的意见。调研的第一站是大气物理所，曾庆存当时刚挑起中科院大气物理所所长的大梁。调研组的郭传杰至今仍清晰地记得曾庆存那番肺腑之言：

“古人陶渊明，不为五斗米折腰。如果为自己，我也不会为几斗米去折这不高贵的腰。但现在，我已经折得腰肌劳损了，而且还得折下去，因为我在主持大气所的工作，不能让先辈创立的这么优秀的研究所在我手上败下去。大气研究对国计民生非常重要，我们研究所虽然规模不大，但有一群爱研究的科学家。我们也不是要向国家要钱，而是希望国家重视基础研究，让大家有一个可以安心做基础研究的环境。”

30 多年过去了，曾庆存说的每一个字已经刻在了郭传杰的脑海里，挥之不去，时有回响。“虽然我不是曾庆存的学生，但我一直把他当作良师。”郭传杰说。

仍然是 80 年代，大气物理所当时还没有大型计算机，与国外比，做大气研究相当于“骑着毛驴追赶汽车”。曾庆存认为，要让中国的大气研究走得更快，必须购置大型计算机。“当时别人不理解，说你们搞大气研究的要计算机做什么？曾庆存不断地往相关部门跑，不停地解释，终于跑到了经费。但有经费还不行，因为国外对中国内地实行大型计算机封锁。他就找到香港人士，通过他们巧妙绕过国外封锁，引进了一台当时在国际上很先进的大型计算机。”中科院大气物理所研究员洪钟祥回忆说。

20 多年前的一个风雨交加之夜，中科院大气物理所研究员胡非与导师曾庆存撑伞立在路旁，讨论阵风扬尘问题，滔滔不绝，还谈起了治学与人生。事后，曾庆存意犹未尽，写了一首诗赠给胡非：“阵风斜雨夜，撑伞立谈文。既蓄高峰志，勿扰世俗尘。”

那个晚上的“撑伞”之谈，确实很有收获。后来，他们师生合作，研究出了大气边界层阵风扬尘的机理。而胡非收获的不仅仅是一个研究成果，更是一个科研态度：做科研，要不惧风雨，要心中无尘。

胡非说，他时常想起屈原的诗歌《橘颂》，觉得里面有两句诗，很契合曾庆存的形象——苏世独立，横而不流。

经过数年的不懈努力，曾庆存在现代大气科学和气象事业的两大领域——数值天气预报和气象卫星遥感方面取得了丰硕成果，作出了开创性和基础性的贡献，在国际上为推进大气科学和地球流体力学发展成为现代先进学科作出了杰出贡献，并密切结合国家需要，为解决气象业务关键问题作出了卓著功绩，给人类安居乐业、美好生活带来了福音。

曾庆存心中的科学家精神，就是“为国为民为科学，没有这种精神

讀書 繼承而不為所囿

探索 創新而不為求奇

做学问 求真理大约就是這樣

曾慶存 二〇〇四年四月

▲ 曾庆存题词阐释科学家精神

搞不好科学研究”。他教导学生，科学研究若想取得成功，还需要“能坐得住冷板凳，要勇敢、要坚毅”，要有“十年磨一剑”的精神。自称“气象科学老战士”的他，即使年过八旬，仍然承担具体的科研项目，还带研究生，继续“磨剑”。

少时长于竹林、蕉叶之下的曾庆存，对家乡的绿竹和芭蕉感慕殊深。他曾写诗《绿竹芭蕉赞》，称羡竹子的“献绿山河不着花”“有节无心人已赞”和芭蕉的“从来躯干唯高直，羞脸低头不较功”。他希望自己能成为一株绿竹或芭蕉。

（作者：陈海波）

顾诵芬

功业骏烈，清芬可挹

顾诵芬（1930 年 2 月 7 日—　），中国科学院院士、中国工程院院士，现任中国航空工业集团有限公司科技委高级顾问、中国航空研究院名誉院长。

他是新中国飞机设计事业的主要奠基人之一、中国飞机空气动力学研究的开拓者、中国飞机空气动力设计奠基人，是国内外享有极高声望的飞机设计大师，是我国第一代战机的主要设计者，第二代战机研发的领军者，第三代战机核心技术研究的组织者、舰载机研发的推动者，第四代战机研制的引领者。他组织攻克了飞机气动力设计等一系列航空关键核心技术难关，主持建立了我国飞机设计体系，并引领和推动了我国航空工业体系建设。他任总设计师自主研制的国家重点型号，开创了我国歼击机从无到有的历史。他领导下的科研设计团队中，走出

▲ 飞机设计大师顾诵芬

了一批院士、专家等航空科研及管理方面的领军人才。

顾诵芬说："一个技术领导或者技术尖子，只有勤奋好学、博采众长，才能在前人的基础上，创造新的环境，攀登新的高峰。"

"我要设计飞机，保卫祖国的领空"

1930年2月4日（农历正月初六），顾诵芬出生于苏州十梓街的一座大宅院里。父系顾氏家族与母系潘氏家族历经盛衰兴替，在当时都是苏州著名的名门望族。

1932年至1939年，顾诵芬的父亲顾廷龙在燕京大学图书馆工作。全家住在北平海淀成府路蒋家胡同3号院，那是顾诵芬族兄顾颉刚的住宅。顾诵芬在燕京大学附属小学读书，他对北平印象最深的是1937年发生的七七事变。这个事变标志着日本帝国主义全面侵华战争的开始，也标志着积贫积弱的中国进入了艰苦卓绝的全民族抗战时期。年方7岁的顾诵芬对七七事变最深刻的记忆是1937年7月28日，日军飞机轰炸第29军营地的情景。他回忆："29军的驻地距离我家只有几公里，爆炸所产生的火光和浓烟仿佛近在咫尺，玻璃窗被冲击波震得粉碎。"

童年的顾诵芬当然不会知道，为什么在日寇的轰炸机肆虐中国天空时，没有中国自己的战机给予还击；他更不会知道，当时的中国还没有能设计制造与强敌抗衡的飞机的航空工业。然而，他幼小的心灵里，已经萌发出一个梦想。

1993年5月，在全国总工会组织的一次报告会上，顾诵芬讲道：

我从事航空工业已有40多个春秋，先后组织领导和参与过多种飞机设计工作，为祖国的航空事业做了一些工作，取得了一点成绩……

其实，这些年，我在实现着一个童年的梦想。七七事变爆发时，我在当时的北平目睹和经历了日本帝国主义飞机的狂轰滥炸，给中国人民带来了巨大的灾难。那时，我就有一个梦想：我要设计飞机，保卫祖国的领空。

报考大学时选的都是航空工程专业

顾诵芬的父亲顾廷龙是我国图书馆事业的先驱者。1939年，顾廷龙应叶景葵、张元济盛邀，从北平赴沪参与创办了私立合众图书馆并任总干事，全家住进了图书馆中。从少年时代起，顾诵芬受父辈和图书馆氛围的影响，养成了借书、读书的良好习惯。但他没有按照顾廷龙的愿望去研读国学经典中的“诗书礼乐”，而是对理工科萌生了浓厚的兴趣。从馆藏不多的科技书刊中得到的知识，引起了他动手制作和试验的兴趣，并初步掌握了将书本知识与实际应用相结合的本领。

回忆起自己的成长历程，顾诵芬总结了三条：

在上海，我的成长经历大概一个是靠书，看书开阔眼界。另外一个是靠同学的激励，向他们学习，跟这些同学的交往使得我有了更多的活动空间。第三个就是靠动手，有一些工具，能知道怎么做。

高中毕业后，顾诵芬分别报考了清华大学、浙江大学和交通大学，选择的专业都是航空工程。最终，他选择了交通大学。

交大是中国航空工程教育起步最早的大学之一。顾诵芬考进交大时，航空工程系录取了近30名新生。然而，随着学业晋级，同学人数急剧减少，主要原因是对毕业后就业的考虑。在中国面临着历史大转折的1948年，航空尤其是空气动力学显然不是一个有较多就业机会的专业，因而，二年级时就有不少同学转系。但顾诵芬没有这样想，他回忆说："我觉得搞航空不学空气动力学就白搞了，所以，我不顾就业选了空气动力学。"

一心想着设计飞机

顾诵芬是幸运的。1951年，他大学毕业的时候，新中国刚刚设立航空工业局，开始筹组中国的航空工业。当年，各大学航空系的毕业生都被分配到航空工业局系统。

20世纪50年代，苏联派了大批专家来华指导中国人学习如何制造飞机。但是，苏联领导人的意图很明确，社会主义阵营有苏联人从事飞机设计研究足矣，因此，苏联专家的指导原则很明确，中国人没有必要掌握设计飞机的科学技术。

在工作中遇到的许多事情，使顾诵芬感受颇深：

> 仿制而不自行设计，就等于命根子在人家手里，自己没有任何主动权。我们都认为，必须有中国人自己的飞机设计机构。

顾诵芬梦寐以求自行设计飞机的想法，与中国航空工业的决策者灵犀相通。中国需要强大的空军，同样需要强大的航空工业，需要独立自主的航空科研以及飞机、发动机研究、设计和制造能力。

1956年8月，航空工业局局长王西萍发布《关于成立飞机、发动机设计室的命令》，确定飞机设计室的主要任务是：为将来建设飞机、发动机设计所准备条件和培养干部。命令一下，航空工业局首先调徐舜寿、黄志千、顾诵芬与程不时 4 人到飞机设计室工作。

飞机设计室的第一项任务是设计歼教 1 飞机，这是中国历史上第一种自行设计的喷气式歼击教练机。作为飞机设计室气动组组长，顾诵芬负责歼教 1 飞机的气动力设计，26 岁的他站在了那个时期中国飞机气动力设计的最高位置。他的头脑像一台超大容量的计算机，装进了能搜集到的苏、美、欧洲国家的技术资料、书刊、研究报告等有价值的全部信息，又将它们与面临的课题结合起来，进行深入细致的思考、分析与计算。最终，圆满完成了歼教 1 飞机的气动力设计任务。

从 1958 年 7 月 26 日开始到 8 月 5 日止，歼教 1 飞机共进行了 8 次飞行试验。歼教 1 飞机的研制成功，标志着中国航空工业从修理、仿制

▲ 1958 年，顾诵芬（右二）与徐舜寿（左三）、叶正大（左二）、陆孝彭（左一）等人在歼教 1 飞机前合影

进入了自行设计喷气式飞机的新时期。

这架飞机现在收藏在北京昌平的中国航空博物馆中。

歼教1飞机首飞后，徐舜寿、黄志千带领的飞机设计室没有停步，立即开展后续型号的设计工作。初教6、东风104、东风106、东风107、东风113……一项又一项任务压在顾诵芬的肩头。

1958年8月6日，航空工业局在沈阳召开新机研制计划会议。会议决定将东风104飞机的马赫数提高到1.8（以后又提高至2.0），并将升限提高到20公里，改名为东风107飞机。会后，航空工业局决定加速设计，争取在1959年8月研制成功，迎接国庆10周年。

项目进入设计阶段，对顾诵芬来说，首当其冲的问题就是超声速阻力怎么计算。当时，从美国回国不久的郭永怀向他推荐了两本书，但讲的都是理论，在工程实践中不可能直接应用。顾诵芬只能独自艰难地去解决气动力计算中的问题。

其中的一个难题是——超声速飞机的结构载荷数据该如何计算？

超声速飞行时，飞机的机翼、机身承受的气动力比亚声速、跨声速飞机时大得多。要保证超声速气动阻力最小，飞机所有部件的横截面叠在一起的分布应该是一个阻力最小的当量旋成体，机翼的展弦比减小，机身长细比在翼身组合中的影响也更大。确定飞机各部位的气动力载荷及其分布可以通过风洞试验；在没有风洞试验条件时，也可以利用气动数据计算结果或经验公式。但对顾诵芬而言，他既无高速风洞试验条件，也没有充分的计算依据。

他想到罗时钧推荐过的一种方法，即假定机身每一段都有一个奇点，源、汇形成偶极子，采用迭代计算，使气流的扰动速度与机身表面相切，通过计算确定奇点强度。这种方法用于飞机载荷计算行不行？国内没有人使用过。顾诵芬与北京大学的黄敦联系，在1958年9月，请了周培源、郭永怀、陆士嘉、庄逢甘等老教授利用晚上时间进行讨论。

从8点开始，讨论到10点多钟，老先生们都认为可以一试。

要按这种方法计算，工作量太大，怎么办？恰好中国科学院计算技术研究所开办了计算技术培训班，由北大的徐献瑜主持，包括飞机设计室在内，国内多个单位派去学习的人员加在一起有70多人。当时，国内的104型通用数字电子计算机已研制成功，运算速度为每秒钟1万次。徐献瑜他们接受了这项任务，在北京中关村摆开了战场。

但东风107飞机的设计任务进度紧，等计算结果已经来不及。

顾诵芬参考在交大读书时助教陈士橹从苏联带回的一份晒兰的曲线图和美国的有关报告，设计了一个简单的估算方法，给出小展弦比宽机身机翼组合体的超声速干扰气动力数据，赶上设计进度完成了任务。

70人的团队用近3个月得出了计算结果，每叠计算表格有半尺厚，共3叠。结论与顾诵芬估算的数据基本一致。相比之下，顾诵芬的方法显然更符合飞机设计工程实践的需要。

没有高速风洞、没有设计规范、没有基础数据……面对一个个难关，顾诵芬毫不畏缩。他知难而进，埋头钻研着艰深的空气动力学理论，并运用自己的智慧和毅力解决具体实际的工程难题，在航空科学技术的崎岖小路上，迈着坚实的脚步向巅峰攀登。

1990年年底，中国空气动力学学会在推荐顾诵芬为中国科学院学部委员候选人的推荐书中，对他那一时期的工作和达到的学术水平有以下评价：

> 通过歼教1、初教6飞机自行设计，于1960年总结和创立了一套设计超音速歼击机气动布局与估算气动特性的方法，处于我国歼击机整体研制水平和专业的领先地位。

在人数不多的中国优秀飞机设计师团队中，顾诵芬当之无愧地成为飞机气动设计方面第一人。

负责歼 8、歼 8 Ⅱ飞机的设计研制

1965 年，为应对我国周边复杂局势，满足空军对高空高速歼击机的急需，航空研究院开始研制歼 8 飞机。

1968 年 7 月，歼 8 试验机 01、02 架相继总装完毕。试制工作虽然遭受“文化大革命”的严重干扰，但广大科技人员、工人和干部奋勇拼搏，连连攻克技术难关，终于在不到 3 年的时间内成功试制出零批歼 8 飞机。1969 年 7 月 5 日，歼 8 飞机实现首飞。从 1972 年起，顾诵芬全面负责研制歼 8 飞机。

在以后的跨声速、超声速飞行试验中，歼 8 飞机产生了强烈的振动。在地面试验得不出结论的情况下，顾诵芬决定亲自乘试飞员鹿鸣东驾驶的歼教 6 飞机上天，直接观察歼 8 飞机的气动流场。鹿鸣东回忆：

> 为彻底解决这一问题，我于 1977 年，用歼教 6 飞机带着顾诵芬同志，亲自到空中跟随歼 8，观察并拍摄歼 8 飞机的飞行流线谱。当时，顾诵芬同志已是快 50 岁的人了，他不畏艰险，亲自带着望远镜、照相机，观察、拍摄歼 8 飞机的动态。这种无私无畏的精神，深深感动并教育了所有参加试飞和研制的人员。

在顾诵芬带领下，这一技术难题终于得到解决。1985 年 7 月，经历 21 个寒暑春秋后，歼 8 飞机设计定型。

歼 8 飞机研制成功是我国航空科研领域的重大科技成果，于 1985

▲ 1977 年，顾诵芬（后坐者）乘试飞员鹿鸣东驾驶的歼教 6 飞机升空，直接观察歼 8 飞机的动态

年 10 月获国家科学技术进步奖特等奖。顾诵芬名列获奖人员第一位。

1981 年 5 月 18 日至 26 日，三机部在北京主持召开歼 8 Ⅱ 飞机设计方案论证会。会上宣布了国务院国防工办任命顾诵芬为歼 8 Ⅱ 飞机总设计师的命令。

歼 8 Ⅱ 飞机是歼 8 飞机的改进型，具有全天候拦截和攻击能力。

航空工业是高技术密集、资金密集、人才资源密集的战略性产业，一个飞机型号就是一个大型工程。在总指挥何文治、总设计师顾诵芬率领下，我国航空工业第一次采用系统工程方法，取得了显著的成效。

1984 年 6 月 12 日中午 11 时 30 分，歼 8 Ⅱ 01 架飞机首飞成功。这样一种使用范围广、性能要求高、结构改动大的新型飞机，全部研制过程只用了不到 4 年时间，速度之快、质量之好，是中国新型飞机研制史上的首创。

随着歼 8、歼 8 Ⅱ 飞机的首飞、设计定型，顾诵芬成为我国高超声速飞机最成熟、最全面、学术水平最高、经验最丰富的总设计师。

▲ 1984 年，歼 8 Ⅱ飞机试飞成功后，顾诵芬（左二）与试飞员等人合影

中国航空科技出色的领军人物

1986 年以后，顾诵芬走上了航空工业部科技委副主任、航空研究院副院长的岗位。他的视野更为开阔，对中国航空工业发展的思考也更为深邃、更为高远。在科技委系统工作的几十年中，他领导专业组开展涉及民用飞机、大型飞机（包括大型客机和大型军用运输机）、轰炸机、高超声速飞行器、无人机、教练机、轻型多用途战斗机、外贸飞机和技术等方面的研究，形成研究报告、咨询报告和建议书数十份，为型号发展提供了指导意见，为集团公司和国家决策提供了依据。

20 世纪 90 年代，顾诵芬与俄罗斯航空业界最高水平的专家合作，开展远景新飞机方案的研讨和设计。顾诵芬作为中方总设计师，带领国内被誉为“国家队”的来自多个飞机设计研究单位的设计骨干深入探讨前沿技术，形成了具体的重型歼击机无尾加鸭面和正常式布局两个设计方案。这一具有历史意义的工作，为我国第四代战机研制做了充分的技术和人才队伍准备。

半个多世纪以来，我国战机已经发展到第四代。从第二代到第四代的每次跨越，都凝聚着顾诵芬的心血，彰显着他为之作出的巨大贡献。

▲ 2004 年，顾诵芬在歼 8 Ⅱ飞机前

为决策研制大飞机作出突出贡献

20 世纪 80 年代中期，中国航空工业开始酝酿研制民用飞机。此后，实施了支线飞机、干线飞机等多个具体项目，经历了曲折和艰难的过程。时任沈阳飞机设计研究所所长兼总设计师的顾诵芬虽然没有直接参与，但他一直予以关注，并主张以积极态度探索民用飞机的发展途径。

进入 21 世纪后，大飞机成为一个热门话题，多部门、多层次、多学科的领导和专家都在发声。爱国的激情和发展大飞机的战略思考以及具体实施的技术路线等交织在一起，形成了各种意见，其中不乏有着批判意味和相互对立的观点。在这样的形势下，顾诵芬有自己的独立思考：

> 大型运输机和大型客机有70%的技术可通用，通过实施大型运输机项目，将提高我国在大型飞机的气动力、机体结构设计、发动机、航电设备以及材料和制造技术等方面的研制能力，为大型客机的研制创造条件。

这是顾诵芬在2006年7月参加的一次高层会议上的发言。

2006年夏末，按照国务院领导同志的意见，开始进行研制大飞机专家论证，顾诵芬是论证会三位主持者之一。

2007年2月26日，时任国务院总理温家宝主持召开国务院常务会议，听取国务院大型飞机重大专项领导小组关于大型飞机方案论证工作汇报，原则批准大型飞机研制重大科技专项正式立项。在国家关于发展大飞机的决策中，吸收了顾诵芬有关建议的核心内容。

2013年1月26日，中国新一代战略军用大型运输机运20首飞成功。2017年5月5日，我国具有自主知识产权的C919大型客机首飞成功。

顾诵芬的设想得以实现。中国的大飞机已经在展翅翱翔，必将飞得更远。

面对荣誉和奖励

1987年7月18日，顾诵芬携夫人江泽菲和其他13位中年科技专家在北京火车站登上前往北戴河的列车。7月24日上午，邓小平出现在大家眼前，除与大家合影外，他还特意同每一个人合影留念。

顾诵芬获得奖励的记录始见于1963年，一份职工登记表记载着："因工作积极完成任务好，经所首长批准予书面嘉奖奖励。"1963年12月，经沈阳飞机设计研究所领导批准，给予顾诵芬通令嘉奖。到1985年，顾诵芬所获奖励的等级出现明显跃升。那一年，他获得首次颁发的全国"五一劳动奖章"，又因歼8飞机获国家科学技术进步奖特等奖。1988年，获全国劳动模范称号。1992年，获航空航天部"航空金奖"。2000年，因歼8Ⅱ飞机获国家科学技术进步奖一等奖。2021年，获国家最高科学技术奖……

顾诵芬收获着越来越多的荣誉，社会地位也在不断提升——全国人大代表、全国人大常委、中国科学院院士、中国工程院院士，以及各种学会、协会和社会团体、学术组织的理事、委员、主任……诸多桂冠和头衔加在了顾诵芬名字前面。面对这一切，顾诵芬冷静而自持。

原中国航空工业第一集团公司科技委办公室主任贾小平回忆：

> 顾总多次推掉名目繁多的担任顾问、名誉主席这样的邀请，他希望把更多的时间拿来学习、钻研、看书、看杂志、上网搜集科研方面的信息，或处理与飞机设计、航空科研有关的工作。
>
> 他在科技委工作这么久，有多少次将外单位寄来的评审费、审稿费退回，我没有记录，因为这在我们的工作中已经是常态。

2011年12月5日，中航工业集团公司隆重举行顾诵芬从事航空事业60周年纪念大会，集团党组为顾诵芬颁发了航空工业历史上唯一的奖项——航空报国终身成就奖。颁奖仪式后的安排是由顾诵芬作学术报告，题目是《航空向空天一体迈进》。在获得殊荣后，顾诵芬想到的是中国如何应对航空航天技术发展引发的国际格局深刻变化和航空科技工

▲ 1992 年，顾诵芬的全家福，左三为顾诵芬的父亲顾廷龙

业的前途。

“心懔懔以怀霜，志眇眇而临云。咏世德之骏烈，诵先人之清芬。”顾诵芬的曾外祖父王同愈为他起名时，应该是取西晋陆机《文赋》这一名句以寄厚望并予以勉励。90 多个寒暑过去了，顾诵芬成为今天人们咏诵的偶像。从顾诵芬的身上，人们看到的是中国传统优秀知识分子的高尚品德与真正共产党员的崇高道德修养和精神境界。作为两院院士，他坚持专精于自己的学术领域，淡泊名利，对不正之风深恶痛绝。他在为事业作出贡献的同时，也树立了新时代优秀知识分子的先进典型，赢得了大家的敬仰。他用自己平实而不平凡的人生，真正成为“一个高尚的人，一个纯粹的人，一个有道德的人，一个脱离了低级趣味的人，一个有益于人民的人”。

（作者：师元光）

王大中

释放核能研究者的最大能量

王大中（1935 年 3 月 2 日—　），中国科学院院士，国际著名核能科学家、教育家，曾任清华大学核能技术研究所所长、清华大学校长。

他从国家战略出发，坚定选择了自主创新的先进核能技术研发之路，带领团队从无到有，开展了几十年的艰难探索，实现了我国先进核能技术的跨越发展。他带领产学研联合团队，走过了我国高温气冷堆技术从跟跑、并跑到领跑的整体发展历程，为我国在先进核能领域逐步走向世界前沿奠定了重要技术基础。

▲ 国际著名核能科学家、教育家王大中

王大中说：“创新必须立足于自身、立足于原创，过程可能是艰苦的，但这是必由之路。”

“球形堆之父”的惊喜

王大中在 1935 年出生于河北省昌黎县，1958 年毕业于清华大学工程物理系核反应堆专业。

人们对核能源一直充满好奇。一克铀 235 彻底裂变能释放多少能量？答案是相当于 2.7 吨标准煤。而一位核能专家的“能量”有多大？国家最高科学技术奖可以给出答案。2021 年 11 月 3 日，实现我国反应堆固有安全的带头人王大中走上领奖台。王大中曾说，他几十年的科研生涯主要就是建了 3 个核反应堆。

从 20 世纪 60 年代新中国首座自行设计与建造的屏蔽试验反应堆，到 90 年代的一体化自然循环核供热堆，再到 21 世纪的模块式球床高温气冷堆，这 3 个堆极大推动了我国核能科技的发展。

这 3 个堆也记录了王大中从初出茅庐的青年科研人员到核能技术领军人物的成长轨迹，更见证了我国核能事业从小到大、从弱到强的奋斗之路。

在近期举办的国家“十三五”科技创新成就展上，全球首个第四代核电——华能石岛湾高温气冷堆核电站示范工程备受关注。

2021 年 9 月 12 日，该示范工程 1 号反应堆首次达到临界状态，机组正式开启带核功率运行。这一天，86 岁的王大中在他昔日的学生、现任清华大学核能与新能源技术研究院院长张作义陪同下，见证了这一重要时刻。近两年，王大中已很少去外地出差，但这次，他说他一定得去。“核电技术一定要实现反应堆固有安全。”王大中再次强调了 35 年前就认定的方向。

时间则给出当年那一重要决策最好的答案。1986 年 4 月 26 日，切尔诺贝利核电厂第 4 号反应堆爆炸的巨响被写进历史。它释放出的辐射剂量是第二次世界大战时期爆炸于日本广岛的原子弹的 400 倍以上，那场灾难使世界核能发展再次迅速转入低谷。各国公众对核安全的信心又一次动摇，各国对发展核电的态度和路线也持不同意见。

而那时，王大中没有动摇研制先进核反应堆的决心。他坚信，核电一定会成为非常重要的清洁能源，而具有固有安全性的模块式球床高温气冷堆将会成为未来核能重要发展方向之一。王大中并非盲目自信，他坚持的底气来自更早几年关于核电安全的思考、研究和谋划。

事实上，早在 1979 年，美国三哩岛压水堆核电站发生堆芯熔化事件，就给全球敲响了核安全的警钟。王大中同时也意识到，安全是核能发展的生命线，未来核电技术发展必须抓住这一主要矛盾。幸运的是，时代和祖国给了王大中求解这个主要矛盾的机遇。

20 世纪 70 年代末，中国开启改革开放新时期。一大批有为有志青年走出国门，学习各领域的先进知识。学识优秀的王大中在联邦德国洪堡奖学金的资助下，前往于利希核研究中心反应堆发展研究所进修，师从球床高温气冷堆创始人苏尔登。

▲ 2021 年 9 月 12 日，王大中同清华大学核能与新能源研究院学术委员会主任吴宗鑫（左）、清华大学核能与新能源技术研究院院长张作义（右），在山东石岛湾高温气冷堆核电站示范工程现场

当苏尔登将 4 个研究课题摆在王大中面前时，他选择了“模块式高温气冷堆的设计研究”。彼时，模块式高温气冷堆还只是联邦德国科学家刚刚提出的一个新概念，核心是要使反应堆具有固有安全性，从根本上杜绝发生堆芯熔毁的可能性。选择一个新概念作为研究方向，显示了王大中的远见卓识和魄力。

“他的这种战略眼光有时候近乎神奇。”“2000 年后，模块式高温气冷堆才被国际核能界公认为第四代先进核能技术的代表，而王老师在十几年前就认定了这个方向。”张作义如此形容他的恩师。

但要将概念变为现实，却是困难重重。王大中创造性提出“双区球床堆”方案，在堆芯中央构建一个石墨球区，以降低堆芯热点温度，从而在保持模块式高温堆优异安全性能前提下，大幅提升单堆设计功率。当他将这一方案和验算结果交给苏尔登时，这位“球形堆之父”惊喜地说：“过去认为单堆功率提高 10%就很不容易了，现在，你的设计方案可以实现大幅度提高，这是很了不起的。这种环形堆应该申请专利。”

仅用 5 个月，王大中就完成了环形堆的初步概念设计。他以这项工作为基础完成的博士学位论文，凭“全优”成绩通过答辩，只用一年多时间就获得亚琛工业大学自然科学博士学位，被当地报纸评价为“中国人创造的一个奇迹”。

成就全球高温气冷堆的领跑者

说回 1986 年的中国，王大中这个“创造奇迹”的中国人将开启另一段传奇。

在世界核能发展最低潮时期，王大中跟踪国际高温堆发展前沿，作出了 3 个重大的战略性选择：一是模块式球床高温气冷堆堆型，二是从小规模实验堆到全尺寸工业示范电站的发展路线，三是在核心关键技术上坚持自主创新的原则。这 3 个重大选择对中国乃至世界高温气冷堆技术发展产生了重要影响，明确了我国高温气冷堆从当时起，未来 30 年的技术发展路线。在王大中等人的力推下，在国家“863”计划的支持下，清华核研院开始研发 10 兆瓦模块式球床高温气冷堆。

球形核燃料元件、燃料球流动特性、氦技术及氦设备……在陆续突破 8 项关键技术后，1992 年，国务院批准立项，在清华核研院建设一座 10 兆瓦高温气冷实验堆。8 年后的 12 月，高温气冷实验堆成功临界，又在两年多后并网发电。这是世界上首座模块式球床高温气冷堆，它的建成标志着我国掌握了这一堆型的关键核心技术，形成了拥有我国自主知识产权的设计技术，并取得了一系列重要创新成果。

王大中没有就此止步。他又一次站在国家战略需求的高度，按照“坚持核心关键技术自主创新”的既定方针，提出要实现实验反应堆向

▲ 2000 年 12 月 1 日，王大中（中）和时任清华大学核能与新能源技术研究院院长吴宗鑫（右）等人，在清华大学 10 兆瓦高温气冷实验堆临界现场

工业规模原型堆的跨越，以及我国先进核能技术的跨越发展。在10兆瓦高温气冷堆基础上，王大中积极推进将单一模块反应堆的功率放大25倍，并建设世界首座工业规模的模块式高温气冷堆核电站。

2006年，大型先进压水堆及高温气冷堆核电站被列为国家16个科技重大专项之一。高温气冷堆核电站是其中一个分项，核心工程目标和标志性成果，是在山东荣成建设电功率为200兆瓦的高温气冷堆核电站示范工程，为发展第四代核电技术奠定基础。

这是世界首座工业规模的模块式高温气冷堆核电站，工程规模相当于我国首座核电站——秦山核电站的300兆瓦核电机组。张作义说："近几年，美欧核电联盟一直想建设一个类似的工业示范工程，但工程尚未开工，进度已经落在我国后面。"

2014年，美国核学会前主席、麻省理工学院教授安德鲁·卡达克，现场参观了中国正在建设的高温气冷堆示范工程后感叹："中国毫无疑问是全球高温气冷堆的领跑者，而且在未来很长一段时间里，中国将继续引领世界。"

"跳起摸高"的创新定位

1989年11月3日，在北京西北郊巍峨的燕山脚下，清华大学核研院一座新落成的乳白色建筑物内，指示控制棒位的荧光屏闪闪发光，经过放大的中子计数器"嗒嗒"作响，人们在屏息静气地等待着一个时刻的到来。16点53分，主控制室各种仪表都显示出反应堆已达到首次临界。一个中年人激动地宣布："5兆瓦低温核供热堆首次临界运行成功。"

从1985年开始，王大中就主持低温核供热堆研究。总体方案的选择上，在实现反应堆安全的前提下，既要达到核能供热的目标，又要深谋远虑地把握反应堆技术的发展方向。他带领团队花费了近一年时间进行论证，其间专程带队去欧洲考察，着重调研了联邦德国西门子公司的壳式一体化供热堆和瑞典的池式供热堆，经过反复研究和论证，最后确定选择壳式一体化自然循环水冷堆，并计划先建设一座5兆瓦低温核供热堆，以掌握核心技术。实践证明，选择这个方案具有很强的技术前瞻性。一体化自然循环已成为21世纪以来国际上小型轻水核反应堆发展的主要技术方向之一，在小型核能发电、热电联产、核能供热、海水淡化等方面有广阔的应用前景。

1985年，王大中主持国家“七五”重点科技攻关项目“5兆瓦低温核供热堆研究”。从立项报告、设计方案、实验现场到建设工地，他全程负责，亲力亲为。5兆瓦低温核供热堆于1986年开工，在1989年建成并首次临界成功，投入功率运行。随后3个冬季供热运行累计8174小时，供热可利用率达到99%。这是世界上首座一体化自然循环水冷堆，也是世界上首次采用新型水力驱动控制棒技术的反应堆。

5兆瓦低温堆这一成果获得国际核能界高度赞誉。时任联邦德国总理科尔核能总顾问的弗莱厄在贺电中称：“这不仅在世界核供热反应堆的发展方面是一个重要的里程碑，同时对解决环境污染问题也是一个里程碑。”

“要善于把握技术发展方向，选好技术方案和项目目标，在目标定位上要‘跳起来摘果子’。如果目标过高或过低，只能无功而返或达不到预期成果。”王大中日后总结道，“跳起来摘得着”才是适度的高标准，设法使自己跳得高一些，达到一个高度后，再瞄准新的高度。取度合适，才能实现勇于创新与务实求真的结合。

来自“200号”60年前的磨炼

知易行难。完美实现勇于创新与务实求真的结合，也正是张作义最佩服老师王大中的地方。“他强调在开放合作的背景下谋创新，但任何时候都不忘需要将关键核心技术牢牢掌握在自己手里。这其实需要极大的决心和魄力，以及坚忍不拔的毅力。”张作义说。

以 10 兆瓦高温气冷堆中的核燃料球为例，对这一关键技术，当时有人提出购买国外早期研究文献。王大中则在多方调研论证后强调，必须自己研发。10 兆瓦堆采用球形燃料元件，全堆装 2 万多个燃料球，每个燃料球包含有 8000 个直径小于 1 毫米的包覆颗粒，每个颗粒内有 0.5 毫米铀芯和 3 层热解炭及 1 层碳化硅的包覆层，每炉一次制备 500 万个颗粒，不合格率要小于十万分之二。近 10 年攻关后，王大中带领团队批量生产出 2 万多个燃料球，质量达到国际先进水平。

王大中曾说：“攻克核心技术要经历多次失败，不可能一蹴而就。这是一个‘十年磨一剑’的长期积累过程，既需要知难而进的勇气，又需要锲而不舍的韧劲。”“如果当时我们用了别人的技术，就很难有今天的先进性和世界最大规模批量生产的能力。”张作义感叹。王大中的坚持和知难而进，与新中国首座自行设计与建造的屏蔽试验反应堆分不开。

鼎鼎大名的清华核研院在核行业内和清华校内常被称为“200 号”，得名于核研院建院初期在清华校内的工程编号。“200 号”最初因一座功率为 2000 千瓦的屏蔽试验反应堆而建。

1960 年，京郊昌平的虎峪山区，一群平均年龄不到 23 岁的清华大学教师和学生，开启了艰难的建堆之路。彼时，作为清华大学工程物理系第一批毕业生，王大中毕业留校才 2 年。1956 年，清华大学成立了工程物理系，这是国家为培养原子能科学技术人才设立的第一个核工程系。该系首批学生全是从其他院系抽调来的精英。刚在机械系读完二年级的王大中就被调入这个新的系。虽然王大中日后戏称，转读工物系是“身不由己”，但随后选择核反应堆专业确实是心之所向。

当初，对核反应堆完全不了解的王大中对一件事印象深刻。他看过一个介绍苏联第一个原子能发电站的纪录片，尽管那座核电站的功率只有 5 兆瓦，但原子核裂变释放出的巨大能量，以及那厚厚的混凝土墙和自动开启的铁门后面的原子炉，给他留下了强烈印象。“链式裂变是怎样发生的，又是怎样被控制的？能量是怎样传出和利用的？正是这种好奇心，驱动着自己选择了核反应堆专业。”王大中说。

当年的“200 号”条件之艰苦自不必多说，大家吃住都在马棚里。那里还流传着一个“二两坡”的笑谈：从清华园到虎峪村要先坐火车，再走 5 公里山路。师生们开玩笑称那段山路为“二两坡”——爬一次坡能消化二两馒头。更难的是科研上的硬骨头。“当时，反应堆这门课程没有教材，只能从实践中摸索。”王大中曾回忆：各国都对反应堆的研究保密，我们谁也没有见过反应堆，摆在面前的只有苏联的不完整图纸。17 个供应系统、数千个机器零部件、几百台仪器设备、20 多万米

▲ 20 世纪 60 年代初，“200 号”基地年轻的建设者们（左列自上而下第三人为王大中）

管线……屏蔽试验反应堆的设计和建造对于当时一穷二白的新中国来说，难度可想而知。

但高呼“用我们的双手开创祖国原子能事业的春天”的年轻人们硬是扛过来了。

1964 年秋天，“200 号”迎来了丰收的季节。我国第一座自行设计、建造的核反应堆——清华大学屏蔽试验反应堆成功建成。作为其中的骨干成员，王大中和同事、同学们从做工程模型开始，了解反应堆的结构和系统。他们从“马粪纸”模型做起，再到“三合板”、玻璃模型，逐渐搞清楚了反应堆堆芯、各种工艺系统和建筑结构。王大中还负责筹建了反应堆热工水力学实验室。来之不易的成功，让王大中深刻体会到攻克难关的喜悦和意义。

始终葆有严谨细致的作风

选定方向后，除了实事求是、按科学规律办事，严谨细致的作风也是成功的关键。对王大中来说，同样如此。“我的办公室就是大中老师原来的办公室。我现在还能看到他在 1986 年带着团队去联邦德国访问的记录，上面的标注密密麻麻。”张作义说。

王大中严谨为学、一丝不苟的治学态度影响了一大批年轻人。他曾经的博士生石磊已经是清华大学核研院副院长。石磊记得，彼时，王大中担任清华大学的校长，工作非常繁忙。“但是，当他修改完我的博士学位论文后，找我一章一节、一段一句地仔细讨论时，王老师连文字标点、图标符号的错误，都一一指了出来。望着那满篇都是王老师亲自修改痕迹的论文，听着王老师耐心的讲解，我深受触动。”石磊说。

在工作中，王大中让人们看到了大手笔，也让人们体会到他对细微处的操心：他曾经把厚重的国外大学的信息资料一本本带回学校；也曾经收集了厚厚一叠新年贺卡交给清华大学新闻中心，希望他们把清华大学的新年贺卡设计得更典雅一些；而清华大学后勤部门搞房屋装修的职工，更是对他在色彩和格调上的高标准颇有体会。

王大中具备老一辈科学家生活简朴、淡泊名利等可贵的特质，同时也多才多艺、乐观开朗。他曾是学生舞蹈队的主力，难度很高的鄂尔多斯舞跳得极其出色。2011 年的清华大学百年校庆晚会上，王大中与清华舞蹈队新老队员共跳鄂尔多斯舞的场景，让他的学生们印象深刻。

女儿王奕眼中的王大中更生动有趣："小的时候，爸爸教我骑自行车，夏天带着我到山里的水库教我游泳，冬天在清华大学的荷花池教我溜冰。记得有一年，爸爸还带着我做了各式各样新颖的贺年卡。爸爸也鼓励我勇于去尝试新鲜的事物。"

▲ 2011 年，王大中在清华大学百年校庆晚会上翩翩起舞

无论是作为科研团队带头人，还是一校之长，王大中对事业尽心尽责、虑远谋近、呕心沥血，始终葆有强烈的责任意识和担当精神。他的远见卓识、崇高品格，赢得了广大师生和业界的高度赞誉。青年学生们亲切地称他是“一位真正让人尊敬的慈祥长者”“一个务实而严谨的掌舵人”“一位称职且兼爱的校长”，在他们眼中，王大中“永远是清华人的榜样”。

（作者：操秀英）

附　录

国家科学技术奖励条例

（1999 年 5 月 23 日中华人民共和国国务院令第 265 号发布

根据 2003 年 12 月 20 日《国务院关于修改〈国家科学技术奖励条例〉的决定》第一次修订

根据 2013 年 7 月 18 日《国务院关于废止和修改部分行政法规的决定》第二次修订

2020 年 10 月 7 日中华人民共和国国务院令第 731 号第三次修订）

第一章　总　　则

第一条　为了奖励在科学技术进步活动中做出突出贡献的个人、组织，调动科学技术工作者的积极性和创造性，建设创新型国家和世界科技强国，根据《中华人民共和国科学技术进步法》，制定本条例。

第二条　国务院设立下列国家科学技术奖：

（一）国家最高科学技术奖；

（二）国家自然科学奖；

（三）国家技术发明奖；

（四）国家科学技术进步奖；

（五）中华人民共和国国际科学技术合作奖。

第三条　国家科学技术奖应当与国家重大战略需要和中长期科技发

展规划紧密结合。国家加大对自然科学基础研究和应用基础研究的奖励。国家自然科学奖应当注重前瞻性、理论性，国家技术发明奖应当注重原创性、实用性，国家科学技术进步奖应当注重创新性、效益性。

第四条　国家科学技术奖励工作坚持中国共产党领导，实施创新驱动发展战略，贯彻尊重劳动、尊重知识、尊重人才、尊重创造的方针，培育和践行社会主义核心价值观。

第五条　国家维护国家科学技术奖的公正性、严肃性、权威性和荣誉性，将国家科学技术奖授予追求真理、潜心研究、学有所长、研有所专、敢于超越、勇攀高峰的科技工作者。

国家科学技术奖的提名、评审和授予，不受任何组织或者个人干涉。

第六条　国务院科学技术行政部门负责国家科学技术奖的相关办法制定和评审活动的组织工作。对涉及国家安全的项目，应当采取严格的保密措施。

国家科学技术奖励应当实施绩效管理。

第七条　国家设立国家科学技术奖励委员会。国家科学技术奖励委员会聘请有关方面的专家、学者等组成评审委员会和监督委员会，负责国家科学技术奖的评审和监督工作。

国家科学技术奖励委员会的组成人员人选由国务院科学技术行政部门提出，报国务院批准。

第二章　国家科学技术奖的设置

第八条　国家最高科学技术奖授予下列中国公民：

（一）在当代科学技术前沿取得重大突破或者在科学技术发展中有卓越建树的；

（二）在科学技术创新、科学技术成果转化和高技术产业化中，创造巨大经济效益、社会效益、生态环境效益或者对维护国家安全做出巨大贡献的。

国家最高科学技术奖不分等级，每次授予人数不超过 2 名。

第九条 国家自然科学奖授予在基础研究和应用基础研究中阐明自然现象、特征和规律，做出重大科学发现的个人。

前款所称重大科学发现，应当具备下列条件：

（一）前人尚未发现或者尚未阐明；

（二）具有重大科学价值；

（三）得到国内外自然科学界公认。

第十条 国家技术发明奖授予运用科学技术知识做出产品、工艺、材料、器件及其系统等重大技术发明的个人。

前款所称重大技术发明，应当具备下列条件：

（一）前人尚未发明或者尚未公开；

（二）具有先进性、创造性、实用性；

（三）经实施，创造显著经济效益、社会效益、生态环境效益或者对维护国家安全做出显著贡献，且具有良好的应用前景。

第十一条 国家科学技术进步奖授予完成和应用推广创新性科学技术成果，为推动科学技术进步和经济社会发展做出突出贡献的个人、组织。

前款所称创新性科学技术成果，应当具备下列条件：

（一）技术创新性突出，技术经济指标先进；

（二）经应用推广，创造显著经济效益、社会效益、生态环境效益或者对维护国家安全做出显著贡献；

（三）在推动行业科学技术进步等方面有重大贡献。

第十二条 国家自然科学奖、国家技术发明奖、国家科学技术进步奖分为一等奖、二等奖 2 个等级；对做出特别重大的科学发现、技术发明或者创新性科学技术成果的，可以授予特等奖。

第十三条　中华人民共和国国际科学技术合作奖授予对中国科学技术事业做出重要贡献的下列外国人或者外国组织：

（一）同中国的公民或者组织合作研究、开发，取得重大科学技术成果的；

（二）向中国的公民或者组织传授先进科学技术、培养人才，成效特别显著的；

（三）为促进中国与外国的国际科学技术交流与合作，做出重要贡献的。

中华人民共和国国际科学技术合作奖不分等级。

第三章　国家科学技术奖的提名、评审和授予

第十四条　国家科学技术奖实行提名制度，不受理自荐。候选者由下列单位或者个人提名：

（一）符合国务院科学技术行政部门规定的资格条件的专家、学者、组织机构；

（二）中央和国家机关有关部门，中央军事委员会科学技术部门，省、自治区、直辖市、计划单列市人民政府。

香港特别行政区、澳门特别行政区、台湾地区的有关个人、组织的提名资格条件，由国务院科学技术行政部门规定。

中华人民共和国驻外使馆、领馆可以提名中华人民共和国国际科学技术合作奖的候选者。

第十五条　提名者应当严格按照提名办法提名，提供提名材料，对材料的真实性和准确性负责，并按照规定承担相应责任。

提名办法由国务院科学技术行政部门制定。

第十六条　在科学技术活动中有下列情形之一的，相关个人、组织

不得被提名或者授予国家科学技术奖：

（一）危害国家安全、损害社会公共利益、危害人体健康、违反伦理道德的；

（二）有科研不端行为，按照国家有关规定被禁止参与国家科学技术奖励活动的；

（三）有国务院科学技术行政部门规定的其他情形的。

第十七条 国务院科学技术行政部门应当建立覆盖各学科、各领域的评审专家库，并及时更新。评审专家应当精通所从事学科、领域的专业知识，具有较高的学术水平和良好的科学道德。

第十八条 评审活动应当坚持公开、公平、公正的原则。评审专家与候选者有重大利害关系，可能影响评审公平、公正的，应当回避。

评审委员会的评审委员和参与评审活动的评审专家应当遵守评审工作纪律，不得有利用评审委员、评审专家身份牟取利益或者与其他评审委员、评审专家串通表决等可能影响评审公平、公正的行为。

评审办法由国务院科学技术行政部门制定。

第十九条 评审委员会设立评审组进行初评，评审组负责提出初评建议并提交评审委员会。

参与初评的评审专家从评审专家库中抽取产生。

第二十条 评审委员会根据相关办法对初评建议进行评审，并向国家科学技术奖励委员会提出各奖种获奖者和奖励等级的建议。

监督委员会根据相关办法对提名、评审和异议处理工作全程进行监督，并向国家科学技术奖励委员会报告监督情况。

国家科学技术奖励委员会根据评审委员会的建议和监督委员会的报告，作出各奖种获奖者和奖励等级的决议。

第二十一条 国务院科学技术行政部门对国家科学技术奖励委员会作出的各奖种获奖者和奖励等级的决议进行审核，报国务院批准。

第二十二条　国家最高科学技术奖报请国家主席签署并颁发奖章、证书和奖金。

国家自然科学奖、国家技术发明奖、国家科学技术进步奖由国务院颁发证书和奖金。

中华人民共和国国际科学技术合作奖由国务院颁发奖章和证书。

第二十三条　国家科学技术奖提名和评审的办法、奖励总数、奖励结果等信息应当向社会公布，接受社会监督。

涉及国家安全的保密项目，应当严格遵守国家保密法律法规的有关规定，加强项目内容的保密管理，在适当范围内公布。

第二十四条　国家科学技术奖励工作实行科研诚信审核制度。国务院科学技术行政部门负责建立提名专家、学者、组织机构和评审委员、评审专家、候选者的科研诚信严重失信行为数据库。

禁止任何个人、组织进行可能影响国家科学技术奖提名和评审公平、公正的活动。

第二十五条　国家最高科学技术奖的奖金数额由国务院规定。

国家自然科学奖、国家技术发明奖、国家科学技术进步奖的奖金数额由国务院科学技术行政部门会同财政部门规定。

国家科学技术奖的奖励经费列入中央预算。

第二十六条　宣传国家科学技术奖获奖者的突出贡献和创新精神，应当遵守法律法规的规定，做到安全、保密、适度、严谨。

第二十七条　禁止使用国家科学技术奖名义牟取不正当利益。

第四章　法律责任

第二十八条　候选者进行可能影响国家科学技术奖提名和评审公平、公正的活动的，由国务院科学技术行政部门给予通报批评，取消其参评资格，并由所在单位或者有关部门依法给予处分。

其他个人或者组织进行可能影响国家科学技术奖提名和评审公平、公正的活动的，由国务院科学技术行政部门给予通报批评；相关候选者有责任的，取消其参评资格。

第二十九条 评审委员、评审专家违反国家科学技术奖评审工作纪律的，由国务院科学技术行政部门取消其评审委员、评审专家资格，并由所在单位或者有关部门依法给予处分。

第三十条 获奖者剽窃、侵占他人的发现、发明或者其他科学技术成果的，或者以其他不正当手段骗取国家科学技术奖的，由国务院科学技术行政部门报国务院批准后撤销奖励，追回奖章、证书和奖金，并由所在单位或者有关部门依法给予处分。

第三十一条 提名专家、学者、组织机构提供虚假数据、材料，协助他人骗取国家科学技术奖的，由国务院科学技术行政部门给予通报批评；情节严重的，暂停或者取消其提名资格，并由所在单位或者有关部门依法给予处分。

第三十二条 违反本条例第二十七条规定的，由有关部门依照相关法律、行政法规的规定予以查处。

第三十三条 对违反本条例规定，有科研诚信严重失信行为的个人、组织，记入科研诚信严重失信行为数据库，并共享至全国信用信息共享平台，按照国家有关规定实施联合惩戒。

第三十四条 国家科学技术奖的候选者、获奖者、评审委员、评审专家和提名专家、学者涉嫌违反其他法律、行政法规的，国务院科学技术行政部门应当通报有关部门依法予以处理。

第三十五条 参与国家科学技术奖评审组织工作的人员在评审活动中滥用职权、玩忽职守、徇私舞弊的，依法给予处分；构成犯罪的，依法追究刑事责任。

第五章　附　　则

第三十六条　有关部门根据国家安全领域的特殊情况，可以设立部级科学技术奖；省、自治区、直辖市、计划单列市人民政府可以设立一项省级科学技术奖。具体办法由设奖部门或者地方人民政府制定，并报国务院科学技术行政部门及有关单位备案。

设立省部级科学技术奖，应当按照精简原则，严格控制奖励数量，提高奖励质量，优化奖励程序。其他国家机关、群众团体，以及参照公务员法管理的事业单位，不得设立科学技术奖。

第三十七条　国家鼓励社会力量设立科学技术奖。社会力量设立科学技术奖的，在奖励活动中不得收取任何费用。

国务院科学技术行政部门应当对社会力量设立科学技术奖的有关活动进行指导服务和监督管理，并制定具体办法。

第三十八条　本条例自 2020 年 12 月 1 日起施行。

后 记

《勇攀巅峰——国家最高科学技术奖获得者的故事》，是以突出故事的形式，将2000年第一次颁发国家最高科学技术奖开始，截至2021年荣获国家最高科学技术奖的35位杰出科学家的成长之路，以及求知学习、工作经历和追求事业成功的励志故事呈现给读者。

这本书力求遵守学术性，体现科普性和可读性，选取这35位科学家最闪光的故事，诠释不同年代、不同领域获奖科学家的爱国、创新、求实、奉献、协同、育人精神，使广大读者感受获奖科学家名震世界的科学成就和人格魅力，在弘扬获奖科学家伟大精神的同时，得到深层次的教育和人生启迪，从而崇尚科学、热爱科学，并起到科普和爱国主义教育的作用。

编撰这本书是一件非常有意义的事情。我和马京生都是在航天科技领域工作了40多年的航天工作者，由于工作关系，对许多科学家较为熟识。而中国科技馆的王洪鹏副研究员在这方面也有一些研究。因此，我们三人分别执笔撰写了几位熟悉的获奖科学家的故事，并且发挥各自优势，对全书内容进行了认真、细致的审核。

这本书的其他作者，主要是来自北京大学、清华大学、中国石油大学、首都师范大学、天津大学、首都医科大学附属北京天坛医院等与获奖科学家相关工作领域的理工科硕士、博士、研究员。他们的写作以搜集、整理历史资料为基础，并对获奖科学家本人及其后人以及与获奖科学家一起工作过的同事、学生进行访谈，力求书稿内容平实客观、公允得当。尽管如此，由于多方联系未果，还是缺少了几位获奖科学家的高清照片而成为遗憾。期望获奖科学家或家人若看到此书，联系我们于再版时补足。

在创作过程中，我们要求每位作者尽可能规避高深莫测的科学理论和技术术语，特别强调史实准确、文责自负。由于大部分作者出自理工科，在不同专业背景下，对获奖科学家一生追求科学的心路历程的感悟和描述不尽相同。经过几易其稿，本书凸显了深入浅出、通俗易懂的故事性，这也算是作者们以良苦用心作出的努力。在此，我们对每位作者付出的辛勤汗水、对照片的提供、对史实的核准等工作表示感谢。

本书写作过程中，得到许多获奖科学家本人和家人、身边工作人员的大力支持与帮助，并得到叶笃正生平陈列馆、王选纪念陈列室、西南联大博物馆、中国中医科学院中药研究所等单位的热情支持，在此一并表示感谢。

限于编者和作者的学识水平，本书不当之处还请各位方家和广大读者批评指正。

主编：王建朗

2021 年 11 月 8 日于北京